LENDAS DO GÊNESIS

HERMANN GUNKEL

LENDAS DO GÊNESIS

ALTA BOOKS
GRUPO EDITORIAL

Lendas do Gênesis

Contra o Vento é uma empresa do Grupo Editorial Alta Books (STARLIN ALTA EDITORA E CONSULTORIA LTDA).

ISBN: 978-65-5319-003-0

Impresso no Brasil – 1ª Edição, 2025 – Edição revisada conforme o Acordo Ortográfico da Língua Portuguesa de 2009.

DADOS INTERNACIONAIS DE CATALOGAÇÃO NA PUBLICAÇÃO (CIP)
(BENITEZ Catalogação Ass. Editorial, MS, Brasil)

R696e
1. ed. Gunkel, Hermann
Lendas do Gênesis / Hermann Gunkel ; tradução Brian Kibuuka – 1. ed. – Rio de Janeiro: Contra o Vento, 2025.
224 p.; 16 x 23 cm

Título original: Die Sagen der Genesis.
ISBN 978-65-5319-003-0

1. Antigo Testamento – Gênesis – Crítica das formas
2. Mitologia – Interpretação bíblica 3. História das religiões
4. Estudos bíblicos. I. Kibuuka, Brian, trad. II. Título.

06–2025 CDD 222.1106

Índice para catálogo sistemático :
1. Estudo crítico e interpretação do livro do Gênesis 222.1106
Aline Graziele Benitez – Bibliotecária – CRB–1/3129

Produção Editorial: Grupo Editorial Alta Books
Diretor Editorial: Anderson Vieira
Editor da Obra: Eduardo de Proença
Vendas Governamentais: Cristiane Mutüs
Gerência Comercial: Claudio Lima
Gerência Marketing: Andréa Guatiello

Tradução: Samuel Proença
Produtor editorial: Fonte Editorial
Diagramação: Beatriz Nespoli, Giovanni Pieroni, Rafael Souza
Revisão: Helena Almeida
Projeto gráfico: Alessandra S. O. de Proença
Revisão: Helena Almeida
Capa: Victoria Cristina
Revisão técnica: Brian Kibuuka

ALTA BOOKS
GRUPO EDITORIAL

Rua Viúva Cláudio, 291 – Bairro Industrial do Jacaré
CEP: 20.970-031 – Rio de Janeiro (RJ)
Tels.: (21) 3278-8069 / 3278-8419
www.altabooks.com.br – altabooks@altabooks.com.br
Ouvidoria: ouvidoria@altabooks.com.br

Editora **afiliada à:**

ASSOCIADO

Abreviaturas

Além das abreviações facilmente compreensíveis dos nomes dos livros bíblicos e outras abreviações universalmente utilizadas como:

- LXX (Septuaginta)
- Peš (Peshitta)
- Onk (Targum de Onquelos)

Observa-se ainda:

- KAT = Keilinschriften und das A.T. de Schrader, 2ª ed., 1883.
- HW = Handwörterbuch des biblischen Altertums de Riehm.
- KB = Keilinschriftliche Bibliothek de Schrader e outros.
- ThT = Theologisch Tijdschrift.
- ZA = Zeitschrift für Assyriologie.
- ZAW = Zeitschrift für alttestamentliche Wissenschaft.
- § = remete à Gramática Hebraica de Kautzsch, 26ª ed.
- Budde = Urgeschichte de Budde.
- Ed. Meyer 1 = Geschichte des Altertums I de Ed. Meyer.
- Roscher Lex. = Roscher, Lexikon der griechischen und römischen Mythologie.

SUMÁRIO

APRESENTAÇÃO À EDIÇÃO BRASILEIRA

Hermann Gunkel nasceu em Springe, na Baixa Saxônia, Alemanha, em 23 de maio de 1862, e faleceu em Halle an der Saale em 11 de março de 1932. Sua formação teológica e humanística o posiciona como um dos principais representantes da exegese protestante acadêmica do final do século XIX e início do século XX. Estudou nas universidades de Göttingen, Giessen e Halle, destacando-se por sua erudição filológica, seu envolvimento com as correntes emergentes da crítica histórica e sua sensibilidade aos desenvolvimentos da história das religiões. Entre seus mestres e interlocutores estavam proeminentes nomes da teologia protestante liberal, como Albrecht Ritschl (1870–1874) e Julius Wellhausen (1883), com quem manteria, contudo, uma relação ambígua e crítica.

Após sua habilitação em 1888 com um estudo sobre o Espírito Santo segundo o apóstolo Paulo (Die Wirkungen des Heiligen Geistes nach der populären Anschauung der apostolischen Zeit und nach der Lehre des Apostels Paulus), Gunkel lecionou sucessivamente em Halle, Berlim e Giessen, alcançando notoriedade como exegeta e teórico. A partir da década de 1890, sua atenção voltou-se decisivamente para o Antigo Testamento, culminando na publicação de obras que se tornaram marcos na crítica bíblica: Schöpfung und Chaos in Urzeit und Endzeit (1895), Genesis (1901/1910), e mais tarde Die Psalmen (1903/1926), todas reconhecidas como expressões maduras daquilo que ele chamaria de "método da história das formas".

Gunkel é amplamente considerado o fundador da Formgeschichte, ou crítica das formas, uma abordagem que busca identificar os gêneros literários das unidades textuais (como sagas, bênçãos, hinos, lamentos, oráculos) e reconstruir seu contexto originário de uso — o chamado Sitz im Leben. Essa concepção revolucionou a exegese ao deslocar o foco da crítica das fontes para a função e origem dos textos em suas formas pré-literárias e litúrgico-sociais.

Ao lado de Wilhelm Bousset, Johannes Weiss, e mais tarde Rudolf Bultmann, Gunkel pertenceu à chamada Religionsgeschichtliche Schule, ou Escola da História das Religiões, que defendia a análise dos textos bíblicos à luz do desenvolvimento histórico das tradições religiosas do Antigo Oriente Próximo. Sua atuação editorial também foi marcante: participou da fundação da coleção Forschungen zur Religion und Literatur des Alten und Neuen Testaments, onde colaborou na formação de uma geração de pesquisadores e exerceu influência decisiva sobre a teologia sistemática e a exegese crítica do século XX.

Embora sua obra tenha recebido críticas posteriores, especialmente em relação a sua hipótese do Chaoskampf e à tendência de buscar modelos arquetípicos excessivamente unificadores, sua contribuição metodológica continua insuperável em importância. Hermann Gunkel permanece como figura inaugural da leitura bíblica que respeita os aspectos poéticos, históricos, simbólicos e religiosos dos textos, reconhecendo neles não apenas fontes de doutrina, mas expressões vitais da religiosidade de comunidades vivas e complexas.

O pensamento exegético de Hermann Gunkel assenta-se sobre uma reorientação metodológica decisiva na virada do século XIX para o século XX. Contra as limitações da crítica das fontes — que se ocupava majoritariamente com a decomposição dos textos bíblicos em documentos hipotéticos (J, E, D, P, etc.) — Gunkel propôs uma nova forma de abordagem, voltada para a forma, função e origem vivencial das pequenas unidades literárias. Essa virada teórica não foi apenas um deslocamento técnico, mas uma renovação hermenêutica, que exigia ver o texto bíblico como produto vivo de comunidades, com raízes no culto, na narrativa oral e na imaginação popular.

O núcleo do pensamento gunkeliano pode ser sintetizado em torno de cinco eixos:

Eixo 1: Crítica das formas (Formgeschichte) como método

Para Gunkel, os textos bíblicos — especialmente os do Pentateuco e dos Salmos — não surgiram como composições contínuas, mas são o resultado da coleta e organização de formas orais pré-literárias. Cada uma dessas formas, ou Gattungen, possui características estilísticas e estruturais próprias, além de uma função social definida. Assim, o comentário exegético deveria começar não pela decomposição documental, mas pela identificação do gênero da unidade textual: um hino, um lamento, uma bênção, uma saga etiológica, etc. Este tipo de abordagem implica atenção à estética, à estrutura interna e ao vocabulário típico, bem como à repetição de fórmulas.

Eixo 2: O conceito de Sitz im Leben

Talvez a mais duradoura de suas contribuições, o conceito de Sitz im Leben (contexto vital) refere-se ao contexto sociocultural, litúrgico ou ritual no qual uma forma textual teve sua origem. Por exemplo, um oráculo de julgamento teria seu lugar na assembleia profética; um hino de vitória, no culto do templo; uma saga patriarcal, na instrução tribal ou familiar. Para Gunkel, compreender o Sitz im Leben é compreender o motivo pelo qual uma forma textual foi criada, conservada e transmitida. Isso significa, em última instância, devolver o texto à vida histórica da comunidade que o gerou.

Eixo 3: A distinção entre história e saga

Em sua leitura de Gênesis, Gunkel insiste que os relatos patriarcais não devem ser tomados como historiografia no sentido moderno, mas como sagas populares — isto é, narrativas orais que entrelaçam memória, fé e fantasia. A saga não mente, mas também não relata fatos brutos: ela representa poeticamente experiências e convicções do povo. Assim, narrativas como a de Jacó e Esaú, ou de Abraão e Sara, não visam a reconstruir o passado empírico, mas a expressar verdades religiosas, origens étnicas e relações políticas simbolizadas.

Eixo 4: A estética da religiosidade popular

Gunkel valoriza a forma literária como expressão da alma do povo. Ele vê nas narrativas bíblicas — sobretudo no Gênesis — uma arte narrativa refinada, feita de simetrias, repetições, inversões e imagens vívidas. Tal sensibilidade estética não está separada da fé: ela é seu veículo. Isso implica reconhecer na Bíblia não apenas um conjunto de normas e doutrinas, mas um patrimônio literário onde a religião se faz sensível, narrativa e dramática.

Eixo 5: A relação com os mitos do Antigo Oriente

Gunkel compreende que o Israel antigo não viveu isolado, mas imerso em uma matriz cultural semítica mais ampla. Por isso, propôs que várias formas e motivos do Antigo Testamento — como o combate entre Deus e o caos primordial (Rahab, Leviatã), ou a estrutura das narrativas de criação — refletem ecos de mitos babilônicos, cananeus ou egípcios. Sua obra Schöpfung und Chaos (1895) examina precisamente esse tema, sugerindo que o relato de Gênesis 1 se insere numa tradição cosmogônica mais vasta, embora tenha sido teologicamente reelaborado.

Com essas ideias, Gunkel estabeleceu uma gramática exegética que se tornou canônica. Ao invés de considerar os textos bíblicos como criações autorais fechadas, ele os leu como tessituras coletivas, dinâmicas, enraizadas no culto e na oralidade. Sua proposta influenciou decisivamente os estudos sobre os Salmos, os Profetas, o Pentateuco e os Evangelhos — e mesmo quando criticada ou modificada, segue sendo o ponto de partida inevitável para qualquer abordagem histórico-literária da Escritura.

Sobre a obra Genesis, e a Introdução utilizada nesta obra

A obra Genesis de Hermann Gunkel, publicada originalmente em 1901 e revista em 1910, representa uma das aplicações mais abrangentes e sistemáticas do método da crítica das formas ao texto bíblico. Trata-se de um comentário não convencional, pois não se estrutura apenas como uma exposição filológica dos versículos, mas como uma investigação literária, religiosa, estética e histórica sobre a origem das narrativas patriarcais e sua inserção no imaginário religioso do antigo Israel. Esse comentário marca a transição de Gunkel para o que se poderia chamar de um "período literário" em sua obra, no qual ele já havia amadurecido sua distinção entre mito, saga, história e lenda, aplicando-a com método e sensibilidade às tradições do livro do Gênesis.

O título completo da obra em alemão, Genesis, übersetzt und erklärt, já revela sua proposta: uma tradução anotada e comentada que não apenas interpreta o texto, mas também o explica à luz de sua forma original e de seus paralelos nas literaturas do Antigo Oriente Próximo. Não se trata de defender a veracidade histórica do conteúdo, mas de compreender sua lógica interna e sua função religiosa e comunitária. Para isso, Gunkel assume que o Gênesis não é produto de um único autor, nem mesmo de uma escola literária coesa, mas sim uma antologia de narrativas transmitidas oralmente e depois recolhidas por redatores em diferentes épocas e com diferentes intenções.

A ênfase do comentário está nas Sagen — as sagas — que, segundo Gunkel, compõem a substância narrativa do Gênesis. Ele as agrupa em unidades relativamente autônomas, busca determinar sua forma literária original, propõe sua possível origem social e analisa sua teologia subjacente. O método consiste em:

- Identificar e delimitar as unidades narrativas básicas.
- Classificá-las segundo seu gênero: etiologias, contos de origem tribal, lendas locais, narrativas religiosas, contos edificantes, etc.
- Estudar seu Sitz im Leben, ou seja, seu contexto de uso: festas, ritos, cultos locais, tradições familiares, disputas tribais.
- Compará-las com outras tradições do Oriente Próximo, para identificar paralelos culturais e religiosas.
- Investigar sua estética interna: estrutura, repetições, simetrias, ritmo narrativo, fórmulas de abertura e encerramento.
- Avaliar sua reinterpretação por redatores posteriores, especialmente à luz de desenvolvimentos teológicos.

Essa abordagem faz com que o comentário de Gunkel seja, ao mesmo tempo, uma história literária e uma arqueologia das formas religiosas. Ele se distancia do comentário apologético e do modelo confessional, buscando compreender o Gênesis como produto da cultura popular israelita, profundamente enraizado em tradições anteriores à monarquia e ao monoteísmo profético.

Um dos maiores méritos do comentário está na capacidade de Gunkel em integrar análise literária e sensibilidade religiosa. Ele não desdenha o valor teológico das narrativas — pelo contrário, enxerga nas sagas patriarcais a expressão de uma fé vital, vivida, que resiste ao tempo por meio da narrativa. Mesmo ao apontar suas origens míticas, sua provável relação com modelos babilônicos ou semitas ocidentais, Gunkel reconhece que essas narrativas foram retrabalhadas por Israel com um espírito ético, sapiencial e teológico singular.

Em termos teóricos, sua proposta não é apenas exegética, mas hermenêutica: ao ler o Gênesis como uma coletânea de formas narrativas pré-literárias, Gunkel abre caminho para a compreensão da Bíblia como uma tradição viva, multiforme e em constante desenvolvimento. Isso o distancia do racionalismo historicista de parte da crítica protestante do século XIX e o aproxima de uma visão mais cultural e antropológica da religião.

Vale notar que o comentário de Gunkel ao Gênesis tornou-se um marco não apenas pela força de suas interpretações individuais, mas pela coerência de seu projeto exegético. Ele demonstra que é possível fazer crítica histórica com reverência ao texto, e teologia com consciência crítica. A influência dessa obra será retomada por seus discípulos — como Hugo Gressmann (1921), Martin Noth (1957) e Gerhard von Rad (1957-1960) — e sua metodologia ainda é reconhecida como fundacional na exegese bíblica contemporânea.

A introdução de Hermann Gunkel ao seu comentário do Gênesis — texto que apresentamos aqui, traduzido diretamente do alemão — não é um mero preâmbulo explicativo, mas sim um programa exegético completo, que orienta e fundamenta toda a leitura posterior do comentário. Trata-se de um ensaio denso, argumentativo, crítico e metodologicamente sofisticado, no qual Gunkel confronta diretamente os pressupostos vigentes da teologia histórica do século XIX, reposiciona a função da exegese, e propõe uma nova categorização das narrativas do Gênesis a partir do conceito de saga.

Essa introdução pode ser lida, com justiça, como o manifesto inaugural da crítica das formas aplicada ao Pentateuco. Em vez de iniciar com discussões técnicas ou filológicas, Gunkel propõe uma pergunta essencial: "As narrativas do Gênesis são história ou saga?" Essa interrogação, aparentemente simples, carrega uma reorientação metodológica radical. Segundo ele, enquanto a historiografia pressupõe instituições estatais, desenvolvimento da escrita e um *ethos* de objetividade, as sagas derivam de uma tradição oral popular, cujos objetivos são religiosos, simbólicos e identitários — não factuais.

Lendas em Gênesis: destaques na Introdução de Gunkel

Gunkel, na introdução de seu comentário a Gênesis, lamenta que a tradição hermenêutica cristã — inclusive no Novo Testamento — tenha interpretado as narrativas do Gênesis como relatos históricos literais. Contra essa leitura, ele estabelece que a tradição israelita, mesmo quando já conhecia formas de historiografia (como atestado nas narrativas da corte davídica), manteve viva a tradição da saga como um modo próprio de transmitir memória, identidade e fé. Assim, o Gênesis pertence, do ponto de vista literário e religioso, não à história propriamente dita, mas ao domínio da dichtung, da poesia popular.

Essa afirmação tem consequências metodológicas e teológicas relevantes. Para Gunkel, não se trata de negar o valor do texto bíblico, mas de reconhecê-lo segundo a sua natureza original. Ele insiste que a saga não é "mentira" nem "ficção vazia", mas um modo legítimo de preservar tradições ancestrais e de expressar o relacionamento do povo com Deus.

A introdução alinha uma série de evidências internas que atestam a natureza não-histórica das narrativas patriarcais:

- A menção frequente de expressões como "até o dia de hoje" (26,33), que indicam longa distância entre o narrador e os acontecimentos;

- A presença de anacronismos evidentes, como a referência a reis de Edom que só surgiriam na época de Davi (36,31s);

- A explicitação de eventos íntimos, privados ou improváveis de serem transmitidos com fidelidade por tradição oral (como diálogos entre Deus e personagens ou cenas domésticas insignificantes do ponto de vista político).

Mais ainda, Gunkel explora os limites da oralidade tradicional: como seria possível preservar, por séculos, detalhes de episódios familiares sem qualquer documentação escrita? Como explicar que se conservem minúcias sobre a vida de Jacó ou Raquel, mas nenhuma tradição substancial sobre os 400 anos no Egito?

Outro argumento relevante de Gunkel é que a história se ocupa de grandes eventos públicos — guerras, reinados, tratados — enquanto as sagas tratam do cotidiano, das relações familiares, dos conflitos domésticos. Isso está presente em Gênesis em abundância: poços, ciúmes entre irmãs, heranças, bênçãos e brigas. São narrativas que nasceram de preocupações tribais, locais, familiares — e que se prestam mais à preservação de identidade do que à crônica de eventos.

Gunkel propõe ainda um exame do estilo: as repetições, os paralelismos, os motivos recorrentes, as estruturas simétricas — tudo isso aponta para uma origem oral. A linguagem é simples, direta, marcada por fórmulas fixas e por estruturação típica de narrativas populares. Ele mostra como esses elementos se repetem com variações significativas, evidência de uma tradição viva, flexível, anterior à fixação textual.

Há na obra o reconhecimento de que muitos leitores hesitam em reconhecer o Gênesis como composto de "sagas" por temor de aproximá-lo de tradições míticas pagãs. Contra isso, ele argumenta que a religião israelita, embora ética e espiritual, soube acolher e ressignificar elementos poéticos do imaginário religioso comum do Antigo Oriente. Isso não diminui o valor do Gênesis, mas o enriquece, pois revela o uso consciente de formas narrativas para expressar a fé em Yahweh.

Ao longo de sua introdução, Gunkel prepara o leitor para ler o Gênesis não com os olhos da crítica racionalista nem com o dogmatismo tradicional, mas com a sensibilidade da estética, da história das religiões e da psicologia coletiva. Ele convida a compreender o Gênesis como um repositório simbólico da fé vivida do povo hebreu — suas memórias, suas origens, suas tensões com os povos vizinhos, sua crença na providência divina. Essa introdução, portanto, não apenas justifica o método do comentário subsequente, mas também desafia todo leitor a reavaliar suas categorias hermenêuticas diante do texto bíblico. Trata-se de uma abertura crítica, rigorosa e, ao mesmo tempo, reverente, que redefine o horizonte de leitura não só de Gênesis, mas de toda a Escritura.

Os eixos conceituais do comentário de Gunkel ao Gênesis

A obra Genesis de Hermann Gunkel é mais do que um comentário bíblico: trata-se de uma reconstrução crítica das formas narrativas primordiais que compõem o primeiro livro da Bíblia, inserida num esforço mais amplo de interpretação histórico-religiosa das Escrituras. Seu objetivo não é oferecer uma leitura devocional, nem sequer uma exegese tradicional, mas compreender, em profundidade, como se formaram, foram transmitidas e reinterpretadas as narrativas patriarcais, e de que modo elas expressam, em forma de saga, a religiosidade do antigo Israel.

A seguir, sintetizo os principais eixos conceituais que atravessam a obra:

O Gênesis como antologia de sagas populares

Gunkel propõe que o Gênesis é composto por uma série de unidades narrativas curtas — sagas — oriundas da tradição oral popular. Estas não foram criadas como partes de um livro teológico sistemático, mas nasceram de contextos vitais diversos: famílias, tribos, santuários locais. O livro atual é fruto da compilação e da teologização posterior dessas unidades independentes.

A "saga" (Sage), na definição de Gunkel, é um tipo de narrativa que tem uma base histórica remota, mas é elaborada de forma poética, simbólica e simplificada, com liberdade imaginativa. Ela serve para expressar valores religiosos, preservar a memória de fundadores tribais, explicar nomes, costumes e locais. Como tal, sua função é mais identitária e teológica do que cronística ou documental.

Classificação formal e tipológica das narrativas

Gunkel realiza uma categorização das formas de saga presentes em Gênesis. Ele identifica diversos subtipos, cada um com características literárias e funções específicas:

- Sagas etiológicas: explicam a origem de nomes, costumes, monumentos, locais sagrados (por exemplo, Gn 28,10–22; a escada de Jacó e Betel).

- Sagas étnicas: narram a origem ou o destino de povos vizinhos (Esaú/Edom, Moabe, Amon).

- Sagas cultuais: associadas a práticas religiosas, como sacrifícios e alianças (Gn 22; o sacrifício de Isaac).

- Sagas de promessa: destacam a eleição e a bênção dos patriarcas (Gn 12; a vocação de Abraão).

- Sagas de conflito familiar: enfocam rivalidades, enganos e reconciliações (Jacó e Esaú, José e seus irmãos).

- Sagas de herói popular: como as de José, com tramas mais longas e elaboradas.

Gunkel valoriza a diversidade dessas formas e insiste que elas refletem a pluralidade de experiências e tradições que circulavam antes da redação final do livro.

A oralidade como matriz de composição

Um elemento central na leitura de Gunkel é sua percepção aguda da origem oral das narrativas. As repetições, os paralelismos, a presença de fórmulas típicas, a estrutura episódica — tudo aponta para um mundo onde as histórias eram contadas de memória, modificadas conforme o público, e repletas de recursos mnemônicos.

Essa ênfase na oralidade leva Gunkel a rejeitar qualquer tentativa de reconstrução histórica literal dos eventos narrados. Para ele, o que o texto conserva é o resíduo simbólico de memórias coletivas moldadas pela fé, e não registros factuais. Trata-se de uma memória interpretada, dramatizada e ritualmente reencenada.

A reinterpretação teológica do material sagístico

Gunkel reconhece que essas sagas não foram transmitidas de modo neutro. Pelo contrário, foram incorporadas por redatores que, com motivações teológicas, organizaram, emolduraram e em certos casos, reescreveram ou interpolaram as narrativas. É o que ele chama de "historiadores sagrados" — os responsáveis por dar coesão ao texto atual de Gênesis.

No entanto, mesmo com esse trabalho redacional, Gunkel argumenta que é possível reconhecer a forma primitiva da narrativa, ou pelo menos os seus contornos, e com isso reconstruir sua função original. Ele vê no Gênesis o resultado de uma tensão fecunda entre memória popular e teologia redacional.

As influências do Antigo Oriente Próximo

Na obra, Gunkel propõe também que diversas narrativas de Gênesis são eco de tradições mais antigas e amplas, comuns a outros povos do Oriente Próximo. Ele dedica especial atenção ao paralelismo entre o relato da criação (Gn 1) e o Enuma Elish babilônico, bem como entre o dilúvio bíblico (Gn 6–9) e as tradições mesopotâmicas (como o Épico de Gilgámesh).

Entretanto, para Gunkel, a dependência não é servil. Israel reelabora essas tradições com uma perspectiva própria: suprime o politeísmo, exalta a palavra criadora de Deus, e transforma mitos cósmicos em narrativas de aliança, responsabilidade e fé monoteísta. Essa reinterpretação teológica é, para ele, o traço distintivo da literatura bíblica.

A função pedagógica e religiosa das narrativas

Por fim, Gunkel insiste que as sagas não são literatura por literatura, mas servem para formar a consciência do povo. Elas educam na fé, modelam comportamentos, fortalecem a identidade coletiva. São o espelho simbólico em que Israel se vê como povo eleito, peregrino, frágil e sustentado pela graça de Yahweh.

Essa função catequética e pastoral confere às narrativas um valor que transcende sua origem. Mesmo compostas com elementos arcaicos, elas são continuamente reatualizadas, interpretadas e ressignificadas pelas gerações posteriores — como o próprio Gunkel faz, em seu gesto científico-reverente.

Apesar de seu pioneirismo inconteste, a obra de Hermann Gunkel — e, em especial, sua aplicação da crítica das formas ao Gênesis — foi submetida, ao longo do século XX e início do XXI, a críticas substanciais, tanto em relação a seus pressupostos metodológicos quanto aos alcances de suas interpretações. Essas críticas não anulam sua importância fundacional, mas apontam os limites de uma abordagem que, embora inovadora em seu tempo, não escapou de certos anacronismos, esquematismos e excessos comparativos.

Os debates em torno das concepções de Gunkel

Em Schöpfung und Chaos, Gunkel propôs que Gênesis 1 conservava traços latentes de um mito cosmogônico comum ao Oriente Próximo, baseado na luta entre Deus e o caos personificado (Rahab, Leviatã, Tiamat). Essa hipótese influenciou decisivamente os estudos posteriores sobre mitologia comparada e cosmogonia bíblica. No entanto, como demonstram JoAnn Scurlock e Richard Beal na obra Creation and Chaos (2013), Gunkel superestimou a presença desse padrão mitológico específico em textos que, ao contrário, operam com lógicas teológicas distintas (Scurlock 2013, p. ix–xii).

Scurlock acusa Gunkel de ter construído, ele mesmo, um "mito exegético" — projetando sobre o texto bíblico uma estrutura mitológica coerente que não está ali de forma explícita, nem tampouco é necessária para compreendê-lo. O Gênesis, diz ela, não descreve uma batalha prévia à criação, mas uma ordenação pacífica do cosmos por meio da palavra divina — sem combate, sem monstros, sem drama.

Além disso, Gunkel teria minimizado a distância entre os contextos culturais e teológicos dos textos babilônicos e israelitas, tratando tradições distintas como se fossem manifestações equivalentes de uma *Urerzählung* (narrativa primitiva universal), ignorando o papel da recepção crítica e da teologia própria de Israel. De fato, a crítica das formas, tal como desenvolvida por Gunkel, focava quase exclusivamente nas unidades literárias menores e em sua origem pré-literária. Isso levou, em muitos casos, à fragmentação da análise do texto bíblico, negligenciando sua redação final e sua coerência composicional. O interesse principal era reconstruir as tradições orais subjacentes — e não o texto em sua forma literária canônica.

O patente desequilíbrio entre formas, tradições e redações foi destacado por autores como Martin Noth (1957), Gerhard von Rad (1957-1960) e Hans Walter Wolff, os quais buscaram corrigir esse desequilíbrio nas gerações seguintes, integrando a Formgeschichte a uma abordagem mais ampla, a saber, a Traditionsgeschichte (história das tradições) e a Redaktionsgeschichte (crítica da redação). Eles reconheceram que os redatores bíblicos não apenas compilaram materiais antigos, mas os reinterpretaram com projetos teológicos coerentes. Nesse sentido, a crítica às limitações do método gunkeliano deu origem a refinamentos que o superaram sem abandoná-lo.

Outro aspecto precisa ser destacado: a ênfase de Gunkel na origem oral das sagas do Gênesis — embora perspicaz e metodologicamente fecunda — carrega traços do romantismo filológico do século XIX, que buscava na "alma popular" (Volksgeist) a fonte pura da criação literária. Isso se reflete em sua apreciação idealizada das sagas como expressões espontâneas, autênticas e orgânicas da vida tribal israelita.

Críticas posteriores demonstraram que a oralidade e a textualidade no Antigo Oriente Próximo coexistiam de forma mais complexa e que o processo de composição bíblica não pode ser reduzido à simples fixação de formas orais primitivas. Além disso, a ideia de uma origem popular e anônima das formas pode obscurecer o papel criativo dos redatores e o contexto literário e ideológico da produção dos textos.

Gunkel rejeitava qualquer tentativa de leitura historicista do Gênesis, o que o levou a afirmar, com razão, que essas narrativas não são relatos factuais. No entanto, sua separação entre o "real histórico" e a forma poética pode ser considerada excessiva. Ele subestimou, em certa medida, o fato de que mesmo as sagas podem conservar vestígios de memória histórica, ainda que deformados ou estilizados. Autores como John Van Seters (1975), Jean-Louis Ska (2000) e Richard Elliott Friedman (1987) mostraram que, mesmo em textos literários compostos com liberdade narrativa, existem traços de conflitos, tensões sociopolíticas e memórias coletivas que podem ser historicamente interpretados. Isso exige um equilíbrio entre análise formal e reconstrução histórica, algo que Gunkel, por princípio, não explorou.

Gunkel concebe o texto bíblico como objeto de análise objetiva, sem considerar o papel do leitor ou das múltiplas recepções do texto. O método da Formgeschichte é historicamente orientado para a reconstrução de origens, mas não contempla os sentidos produzidos na leitura, nem as reapropriações litúrgicas, teológicas ou políticas do texto. Por isso, a hermenêutica filosófica contemporânea (Gadamer, Ricoeur), a crítica literária pós-estruturalista e a exegese pós-colonial demonstraram que o texto não se esgota em sua origem, e que o sentido é sempre coproduzido na recepção. Nesse aspecto, a abordagem gunkeliana, embora metodicamente rigorosa, resta evidenciada como demasiadamente monológica e pouco sensível à polissemia dos textos.

Em suma, a crítica a Hermann Gunkel não o desacredita, mas revela os limites de uma primeira sistematização. Sua obra deve ser lida hoje com reconhecimento histórico, mas também com senso crítico. Ela representa uma etapa inaugural — e não definitiva — da ciência bíblica moderna. Seu valor reside, sobretudo, em ter deslocado a leitura da Bíblia da obsessão com a autoria para o universo das formas, funções e tradições que moldaram o imaginário religioso de Israel.

Apesar das críticas e revisões que sua obra sofreu ao longo do século XX, Hermann Gunkel permanece como uma referência inescapável na exegese bíblica contemporânea. Seu nome continua a ser citado com respeito — seja como marco histórico, seja como instigação metodológica ainda válida. Muitos autores, ao invés de simplesmente abandonarem suas propostas, preferiram repensá-las, expandi-las, combiná-las com outras abordagens, ou mesmo criticar-lhe a partir de pressupostos renovados.

A herança de Gunkel: influências duradouras

Von Rad foi, talvez, o maior herdeiro e ao mesmo tempo reformulador do legado de Gunkel. Em sua leitura de Gênesis e da teologia do Antigo Testamento, von Rad manteve o uso da crítica das formas, mas reinterpretou o Sitz im Leben das sagas não como elementos populares e descentralizados, mas como tradições teológicas reatualizadas no culto e na catequese.

Para von Rad, as formas narrativas não servem apenas à memória cultural, mas à proclamação da fé. Em sua leitura, a saga não é apenas um resíduo antigo, mas um portador de fé atualizada, que foi organizada de maneira teológica consciente por redatores.

Assim, ele integrou a crítica das formas à história da tradição (Traditionsgeschichte), abrindo caminho para a síntese entre análise formal e sistematização teológica (cf. von Rad, Teologia do Antigo Testamento, 1957–1960).

Seguindo a trilha de Gunkel e von Rad, Hans Walter Wolff aplicou a crítica das formas aos textos proféticos, sobretudo aos livros menores (Oseias, Amós, Miqueias). Ele identificou gêneros típicos — oráculo de juízo, promessa, lamento, hino de louvor — e estudou seus usos em contextos litúrgicos e sociais.

Wolff destacou que os gêneros formam um vocabulário teológico repetitivo e ritualizado, que conferia autoridade às mensagens proféticas. Em sua abordagem, o Sitz im Leben se desloca do contexto tribal para os ambientes urbanos, cortesãos e templários do século VIII a.C. Sua obra representou uma maturação da crítica das formas, com aplicação diferenciada a novos corpora textuais.

A crítica das formas foi decisiva também para os estudos neotestamentários. Martin Dibelius e Rudolf Bultmann utilizaram a metodologia de Gunkel para estudar as formas narrativas dos evangelhos — sobretudo perícopes de milagres, controvérsias, parábolas, ditos sapienciais — propondo que elas circularam oralmente nas comunidades cristãs primitivas antes de serem redigidas nos evangelhos.

Bultmann, em particular, levou a crítica das formas ao extremo, sustentando que pouco ou nada da história de Jesus poderia ser recuperado, pois as formas foram moldadas pelas necessidades da fé comunitária. Essa posição foi objeto de intensos debates, mas seu rigor metodológico permanece como modelo, e o conceito de Sitz im Leben passou a ser aplicado à comunidade eclesial cristã, não mais apenas ao Israel tribal.

Jean-Louis Ska, exegeta belga contemporâneo, propõe um retorno ao texto final como unidade de sentido, sem abandonar os ganhos da crítica das formas. Em sua obra Introduction à la lecture du Pentateuque (2000), Ska reconhece a contribuição de Gunkel para o reconhecimento das formas narrativas e suas funções sociais, mas insiste que a análise deve chegar até a redação final, onde as tradições foram reunidas com uma intenção literária e teológica coerente.

Ska (2000) busca articular crítica das formas, crítica da redação e crítica literária, numa perspectiva que respeita tanto a origem quanto a configuração textual definitiva. Sua abordagem é uma síntese crítica e criativa do legado gunkeliano com as exigências da leitura contemporânea.

Frank Polak (1994), especialista em estilística e linguística hebraica, por sua vez, retomou algumas intuições de Gunkel sobre o caráter oral das narrativas bíblicas, mas com instrumentos técnicos atualizados: análise de ritmo, sintaxe, paralelismo, estruturas métricas. Seu trabalho confirmou que há elementos estilísticos compatíveis com a performance oral nas narrativas patriarcais, mas também sugeriu que a textualização precoce e os processos redacionais complexificam o modelo de uma transmissão exclusivamente oral.

Outro autor que foi influenciado de alguma forma por Gunkel foi Walter Brueggemann, um dos mais influentes teólogos bíblicos contemporâneos. Brueggemann propôs uma reapropriação pastoral e homilética das categorias da crítica das formas. Ele argumenta que cada forma — seja uma oração de lamento, uma bênção, uma profecia de juízo — constrói um tipo específico de discurso sobre Deus e sobre o mundo. Em sua perspectiva, inspirada em Gunkel, os gêneros são modos de expressão da subjetividade comunitária diante de Deus.

No campo da pregação e da teologia prática, Brueggemann faz de Gunkel uma fonte de inspiração para pensar a linguagem litúrgica e profética da igreja.

A crítica pós-colonial e o uso ético das formas

Gunkel ainda ecoa na exegese feminista, pós-colonial e decolonial. Seus autores retomam Gunkel criticamente para mostrar que as formas não são neutras: elas refletem e transmitem sistemas de poder, exclusão e ideologia. Autoras como Phyllis Trible, Mieke Bal e R. S. Sugirtharajah propõem que a identificação dos gêneros e sua função social deve ser acompanhada de uma leitura ética e crítica dos mesmos — identificando, por exemplo, como a saga de Sara e Agar legitima desigualdades étnicas e patriarcais.

Nesse sentido, o método de Gunkel é mantido como ferramenta, mas integrado a uma crítica ideológica que ele próprio não previu. Isso estende o legado de Hermann Gunkel. Seus conceitos — Sitz im Leben, Formgeschichte, função religiosa da saga — foram reapropriados e reelaborados em diversas direções: da filologia à crítica literária, da teologia sistemática à análise de discurso, da história das religiões à pregação pastoral. Sua contribuição é um ponto de partida. Como todo fundador, ele errou ao tentar sistematizar demais, mas seus erros são fecundos porque inauguraram um novo campo.

Hoje, estudar Gunkel é tanto uma homenagem quanto um gesto crítico: é reconhecer que a Bíblia é um livro vivo, moldado por vozes populares, formas literárias e disputas religiosas, e que toda exegese começa pelo respeito à forma antes de alcançar o conteúdo.

Brian Kibuuka

Professor de História Antiga e Medieval da Universidade Estadual de Feira de Santana

Membro Integrado do Centro de Estudos Clássicos e Humanísticos da Universidade de Coimbra

O GÊNESIS É UMA COLETÂNEA DE SAGAS

As narrativas do Gênesis são história ou saga? Para o historiador moderno, essa já não é uma questão; mas é, no entanto, importante esclarecer os fundamentos dessa posição moderna.

A escrita da história não é uma arte inata do espírito humano, mas surgiu ao longo da história da humanidade, em um ponto específico do desenvolvimento. Os povos incultos não escrevem história; eles não são capazes de relatar suas experiências de modo objetivo, e não têm interesse em transmitir de forma autêntica à posteridade os acontecimentos de sua época. O que vivenciam se transforma em suas mãos, experiência e fantasia se misturam; e apenas em forma poética, em canções e sagas, conseguem representar acontecimentos históricos.

Somente em um certo nível de cultura a objetividade se desenvolveu a tal ponto, e o interesse em comunicar as próprias experiências à posteridade se tornou tão grande, que a escrita da história pôde surgir. Tal historiografia tem como conteúdo os grandes acontecimentos públicos, os feitos dos líderes do povo, dos reis, especialmente as guerras. A escrita da história pressupõe, portanto, antes de surgir, também a existência de um Estado minimamente organizado.

Mais tarde, em parte muito mais tarde, a arte da historiografia, que a humanidade aprendeu com a história dos Estados, foi transferida para outras esferas da vida humana; surgiram então as memórias ou histórias familiares. Grandes setores do povo, no entanto, jamais se elevaram à história rigorosa e permaneceram sempre no nível da saga (ou de suas analogias modernas).

Assim encontramos, nos povos antigos e cultos, dois tipos diferentes de tradição histórica coexistindo: a historiografia rigorosa e a tradição popular, que em parte trata dos mesmos temas de maneira poético-popular, e em parte refere-se ao tempo mais antigo, pré-histórico. Também nessas tradições podem ser preservadas, embora em forma poética, lembranças históricas.

A historiografia não surgiu de modo diferente em Israel. Na época da qual nos provém o Gênesis, já existia em Israel uma historiografia altamente desenvolvida segundo os padrões da Antiguidade, que, como em toda parte, também aqui tinha por tema os feitos dos reis e, especialmente, as guerras; como monumento dessa história, devem ser mencionadas, em particular, as narrativas do Segundo Livro de Samuel.

Ao mesmo tempo, porém, também deve ter existido naquela época, em um povo tão dotado poeticamente como Israel, um lugar para a saga. Ao confundir-se de modo equivocado a saga com mentira, houve quem demonstrasse relutância em admitir a presença de sagas no Antigo Testamento; mas a saga não é mentira, e sim um tipo especial de poesia. Se o elevado espírito da religião do Antigo Testamento se valeu de tantas formas poéticas, por que não também desta? De fato, assim como a religião em geral, também a religião israelita acolheu com especial apreço a poesia — e, sobretudo, a narrativa poética.

Pois a narrativa poética está muito mais apta que a prosaica a se tornar portadora de ideias religiosas: o Gênesis é muito mais um livro religioso do que os Livros dos Reis. Que há sagas no Antigo Testamento é algo certo; basta pensar em Sansão e Jonas. Portanto, a questão de saber se as narrativas do Gênesis são história ou saga não é uma questão de fé ou incredulidade, mas simplesmente uma questão de melhor conhecimento.

Costuma-se objetar que Jesus e os apóstolos claramente tomaram essas narrativas como realidade e não como poesia. Sem dúvida. Mas os homens do Novo Testamento não ocupam posição especial nesse tipo de questão; compartilham das opiniões de seu tempo.

Para essas questões da história literária do Antigo Testamento, portanto, não devemos buscar esclarecimento no Novo Testamento.

Como a saga e a história são, quanto à sua origem e à sua natureza, muito diferentes, existem muitos sinais pelos quais ambas podem ser distinguidas. Um dos principais sinais é que a saga existe originalmente como tradição oral, enquanto a história costuma existir sob forma escrita: ambas as formas decorrem da natureza dos dois gêneros; a saga é a tradição de grupos que normalmente não escrevem; a historiografia, por sua vez — uma espécie de atividade científica — pressupõe o uso da escrita. Ao mesmo tempo, a redação escrita de uma tradição histórica serve para fixá-la; já a tradição oral não pode se conservar de forma pura por longo tempo, e por isso não é capaz de se tornar o recipiente adequado da história.

Ora, está claro que o Gênesis contém a última redação de uma tradição oral. As narrativas dos patriarcas não se apresentam, em nenhum momento, como se tivessem sido escritas pelos próprios patriarcas; pelo contrário, em vários trechos o longo intervalo entre a época dos patriarcas e a dos narradores torna-se evidente (por exemplo: "até o dia de hoje" [26,33]; os reis de Edom são enumerados até Davi [36,31ss.]; a frase "naquele tempo, os cananeus habitavam a terra" [12,6; 13,7] deve ter sido escrita numa época em que esse povo já havia há muito desaparecido). Sobretudo, porém, todo o estilo das narrativas — como será mostrado adiante — só pode ser compreendido com base na hipótese de uma tradição oral; esse fato pode ser observado de maneira particularmente clara nas muitas variantes que serão discutidas mais adiante. Mas, se o que o Gênesis contém é tradição oral, então, conforme o que foi dito, trata-se também de saga.

Outro critério de distinção é o campo de interesse da saga e da história. A história trata dos grandes acontecimentos públicos; a saga, porém, fala daquilo que interessa ao povo: do pessoal e do privado, e gosta de tratar também de questões políticas e personagens públicas de tal modo que se possa estabelecer uma conexão com um interesse popular. A história deveria relatar como, e por que motivos, Davi conseguiu libertar Israel dos filisteus; a saga, porém, prefere contar como o jovem Davi, certa vez, matou um gigante filisteu.

E como se comporta nesse sentido o conteúdo do Gênesis? Ele não contém — com exceção de um único capítulo (cap. 14) — nada de grandes acontecimentos políticos; trata-se da história de uma família; ali ouvimos uma infinidade de detalhes que, sejam eles autênticos ou não, de qualquer forma são, em sua maioria, sem valor para a história (política): que Abraão foi piedoso e nobre de espírito, e que certa vez, por amor à sua esposa, expulsou sua concubina; que Jacó enganou seu irmão; que Raquel e Lea eram ciumentas — ou seja, "anedotas sem importância da vida rural", histórias sobre poços, sobre bebedouros e sobre o quarto conjugal, encantadoras o suficiente para se ler, mas tudo, menos acontecimentos históricos. Tais pequenos episódios, quando aconteceram, não despertaram nenhum interesse público; esse tipo de coisa não é relatado pelo historiador, mas sim pela tradição popular da saga, que se delicia com tais minúcias.

Em toda narrativa que se apresenta como memória histórica digna de fé, deve-se também poder conceber um caminho que conduza dos testemunhos oculares do fato relatado até o narrador. O mesmo, porém, não se aplica à saga, que se nutre em parte da tradição, em parte da fantasia. Basta aplicar esse critério às primeiras narrativas do Gênesis para reconhecer imediatamente o seu caráter. Na criação, não havia ser humano presente; nenhuma tradição humana alcança a época da origem da nossa espécie, dos povos primordiais, das línguas originárias.

Em tempos anteriores, antes da decifração dos hieróglifos e dos caracteres cuneiformes, podia-se considerar a tradição israelita como tão antiga que não parecia impossível buscar nela reminiscências mesmo sobre essas condições pré-históricas. Agora, porém, quando o mundo se nos revelou com tamanha força, quando vemos que o povo de Israel é um dos mais jovens entre os seus vizinhos, tais suposições fracassaram de modo definitivo. Desde o surgimento dos povos primordiais do Oriente Próximo até o aparecimento do povo de Israel transcorreram incontáveis milênios; não pode, portanto, haver nenhuma séria menção a tradições históricas que Israel pudesse ter conservado sobre aqueles tempos originários.

Mas também com relação às narrativas dos patriarcas surgem as mais fortes objeções. À época dos patriarcas, segundo a tradição, seguiram-se quatrocentos anos durante os quais Israel viveu no Egito; desse período não se relata absolutamente nada — aqui, a memória histórica foi completamente apagada. Sobre a época dos patriarcas, porém, relata-se uma abundância de detalhes insignificantes. Como é concebível que um povo conserve em abundância pequenos e ínfimos traços da história de seus antepassados, mas esqueça sua própria história subsequente? A tradição oral não é capaz de preservar tais pormenores com tamanha vivacidade e por tanto tempo de forma autêntica.

E agora, observe-se as narrativas em sua particularidade. A pergunta de onde o narrador poderia ter sabido das coisas de que fala não se pode, na maioria dos casos, sequer colocar sem provocar risos. De onde tiraria o narrador da história do dilúvio a medida do nível das águas? Teria Noé medido isso? Como se poderia saber o que Deus no céu, sozinho ou no conselho dos celestiais, disse ou pensou (cf. 1,26; 2,18; 6,3.6s; 11,6s)?

O sinal mais evidente da saga é que ela frequentemente relata coisas que nos parecem inacreditáveis. Essa forma de poesia opera com uma verossimilhança diversa daquela que vale na vida prosaica, e muitas coisas o antigo Israel considerava possíveis que a nós hoje parecem impossíveis. No Gênesis são relatados muitos episódios que contradizem nosso conhecimento mais seguro: sabemos que os animais são em número muito maior do que o necessário para que todos coubessem em uma arca; que o Ararate não é a montanha mais alta da Terra; que o firmamento do céu, cuja criação é narrada em Gênesis 1, não é uma realidade, mas uma ilusão de ótica; que os astros não podem ter surgido depois das plantas, como afirma o Gênesis; que a água corrente da Terra não provém, como sustenta Gênesis 2, principalmente de quatro rios principais; que o Eufrates e o Tigre não têm a mesma nascente; que o mar Morto já existia em época muito anterior à história narrada, num tempo em que já havia seres humanos na Palestina — e assim por diante.

Das muitas etimologias presentes no Gênesis, a maioria não pode ser considerada válida segundo o conhecimento atual da linguística. A teoria subjacente às sagas patriarcais, segundo a qual os povos se originaram a partir da expansão de uma única família descendente de um antepassado comum, é inteiramente pueril (cf. o comentário, p. 78s.).

Outras coisas, segundo nossa moderna visão histórica do mundo — que, de fato, não é imaginária, mas baseada na observação dos fatos —, são completamente impossíveis. E, por mais que o historiador moderno seja cauteloso ao declarar algo como impossível, ele afirmará com certeza que animais — como serpentes ou jumentas — não falam nem jamais falaram; que não existe árvore cujos frutos confiram imortalidade ou conhecimento; que anjos e seres humanos não se misturam carnalmente; e que não se pode derrotar com 318 homens um exército conquistador do mundo.

Como as narrativas do Gênesis são, em sua maioria, de natureza religiosa, elas falam constantemente de Deus. Mas o modo como Deus é descrito nessas narrativas é um dos critérios mais seguros para determinar se elas foram pensadas como históricas ou como poéticas. Também aqui o historiador não pode prescindir de uma visão de mundo.

Cremos que Deus atua no mundo como o fundo oculto e silencioso de todas as coisas; às vezes sua ação parece tangível, em acontecimentos e pessoas especialmente grandes e marcantes; intuímos sua ação na maravilhosa articulação dos fatos. Mas nunca ele aparece como um agente ao lado de outros, e sim sempre como a causa última de tudo.

É completamente diferente nas muitas narrativas do Gênesis. Ali Deus caminha no paraíso, com as próprias mãos forma o ser humano e fecha a porta da arca; chega até a soprar no homem algo de seu próprio fôlego e faz experiências fracassadas com os animais; sente o cheiro do sacrifício de Noé; aparece a Abraão e a Ló sob a forma de um viajante; ou o anjo clama do céu. A Abraão, Deus aparece certa vez em sua forma própria: ele se apresenta como uma tocha ardente e uma fornalha fumegante!

É característico dessas falas de Deus no Gênesis que suas palavras quase nunca são ouvidas em momentos sombrios de profunda comoção humana, em estado de êxtase — isto é, da mesma forma como os profetas ouviam a voz de Deus —, mas que ele fala de maneira inteiramente simples, como uma pessoa que fala a outra.

Somos capazes de compreender isso como uma ingenuidade dos homens antigos, mas nos recusamos a acreditar em tais narrativas.

Tais argumentos, porém, podem ser ainda mais fortemente reforçados quando comparamos essas narrativas, que por motivos internos consideramos poesia, com os exemplos de historiografia israelita que nos são conhecidos. Pois essas transgressões contra a verossimilhança — e até mesmo contra a possibilidade — não se encontram em todo o Antigo Testamento, mas apenas em certas passagens específicas que compartilham o mesmo tom; em outras passagens, que por outros motivos consideramos histórica ou mais estritamente históricas, essas características não aparecem. Pense-se sobretudo na parte central do Segundo Livro de Samuel, a história da revolta de Absalão — o mais precioso exemplo de historiografia antiga em Israel. O mundo descrito ali é o mundo que co- nhecemos bem; nesse mundo, nenhum ferro flutua sobre a água, nenhuma serpente fala, nenhum Deus ou anjo aparece como uma pessoa entre outras — tudo acontece ali como também estamos habituados a ver. A diferença, portanto, entre saga e história não foi inserida artificialmente no Antigo Testamento, vinda de fora, mas pode ser reconhecida no próprio Antigo Testamento por quem o observa com atenção.

Considere-se ainda que certas narrativas do Gênesis não apenas se assemelham às sagas de outros povos, mas também, quanto à sua origem e natureza, estão a elas aparentadas. Não se pode considerar a história do dilúvio no Gênesis como história e a dos babilônios como saga — afinal, o relato veterotestamentário do dilúvio é uma versão dependente da tradição babilônica. Tampouco é admissível declarar todas as outras cosmogonias invenções e Gênesis 1 como história; Gênesis 1 pertence, antes, apesar de se distinguir pelo seu espírito religioso das demais cosmogonias, à mesma categoria literária delas.

Mas o essencial — e continua sendo o essencial — é o tom poético dessas narrativas. A historiografia, que quer instruir sobre o que realmente aconteceu, é por sua natureza prosaica; já a saga, por sua própria natureza, é poesia: ela quer alegrar, elevar, inspirar, comover. Por isso, aquele que quiser fazer justiça a essas antigas narrativas precisa ter sensibilidade estética, para captar, a partir do tom da narrativa, o que ela é e o que ela quer ser. Aqui, portanto, não se trata de emitir um juízo hostil ou mesmo incrédulo, mas de estudar com afeto a natureza das coisas.

Quem tem coração e sabe sentir há de perceber, por exemplo, que o propósito da história do sacrifício de Isaque não é registrar certos fatos históricos, mas fazer com que o ouvinte participe da dor dilacerante de um pai que deve sacrificar com as próprias mãos o seu filho, e depois da sua infinita gratidão e alegria quando a graça de Deus o dispensa desse sacrifício tão penoso.

Quem reconheceu o peculiar encanto poético dessas velhas sagas se indigna com o bárbaro — há também bárbaros piedosos — que pensa só poder valorizar essas narrativas se as considerar como prosa e história. O juízo de que uma tal narrativa é uma saga não visa, de forma alguma, diminuir-lhe o valor; pelo contrário, ele expressa que aquele que julga percebeu algo da beleza da narrativa e acredita tê-la compreendido verdadeiramente. Somente a ignorância poderia considerar tal juízo como falta de respeito; na verdade, trata-se de um juízo marcado pela reverência e pelo amor.

Essas narrativas poéticas são, de fato, o mais belo patrimônio que um povo pode levar consigo ao longo de seu caminho histórico; e as sagas de Israel, especialmente as do Gênesis, talvez sejam as mais belas e profundas que já existiram sobre a Terra.

A criança, é claro, que ainda não distingue entre realidade e poesia, pode sentir-se frustrada ao ouvir que suas belas histórias "não são verdadeiras". Mas o teólogo moderno deveria ter superado esse estágio. A Igreja evangélica e seus representantes autorizados fariam bem em não se opor — como ainda tantas vezes acontece — a esse reconhecimento de que o Gênesis contém sagas, mas sim em compreender que, sem esse reconhecimento, é impossível um entendimento histórico do Gênesis.

Esse reconhecimento já se tornou patrimônio comum dos que têm formação histórica, e não pode mais ser suprimido; seguramente ele — esse é um processo absolutamente irreversível — há de penetrar em nosso povo; cuidemos nós, evangélicos, para que ele lhe seja apresentado com o espírito correto.

Comentário

A exposição de Hermann Gunkel sobre a natureza literária das narrativas do Gênesis parte de uma constatação fundamental da historiografia moderna: a escrita da história, entendida como relato objetivo de eventos pretéritos fundado em fontes documentais, é um produto cultural tardio, surgido apenas em contextos sociais suficientemente organizados e letrados. Em sua análise, Gunkel apoia-se em premissas histórico-culturais estabelecidas pela *Historische Schule*, e especialmente nas formulações de autores como Eduard Reuss, reconhecendo que a historiografia, como tal, não é uma disposição inata do espírito humano, mas uma técnica discursiva que emergiu em sociedades organizadas estatal e administrativamente.

A distinção fundante entre *história* e *saga*

Segundo Gunkel, a distinção entre *história* (Geschichte) e *saga* (Sage) não deve ser baseada em critérios teológicos ou dogmáticos, mas sim em critérios literários, sociais e comunicativos. A história surge como produção erudita, com intenções documentais e políticas — notadamente vinculada a feitos de governantes e à memória pública do Estado — enquanto a saga se origina no seio da tradição oral de comunidades iletradas ou semiletradas, com caráter mais narrativo e poético, destinada à coesão identitária e ao entretenimento simbólico. Tal distinção é crucial para a leitura do Gênesis, pois define o modo como as narrativas devem ser compreendidas quanto à sua intencionalidade e forma.

Gunkel identifica no Gênesis traços inequívocos da oralidade: expressões como "até hoje" (*'ad hayyôm hazzeh*, cf. Gn 26,33) e referências a realidades sociohistóricas posteriores aos eventos narrados (como os reis de Edom anteriores a Davi, Gn 36,31) indicam que os textos são composições muito posteriores aos fatos que pretendem descrever. A frase "naquele tempo, os cananeus habitavam a terra" (Gn 12,6; 13,7), por exemplo, denota uma perspectiva redacional em que o sujeito da fala já se encontra num tempo no qual os cananeus haviam desaparecido como grupo relevante — o que situa o texto redacional no exílio ou pós-exílio, muito tempo depois do cenário narrado.

A crítica à noção de história sagrada literal

Gunkel também rejeita a identificação acrítica da tradição bíblica com relato histórico factual. Ele argumenta que os homens do Novo Testamento — Jesus e os apóstolos — interpretaram essas tradições como relatos factuais apenas porque partilhavam das categorias mentais e epistemológicas de seu tempo. Tal afirmação é audaciosa e, à época, profundamente inovadora: ela desloca o peso da interpretação bíblica para o campo da história das ideias e da crítica literária, libertando a narrativa bíblica de uma leitura literalista e abrindo caminho para uma teologia que reconhece a poesia e o mito como veículos legítimos da revelação.

O episódio da criação, por exemplo, é interpretado por Gunkel não como tentativa de relatar cientificamente a origem do mundo, mas como uma estrutura narrativa construída para comunicar verdades religiosas por meio de categorias simbólicas: Deus cria com a palavra (Gn 1,3 – wayyō'mer 'ĕlōhîm), separa e organiza as realidades, impõe ritmo ao caos e estabelece uma ordem moral e cósmica. A imagem do firmamento como cúpula (rāqîaʿ, Gn 1,6) reflete a cosmologia babilônica antiga e não uma compreensão científica do universo. A presença do rāqîaʿ como abóbada sólida é também encontrada no Enuma Elish, e denota uma visão mitopoética do cosmos, o que reforça o parentesco literário entre as cosmogonias semíticas antigas.

A narrativa como produto de memória coletiva poética

Gunkel defende que as narrativas do Gênesis não foram escritas para registrar "o que aconteceu" em um sentido positivista, mas para manter viva a memória identitária do povo de Israel através de imagens poderosas, acessíveis à repetição oral e marcadas por uma estrutura poética. Ele compreende, portanto, a saga como "poesia coletiva" (*volksdichtung*), marcada por sua simplicidade formal, repetição estilística, linearidade temporal e tematização de figuras-tipo.

O relato do sacrifício de Isaque (Gn 22), por exemplo, não possui qualquer pretensão factual no sentido historiográfico moderno. Antes, busca provocar no ouvinte ou leitor uma resposta emocional à fidelidade e à dor do pai, à tensão entre obediência e esperança, à gratuidade do livramento final — é uma estrutura dramática profundamente poética. O vocativo de Abraão (*hinēnî*, Gn 22,1.7.11), repetido como resposta submissa e afetuosa, e o uso simbólico do carneiro providenciado por Deus como substituto (Gn 22,13), revelam o tom teológico e pedagógico da narrativa, e não uma descrição exata de um evento histórico.

A teologia narrativa da saga: Deus como personagem e símbolo

Um dos aspectos mais inovadores de Gunkel é sua análise do modo como Deus é representado nas narrativas do Gênesis. O Deus das sagas não é o conceito metafísico abstrato da teologia sistemática, nem o Deus transcendente e absoluto do deísmo filosófico. Trata-se, antes, de um Deus próximo, concreto, com ações corporais, emoções humanas e voz audível — um Deus que caminha, fala, sente o cheiro do sacrifício (Gn 8,21), se arrepende (Gn 6,6), e aparece sob formas visíveis (Gn 18,1-2). Para Gunkel, essas características não devem ser lidas como erro teológico, mas como expressão da linguagem simbólica e narrativa que estrutura a experiência religiosa no nível popular.

Por exemplo, em Gênesis 3,8, lê-se que "ouviram a voz do Senhor Deus, que passeava no jardim ao soprar da brisa do dia". O verbo mithallēk, no *Hithpael*, expressa um andar contínuo e informal, como quem caminha distraidamente. Esta imagem de Deus passeando no Éden tem um valor simbólico profundo: representa a familiaridade entre Deus e a humanidade antes da queda, a harmonia entre criador e criatura. A cena é poética e profundamente teológica, mas não histórica no sentido estrito. Um Deus que caminha literalmente no jardim é incompatível com a teologia sistemática posterior, mas absolutamente coerente com a gramática simbólica da saga.

A construção de tipos e a pedagogia religiosa

Gunkel observa que as sagas bíblicas trabalham com personagens-tipo, não com individualidades psicológicas desenvolvidas. Abraão, Jacó, José — todos eles são figuras estilizadas, arquétipos de virtudes, de conflitos, de dilemas religiosos. A narrativa molda seus personagens para funcionar como veículos de instrução religiosa e moral. Essa característica é típica da literatura oral, onde o propósito não é descrever indivíduos históricos complexos, mas criar modelos para a comunidade.

Tome-se o caso de Jacó: sua história (Gn 25–35) está cheia de episódios que não têm interesse político nem cronológico, mas que elaboram uma teologia da bênção, da luta com Deus, da astúcia, do arrependimento e da reconciliação. O episódio de Peniel (Gn 32,23–33), por exemplo, é altamente simbólico: Jacó luta com um "homem" durante a noite (v. 25), recebe um novo nome ("Israel"), é ferido na coxa e declara: "Vi Deus face a face, e minha vida foi preservada" (v. 31). A narrativa mistura antropologia, teofania e mitologia. É impossível concebê-la como relato histórico, e Gunkel tem razão ao lê-la como saga poética com função teológica: ali se dramatiza o mistério do encontro com Deus, da transformação do homem pelo sofrimento e da luta espiritual como essência da identidade de Israel.

A saga como veículo de doutrina: cosmogonia e antropologia

As sagas do Gênesis não são apenas narrativas cativantes: elas transmitem, sob forma simbólica, doutrinas fundamentais sobre o mundo, o ser humano e o pecado. O relato da criação (Gn 1–2), conforme nota Gunkel, participa do mesmo gênero das cosmogonias do antigo Oriente Próximo. O uso da palavra bara' ("criar") no *Qal*, exclusivamente com Deus como sujeito, e a estrutura ritmada de sete dias com fórmulas repetidas ("e houve tarde e manhã: dia *n*") indicam um texto litúrgico, cerimonial, e não cronístico. A sequência "separação – nomeação – bênção" que estrutura Gênesis 1 revela uma teologia da ordem e da bondade da criação, típica da teologia sacerdotal.

Mas esse texto não visa explicar como o mundo surgiu — visa ensinar quem é o Criador, qual é sua relação com a criação e como o cosmos é estruturado segundo sua vontade. Assim, mesmo quando o Gênesis afirma que as plantas surgiram antes dos astros (Gn 1,11-16), Gunkel não vê nisso um erro factual, mas um indício claro da liberdade poética da saga, que não visa a cientificidade, mas a edificação religiosa.

Outro exemplo elucidativo está em Gênesis 6,1-4, o relato dos filhos de Deus que tomam para si mulheres humanas, gerando os Nephilim. Trata-se de uma reminiscência mitológica comum ao Oriente Próximo, e não de um dado histórico. Sua função é teológica: indicar a perversão da ordem criacional como preâmbulo do juízo do dilúvio, e não explicar antropologicamente a origem dos gigantes. Gunkel percebe, aqui, que a narrativa mobiliza estruturas míticas para comunicar mensagens morais e escatológicas, o que reforça a natureza poética da composição.

Por mais inovador, literariamente sensível e teologicamente fecundo que seja o projeto de Gunkel, sua abordagem não é isenta de limites importantes — limites que, em parte, derivam das premissas metodológicas da Religionsgeschichtliche Schule, e em parte da sua formação profundamente marcada pela cultura idealista e historicista do século XIX. Esta terceira parte propõe um exame crítico daquilo que Gunkel não viu, ou viu de modo parcial: as condições socioeconômicas da produção das narrativas, a ideologia que as molda e o risco de estetização da religião.

O silêncio quanto às relações de poder na formação do texto

Um dos principais pontos frágeis da análise de Gunkel é sua virtual ausência de uma consideração crítica sobre as relações de poder que operam na composição, preservação e canonização das narrativas. Ao tratar as sagas como produtos espontâneos da tradição popular — comparáveis a canções ou contos transmitidos de geração em geração — Gunkel adota uma visão romântica da cultura popular, análoga à de Herder ou dos irmãos Grimm. Ele negligencia que as tradições orais, ao serem redigidas, atravessam instâncias de controle, seleção e reinterpretação, muitas vezes por parte de elites sacerdotais, escribas ou detentores do poder político.

Um exemplo claro pode ser visto em Gênesis 9,25-27, o episódio da maldição de Canaã por Noé: "Maldito seja Canaã! Servo dos servos será para seus irmãos!". Essa narrativa tem sido identificada por diversos estudiosos modernos como uma racionalização mítica da dominação israelita sobre os cananeus, refletindo relações coloniais e justificando ideologicamente a conquista da terra. O texto opera como uma reescrita simbólica do mapa étnico da região a partir de interesses político-teológicos. Gunkel, ao classificá-la como "saga", ignora esse potencial ideológico — e assim o faz em diversos outros casos, como a marginalização de Ismael e Esaú, ou a repetição de temas patriarcais que favorecem sempre a linha genealógica de Israel sobre seus vizinhos.

A neutralidade histórica como problema hermenêutico

Embora a proposta de distinguir entre saga e história seja metodologicamente rica, Gunkel apresenta a saga como algo quase intocado por conflitos, ideologias e disputas de poder — como se fosse apenas o produto espontâneo de uma sensibilidade popular "ingênua". Ao proceder assim, ele perpetua uma forma de neutralidade hermenêutica que apaga o caráter político das narrativas.

Basta considerar a forma como as mulheres aparecem nas histórias patriarcais. Gunkel lê os episódios de Lia e Raquel (Gn 29–30) como encantadoras anekdoten, "histórias de ciúmes e vida conjugal" próprias da vida rural. No entanto, a teologia feminista posterior evidenciou que esses relatos também veiculam uma visão estrutural de competição entre mulheres por legitimidade e fertilidade — uma construção que reflete normas patriarcais de uma sociedade que valoriza a maternidade como critério único de valor feminino. Gunkel, por privilegiar a dimensão poética, tende a suavizar essas opressões sistêmicas.

O mesmo pode ser dito do tratamento de Ismael, cujo papel é consistentemente subordinado à linha de Isaque. A narrativa de sua expulsão (Gn 21,8–21) pode ser lida como articulação literária da marginalização de um povo rival (os ismaelitas/árabes) no imaginário israelita. Em Gunkel, tal tensão desaparece sob a forma do "encanto da saga". O que está em jogo, no entanto, é a formação da memória coletiva por meio da exclusão de grupos subalternos. A neutralidade literária proposta por Gunkel, portanto, necessita ser complementada por abordagens críticas mais sensíveis ao conflito e à dominação simbólica.

A idealização da saga e a estética como critério teológico

Outro limite da proposta de Gunkel está em sua clara preferência pela saga como forma poética superior. Ele afirma que as narrativas patriarcais do Gênesis "talvez sejam as mais belas e profundas que já existiram sobre a Terra" — uma avaliação marcada por um subjetivismo estético que, embora compreensível em seu contexto, compromete parcialmente a objetividade crítica. Ao valorizar o "tom poético" como critério de verdade, Gunkel corre o risco de transformar a análise literária em apreciação artística, distanciando-se de uma investigação histórica propriamente dita.

Esse problema se evidencia quando ele afirma que a saga é uma expressão da alma nacional, da piedade popular, da herança espiritual — categorias caras ao romantismo alemão oitocentista, mas que precisam ser problematizadas quando aplicadas a textos que, muitas vezes, servem para normalizar a violência, reforçar hierarquias e silenciar memórias alternativas.

Por exemplo, o relato da destruição de Sodoma (Gn 19) apresenta uma complexa rede de temas: hospitalidade, julgamento divino, práticas sexuais e relações de poder. Gunkel não o tematiza em sua crítica, mas sua metodologia tenderia a considerá-lo uma saga de juízo com função religiosa. A crítica moderna, no entanto, reconhece que essa narrativa foi usada historicamente para justificar exclusões sociais. A análise meramente formal ou estética da saga ignora esses efeitos sociais e históricos da recepção do texto.

A ausência de perspectivas comparativas multidisciplinares

Embora Gunkel reconheça a importância da tradição babilônica — especialmente no relato do dilúvio (Gn 6–9), que ele corretamente considera dependente da Epopeia de Gilgámesh — sua comparação permanece dentro de um quadro limitado à história das religiões do Antigo Oriente. Ele não tinha recursos disponíveis em seu tempo para mobilizar, por exemplo, os instrumentos da antropologia comparada, da psicanálise dos mitos (como faria mais tarde Bultmann, sob influência de Freud e Jung), nem a crítica marxista da ideologia, nem sequer uma abordagem diacrônica rigorosa da formação do texto em camadas (como faria a crítica redacional de Noth, von Rad ou Westermann).

Por exemplo, o episódio da torre de Babel (Gn 11,1–9), com sua crítica à unificação e à linguagem comum, poderia ser lido como uma etiologia das diferenças linguísticas, mas também como uma resposta literária a projetos imperiais de centralização cultural — possivelmente babilônicos. A recusa de Gunkel em realizar leituras ideológicas do texto impede que se perceba essa dimensão crítica da narrativa. Sua leitura permanece presa à oposição entre poesia e prosa, sem considerar suficientemente os fatores históricos, econômicos e políticos que produzem e moldam a tradição.

TIPOS DE SAGAS DO GÊNESIS

Do vasto material sobressaem nitidamente dois grupos:

1. As sagas sobre a origem do mundo e os ancestrais da humanidade — as histórias até a torre de Babel; o cenário dessas narrativas é o mundo distante, e sua esfera de interesse é a totalidade da humanidade.

2. As sagas sobre os patriarcas de Israel — Abraão, Isaque, Jacó e seus filhos; aqui, o cenário e a esfera de interesse é Canaã e seus arredores.

Também em seu caráter essas duas categorias se distinguem de modo claro: as primeiras narrativas falam de Deus de maneira diversa das sagas dos patriarcas de Israel. Nessas, a divindade aparece sempre envolta em mistério, como desconhecida, ou fala apenas a partir do céu, ou ainda se manifesta em sonho; nas sagas primitivas, porém, Deus caminha confiadamente entre os homens, e ninguém se surpreende com isso: na saga do paraíso, os seres humanos habitam na morada de Deus; pressupõe-se que ele costuma vir a eles todas as tardes; a Noé, ele chega a fechar a arca e lhe aparece pessoalmente, atraído pelo sacrifício.

Além disso, nas sagas dos patriarcas os verdadeiros protagonistas são sempre os homens; quando a divindade aparece, isso é considerado uma exceção. Já nas sagas primitivas, a divindade é a agente da ação (como na criação), ou ao menos figura como participante central (paraíso, união dos anjos com mulheres, dilúvio, torre de Babel). Essa diferença é apenas relativa, pois algumas sagas dos patriarcas (especialmente as histórias de Hebron e de Peniel) também mostram a divindade agindo diretamente; por outro lado, a história de Caim e Abel, assim como a da maldição de Canaã, em que os homens são os agentes ou protagonistas principais, deve ser incluída entre as sagas primitivas. Ainda assim, essa diferença caracteriza bem os dois grupos em sua totalidade.

Essa predominância da ação divina nas sagas primitivas significa que essas sagas têm um caráter mais fortemente mítico; são mitos esmaecidos.

Mitos — que ninguém se assuste com esta palavra — são histórias de deuses, em contraste com as sagas, cujos protagonistas são seres humanos. As histórias de deuses são, em toda parte, as narrativas mais antigas dos povos; foi a partir dos mitos que surgiu o gênero das sagas. Se, portanto, reconhecemos que essas sagas primitivas são aparentadas aos mitos, devemos concluir que nos foram transmitidas em forma relativamente antiga. Elas provêm de uma época de Israel na qual o mistério que envolve a ação da divindade ainda não havia realmente se tornado consciente para a fé ingênua.

Por outro lado, esses mitos originários chegaram até nós em tonalidades relativamente desbotadas. Isso reconhecemos a partir das próprias narrativas, pois em certos pontos somos capazes de reconstruir uma forma mais antiga do que aquela que nos foi transmitida: especialmente Gênesis 6,1ss encontra-se atualmente apenas como um torso. Vemos o mesmo ao compararmos as sagas primitivas com as alusões aos mitos que encontramos nos poetas e profetas do Antigo Testamento e nos apocalípticos posteriores — cf. o material reunido em *Schöpfung und Chaos*. A mesma conclusão resulta de modo ainda mais evidente da comparação entre as sagas primitivas e os mitos orientais, especialmente da comparação entre a narrativa bíblica da criação e do dilúvio com as versões babilônicas. Os contornos grandiosos, as cores intensas e vívidas que caracterizavam originalmente esses mitos foram apagados nas sagas bíblicas; a identificação das figuras divinas com elementos ou domínios naturais, a luta entre os deuses, a geração dos deuses etc. desaparecem do Gênesis.

Pode-se ver aí a marca própria da religião israelita. O caráter essencial da religião de Javé não é propício aos mitos. Pois essa religião está, desde o início, orientada para o monoteísmo; mas uma história de deuses exige ao menos dois deuses. Por isso, o Israel que conhecemos pelo Antigo Testamento não suportou verdadeiros mitos em sua forma original. Pelo menos não em prosa; ao poeta se toleraram alusões a mitos.

Desse modo, conservaram-se na poesia resquícios de uma concepção mais antiga, anterior à tradição do Gênesis, que era mais aberta diante dos mitos. As sagas primitivas que chegaram até nós são todas marcadas por esse pudor silencioso diante da mitologia. O monoteísmo de Israel só aceita mitos em que Deus atua sozinho — como na narrativa da criação; mas aí, naturalmente, não pode surgir uma verdadeira história, em que de ação e reação resulte algo terceiro. Ou então a narrativa se dá entre Deus e os homens; segundo a concepção especificamente israelita, porém, os homens são fracos demais para serem dignos oponentes de Deus, capazes de fazer com que seu conflito com Ele se desenvolva em uma grande ação; pois, tão logo Deus intervém, tudo está decidido. Se, nesse caso, ainda se deseja contar uma história, então é preciso que os homens ajam primeiro. Essa é a disposição presente nas sagas do paraíso e da torre de Babel. Diferente é a saga do dilúvio, em que Deus aparece desde o início — mas, justamente por isso, também não se gera mais nenhuma tensão para o ouvinte.

Observe-se ainda que o número de sagas transmitidas com ecos míticos é muito menor do que o das sagas patriarcais, nas quais o elemento mítico está ausente; também nisso se pode reconhecer o efeito da rejeição ao mito.

Uma teoria sobre a origem e o sentido primitivo dos mitos não será aqui apresentada. Apenas algumas observações.

Uma série de mitos pode ser compreendida assim: um fenômeno natural que tende a ocorrer com certa frequência ou regularidade no mundo real forneceu as cores para a narrativa de um acontecimento semelhante, porém grandioso, ocorrido no tempo primordial. Assim, a criação do mundo foi retratada como uma grande primavera, e as inundações da Mesopotâmia deram origem à narrativa do dilúvio.

Muitos mitos respondem a perguntas. O mesmo se dá com as sagas primitivas do Gênesis: a narrativa da criação pergunta: de onde vieram o céu e a terra? E, ao mesmo tempo: por que o sábado é sagrado? A narrativa do paraíso: de onde vem a razão humana e seu destino de morte? Além disso: de onde vêm o corpo e o espírito do ser humano? De onde vem sua linguagem? O amor? por que a mulher sofre tantas dores ao dar à luz, por que o homem deve cultivar o solo rebelde, por que a serpente se arrasta sobre o ventre, entre outras.

A saga da torre pergunta: de onde vêm a diversidade dos povos em língua e localização? A resposta a essas perguntas constitui, nos casos mencionados, o verdadeiro conteúdo da saga. Já na saga do dilúvio, o elemento etiológico (fundamentador) está ao final: Por que uma tal inundação não ocorre novamente? O que significa o arco-íris?

Todas essas perguntas não dizem respeito a temas israelitas, mas a questões que concernem a toda a humanidade. Sabe-se que o antigo Israel, em geral, não tinha uma inclinação especulativa, e que tendia sempre a interessar-se mais pelas questões próximas e israelitas. Aqui, porém, é o lugar onde o antigo povo se mostra capaz de tratar problemas universais, as mais profundas questões do gênero humano.

De maneira singular, isso ocorreu nas histórias da criação e do paraíso: ali estão os começos da teologia e da filosofia. Não é de admirar que essas passagens tenham recebido atenção especial, e que, desde que se lê o Gênesis, cada geração até os dias de hoje tenha projetado seus pensamentos mais profundos sobre essas narrativas.

Após as sagas primitivas, seguem-se no Gênesis as sagas dos patriarcas. Característico dessas sagas é o fato de tratarem de antepassados dos povos, na maioria das vezes de Israel. Essas sagas baseiam-se na teoria de que os povos — e assim também Israel — se originaram da família de um único ancestral, a qual se expandiu progressivamente. Essa teoria não deriva da observação de fatos, pois nenhum olho humano testemunha o surgimento dos povos; trata-se, antes, do resultado de uma antiquíssima concepção poética da vida dos povos.

Na mais antiga época, o indivíduo pouco valia; muito mais interesse se concentrava no destino do povo; a associação tribal, o povo, era percebido com muito mais força como uma unidade do que nos dias atuais. Assim acontece que os destinos do povo são concebidos como destinos de uma pessoa: o povo geme, triunfa, está prostrado, ergue-se, morre e ressuscita, etc. Também as relações entre os povos são vistas como relações entre indivíduos: diz-se que dois povos são irmãos, ou seja, que são aparentados e estão em condição de igualdade; se um deles é considerado mais rico, mais poderoso, mais nobre, diz-se que ele é o primogênito, ou que descende da esposa legítima; o outro seria o mais jovem ou descendente da concubina.

O fato de Israel estar dividido em doze tribos é interpretado assim: o ancestral Israel teve doze filhos; se algumas tribos formam entre si uma aliança mais estreita, afirma-se que são filhos da mesma mãe. A relação de mãe e filho é representada entre Hagar e Ismael; relações mais distantes aparecem entre o tio e o sobrinho, Abraão e Ló.

Essas pessoas são originalmente os próprios povos; esse modo de expressão ainda permanece completamente comum na poesia patética dos profetas: Edom constrói seu ninho nas alturas, Moabe morre ao som das trombetas, Assur ataca Israel como um leão sua presa, Jerusalém e Samaria são duas irmãs adúlteras, Edom tratou com hostilidade seu irmão Israel, e assim por diante. Personificações desse tipo devem ter sido perfeitamente familiares no período mais antigo. Mais tarde, porém, quando o tempo se tornou mais prosaico e tais concepções não eram mais compreendidas na narrativa simples, passou-se a perguntar quem eram de fato essas pessoas Jacó, Judá, Simeão, e respondeu-se: são os antepassados, e os povos e tribos posteriores são seus filhos.

Quão antiga é essa teoria vê-se pelo fato de que ela já se encontra firmemente incorporada na linguagem, que fala dos "filhos de Israel", dos "filhos de Amom".

Nós não reinterpretamos as sagas que tratam de tais personagens coletivos (isto é, de povos), mas, ao contrário, compreendemos seu sentido mais antigo (em Israel) quando entendemos os heróis de que elas falam — Ismael, Jacó, Esaú, entre outros — como povos, e tentamos interpretar as histórias sobre eles como experiências de povos. Por outro lado, deve-se proceder com cautela nesse esforço, pois é necessário considerar a possibilidade de que algumas dessas figuras não representassem originalmente povos, mas só mais tarde tenham sido transformadas em antepassados na tradição.

Com segurança, podemos entender como personificações de povos aquelas figuras cujos nomes são conhecidos de outra forma como nomes de povos — cf. especialmente Ismael, Amom, Moabe, as doze tribos e seus clãs. Às vezes, também as próprias narrativas deixam claro que se trata, na realidade, de povos — assim no caso de Abel e Caim, de Jacó e Esaú, de Sem, Cam e Jafé. Muitas das narrativas que tratam desses antepassados descrevem, portanto, originalmente experiências de povos.

Pode-se supor que, em tempos muito antigos, tenha havido disputas sobre poços entre os cidadãos de Gerar e os beduínos da região, até que finalmente se tenha chegado a um tratado em Berseba: a saga representa esses fatos como disputa e pacto entre Abimeleque, rei de Gerar, e os antepassados que ela chama de Abraão ou Isaque (Gn 21,22ss; 26).

Dina, filha de Jacó, foi violentada por Siquém; como punição, Siquém foi traidoramente atacada pelos irmãos de Dina. Mas Jacó afastou-se deles e os amaldiçoou. A história subjacente aqui será: Dina, um clã israelita, é violentada pela cidade cananeia de Siquém, e depois é vingada de forma traiçoeira por Simeão e Levi, as tribos mais próximas por parentesco; mas as demais tribos de Israel se afastam delas e deixam que as tribos-irmãs pereçam.

Do mesmo modo, a saga de Tamar descreve antigas condições do clã de Judá: Judá se une a cananeus — na saga, Hira de Adulão e a esposa de Judá, Batsua. Uma série de clãs judaico-cananeus (Er e Onã) perece prematuramente; por fim, surgem dois novos clãs (Perez e Zerá).

Também nas sagas sobre Esaú e Jacó ressoam dados históricos de maneira clara: Esaú e Jacó são povos-irmãos; Esaú é um povo de caçadores, Jacó um povo de pastores. Esaú é o irmão mais velho, mas perde, por compra ou fraude, seu direito de primogenitura — isto é, o povo mais antigo e mais renomado, Esaú, teve de ceder ao povo posterior e originalmente mais fraco, Jacó, e agora ocupa uma terra inferior. Um conflito similar é pressuposto pela saga entre os clãs judaítas de Perez e Zerá, e entre Efraim e Manassés. Rúben, o primogênito entre as tribos israelitas, perde sua primogenitura por causa de uma transgressão: a tribo de Rúben, outrora preeminente, perdeu essa posição.

Caim, o lavrador, matou seu irmão, o pastor Abel, mas teve de abandonar a terra que antes compartilhavam.

Sem, Jafé e Canaã são originalmente irmãos; mas agora Jafé possui um território muito mais extenso do que os outros, e Canaã deve servir a ambos. Ouve-se falar repetidamente de migrações: desde o norte, migram para Canaã Abraão, depois Rebeca, para se casar com Isaque, e finalmente Jacó; como ponto de partida são mencionadas Ur dos Caldeus e Harã (a cidade de Naor). Uma migração das tribos israelitas para o Egito é descrita na saga de José; uma variante dela é a ida de Abraão ao Egito.

Ora, está na natureza da saga o fato de que não conseguimos ver com clareza esses antigos acontecimentos, mas apenas como através de uma névoa. A saga envolveu em poesia as recordações históricas e ocultou-lhes os contornos. O tempo do acontecimento, na maioria das vezes, não pode ser determinado a partir da própria saga; às vezes também o lugar não é claro, e aqui e ali nem mesmo o sujeito da ação está definido. Onde exatamente Jacó e Esaú, Caim e Abel, Sem e Jafé têm sua pátria, a saga já esqueceu. Quem pode dizer qual foi o povo que migrou de Aram-Naharaim para Canaã? Que povos se separaram em Betel?

Se, portanto, as coisas do passado nos são mais veladas do que reveladas nessas sagas, seria bárbaro aquele que por isso as desprezasse. Pois muitas vezes elas são mais valiosas do que eventuais relatos prosaicos sobre acontecimentos reais; se, por exemplo, tivéssemos boas informações históricas sobre Ismael, provavelmente nos seriam bastante indiferentes, pois esse "asno selvagem" pouco realizou pela humanidade; agora, porém, tocado pela mão da poesia, ele vive eternamente.

Nessas sagas os traços de caráter dos povos nos são claramente apresentados: ali está Esaú, o caçador da estepe, que vive do que a mão colhe, sem muito refletir, esquecido, generoso, corajoso, peludo como um bode; e o pastor Jacó, um homem liso, muito mais astuto, habituado a calcular o futuro. Seu tio Labão é o tipo do arameu: ganancioso e enganador, mas externamente um homem respeitável, sempre com uma desculpa na ponta da língua. Uma figura mais nobre é Abraão: hospitaleiro, pacífico, o modelo do homem piedoso.

E também nos são claras, em muitos casos, as disposições afetivas com que se compreendiam os acontecimentos: ouvimos com toda clareza como a saga despreza a impureza de Canaã, como ela zomba de Esaú e de Labão, como ela se alegra com o fato de que a avareza de Ló acabou por dar-lhe a pior parte da terra, e assim por diante.

Até agora, mesmo onde se reconheceu que essas narrativas são sagas, elas ainda não receberam plenamente o que lhes é de direito. Seu caráter antigo não foi suficientemente reconhecido. Como essas narrativas nos chegaram a partir de duas fontes (J e E), datadas aproximadamente do século IX e VIII a.C., acreditou-se que as próprias sagas provinham essencialmente da época da monarquia israelita, e que, por isso, não forneceriam nenhum esclarecimento sobre a pré-história.

Na realidade, porém, essas sagas são muito mais antigas. Os nomes de povos que elas mencionam nos são quase todos desconhecidos: da tradição histórica de Israel nada sabemos sobre Sem, Cam e Jafé, sobre Abel e Caim, sobre Esaú e Jacó, nada sobre Hagar, quase nada sobre Ismael. Tudo isso, portanto, refere-se a povos da antiguidade mais remota.

Isso se mostra com especial clareza no caso de Jacó e Esaú, que foram posteriormente identificados com Israel e Edom; mas exatamente esses nomes duplos, e vários traços das sagas que não correspondem aos povos históricos Edom e Israel, mostram que a antiga narrativa tinha originalmente em vista outros povos completamente diferentes.

Outra prova da antiguidade dessas sagas sobre povos pode ser oferecida pela história da saga em Israel. As sagas no livro dos Juízes já não falam mais de povos, mas de pessoas (exceto apenas Jz 1); elas relatam feitos de heróis, de líderes individuais das tribos. A última história, datável historicamente, que conserva o estilo antigo é a saga do ataque a Siquém — a saga de Dina no Gênesis. Na época mais antiga dos Juízes, portanto, essa forma de narrativa ingênua já havia desaparecido; dali em diante, tais narrativas apenas continuaram sendo transmitidas, mas já não eram mais criadas.

Chamamos essas sagas de "sagas históricas" quando refletem acontecimentos históricos, e de "sagas etnográficas" quando descrevem sobretudo as condições dos povos. Assim, a saga do tratado em Berseba e as diversas sagas de migração podem ser chamadas de "históricas", ao passo que as de Jacó e Esaú devem ser consideradas "etnográficas".

Ao lado dessas narrativas do Gênesis, encontram-se as chamadas narrativas etiológicas, ou seja, aquelas que têm um propósito, que querem explicar algo. Há uma abundância de perguntas que ocupam um povo da Antiguidade. Pois no ser humano está implantado o impulso de perguntar, de investigar; ele quer conhecer as causas das coisas. A criança olha o mundo com olhos grandes e pergunta: por quê? A resposta que ela mesma dá — e com a qual se tranquiliza — pode ser muito infantil, e, portanto, muito incorreta, mas, se for uma criança sensível, essa resposta será cativante e comovente mesmo para o adulto.

Essas mesmas perguntas um povo antigo também levanta — e as responde da melhor forma que pode. Essas perguntas são geralmente as mesmas que nós mesmos levantamos, e às quais tentamos responder por meio de nossas disciplinas científicas. O que encontramos aqui, portanto, são os primórdios da ciência humana — naturalmente, apenas primórdios modestos, mas que, por isso mesmo, nos são veneráveis. E, ao mesmo tempo, são especialmente comoventes e atraentes, pois nessas respostas o antigo Israel expressou seus sentimentos mais íntimos, e os revestiu com um traje multicolorido de poesia.

Tais perguntas são:

a) Etnológicas. Pergunta-se pelas causas das relações entre os povos.

- Por que Canaã é servo de seus irmãos?
- Por que Jafé possui um território tão extenso?
- Por que os filhos de Ló habitam no inóspito oriente?
- Como se explica que Rúben tenha perdido sua primogenitura?
- Por que Caim deve vaguear errante e fugitivo?
- Por que aquele que matar Caim será vingado sete vezes?
- Por que Gileade é a fronteira entre Israel e os arameus?

- Por que Berseba nos pertence e não aos geraritas?
- Por que José possui Siquém?
- Por que temos direito sobre os lugares sagrados de Siquém e de Macpelá?
- Por que Ismael tornou-se um povo do deserto, com essa sua localização e esse seu deus?
- Como se explica que os camponeses egípcios estejam sujeitos ao pesado tributo do quinto, enquanto os campos dos sacerdotes estão isentos?
- Mas a pergunta mais frequentemente levantada é: por que Israel possui essa terra maravilhosa de Canaã?

As sagas contam, em diversas variações, como aconteceu que os patriarcas receberam justamente essa terra: a Abraão, Deus a prometeu por causa de sua obediência; quando Ló escolheu o oriente na separação em Betel, o ocidente tornou-se propriedade de Abraão; Jacó obteve a bênção da terra melhor de Isaque por meio de sua astúcia; Deus a prometeu a Jacó em Betel — e assim por diante.

Essas sagas etnológicas, que para explicar relações entre os povos contam uma história inventada, e as sagas históricas, que ainda contêm um resquício de tradição sobre um acontecimento realmente ocorrido, são, naturalmente, muito difíceis de distinguir. Com frequência, momentos etnológicos e etnográficos coexistem na mesma saga: as condições pressupostas são históricas, mas a maneira como são explicadas é poética.

A resposta dada a tais perguntas é sempre esta: os estados presentes são explicados por uma ação dos antepassados: foi o patriarca que comprou o local sagrado, por isso ele nos pertence, seus herdeiros; os antepassados de Israel e de Arã estabeleceram Gileade como fronteira; o ancestral de Caim foi amaldiçoado por Deus a vagar eternamente — e assim por diante.

Especial predileção se tinha por encontrar tal explicação em uma palavra dotada de poder miraculoso, pronunciada outrora por Deus ou por um patriarca; a saga então relata como, na aurora dos tempos, essa palavra surgiu. E essa explicação era tida como tão plenamente suficiente, que mais tarde surgiu um gênero literário próprio, o das "bênçãos" — cf. Gênesis 49.

Por mais infantis que hoje nos pareçam essas explicações, por mais que tenha sido impossível àqueles antigos descobrir as causas reais das coisas, não devemos deixar de reconhecer a profundidade que emana dessas sagas poéticas: as relações entre os povos do presente — esta é a premissa dessas narrativas — não são fruto do acaso, mas estão fundamentadas em acontecimentos da origem, são de certo modo "predestinadas". Nestas sagas temos o primeiro início de uma filosofia da história.

b) Ao lado disso, sagas etimológicas ou motivos de sagas etimológicas, inícios da linguística.

O antigo Israel refletiu bastante sobre a origem e o verdadeiro significado dos nomes de povos, montanhas, poços, santuários, cidades. Os nomes não lhe eram tão indiferentes quanto o são para nós; pois estava convencido de que os nomes deveriam, de algum modo, ter relação com as coisas.

Dar a explicação correta era, em muitos casos, completamente impossível ao povo antigo; pois os nomes são, como entre outros povos, também em Israel, o bem mais antigo da língua: eles provêm de povos desaparecidos ou de um estágio mais antigo da própria língua. Também muitos de nossos nomes como Reno, Mosela, Neckar, Harz, Berlim, Ludwig, etc., não são compreensíveis para quem não é erudito em linguagem. Justamente por essa estranheza os nomes devem ter atraído a atenção do povo antigo.

O antigo Israel explicava tais nomes, naturalmente sem espírito científico, a partir da linguagem atual. Identificava o nome antigo com uma palavra moderna de som mais ou menos semelhante, e então contava uma pequena história que deveria explicar a razão de exatamente ali ser pronunciada essa palavra e como ela teria permanecido como nome.

Também conhecemos tais etimologias populares:

„Ach Allm!“, stöhnt' einst ein Ritter;
ihn traf des Mörders Stoß.
„Allmächtiger!“, wollt' er rufen —
man hieß davon das Schloss.
Ai! gemia outrora um cavaleiro;
O golpe do assassino o alcançou.
"Todo-poderoso!", quis clamar —
E assim se nomeou o castelo.

Os longobardos se chamavam antes *Winiler*; mas quando, certa vez, as mulheres dos *Winiler*, como artimanha de guerra, colocaram barbas postiças, e Wodan, pela manhã, viu isso da sua janela, disse: "Que barbas compridas são essas?" Desde então os *Winiler* se chamaram *Langobarden*, ou seja, "longas-barbas" (*Grimm, Deutsche Sagen* n.º 390).

A Wartburg leva, segundo a saga, esse nome porque o conde da terra, tendo se perdido em uma caçada até ali, disse: "Espera, monte, tu deves tornar-te para mim um castelo!"

Sagas semelhantes são muito frequentes no Gênesis e também posteriormente. A cidade "Babel" recebeu esse nome porque Deus ali confundiu as línguas (*balal*); "Jacó" é explicado como "aquele que segura o calcanhar", porque ao nascer segurou o calcanhar do irmão, ao qual não queria ceder a primogenitura; *Ṣo'ar* significa "pequena coisa", porque Ló disse em súplica: "é apenas uma coisa pequena"; *Be'er Ševa'*, "poço dos sete", porque Abraão ali deu a Abimeleque sete cordeiras; "Isaque" (*Yiṣḥaq*) deve seu nome ao fato de que sua mãe riu (*ṣāḥaq*), quando lhe foi prometido seu nascimento (18,12), e assim por diante, e assim por diante.

Para reconhecer a grande ingenuidade da maioria dessas explicações, basta considerar que a saga hebraica tranquilamente explica a palavra babilônica *Babel* como se fosse hebraica, e que muitas vezes se contenta com semelhanças apenas aproximadas: por exemplo, *Qayin* a partir de *qaniti* (4,1), *Re'uven* a partir de *ra'ah b'onyi* (29,32), e assim por diante.

Os estudiosos nem sempre reconheceram suficientemente essa ingenuidade na etimologia popular; por isso deixaram-se seduzir a reforçar certas explicações bastante insuficientes por meios modernos. Em um caso, muitos teólogos costumam até chamar tal explicação (embora muito engenhosa) de "etimologia autêntica": *Yahweh* = "Eu sou aquele que sou" (Êx 3,14); mas etimologias não são revelações.

As sagas etimológicas são para nós especialmente valiosas, porque são exemplos particularmente claros do tipo de saga etiológica.

c) Mais importantes do que essas etimológicas são as sagas cultuais, cujo propósito é explicar as prescrições do culto.

Tais prescrições cultuais desempenham um grande papel na vida da Antiguidade; muitos desses costumes, porém, já não eram compreendidos — ou ao menos não completamente compreendidos — por aqueles que os praticavam na época mais antiga que nos é acessível. Pois os costumes são infinitamente mais resistentes do que as concepções, e especialmente o culto é extraordinariamente conservador; mesmo entre nós, cujo culto passou por uma imensa purificação na Reforma e novamente no Racionalismo, há muitas coisas que vemos e ouvimos em nossas igrejas que não compreendemos, ou apenas parcialmente.

O antigo Israel refletiu sobre a origem de muitos desses costumes cultuais. E quando os adultos, por força do hábito, estão demasiadamente entorpecidos para ainda perceberem o que há de estranho e incompreensível, são perturbados em sua tranquilidade pelas perguntas das crianças. Quando as crianças veem o pai realizar diversos ritos maravilhosos na festa da Páscoa, então — como é expressamente indicado em Êxodo 12,26 e 13,14 — elas perguntam: o que significa isso? E então se deve contar a elas a história da travessia. O mesmo acontece com as doze pedras no Jordão (Js 4,6), que o pai deve explicar aos filhos como lembrança da passagem pelo Jordão.

Nesses exemplos vemos claramente como uma saga é a resposta a uma pergunta. Do mesmo modo, pergunta-se pela origem da circuncisão, do sábado; por que não comemos o nervo ciático? Por que se unge a pedra sagrada em Betel e ali se oferece o dízimo? Por que não sacrificamos uma criança em Jeruel, como Javé na verdade exigiu, mas sim um carneiro (Gn 22)? Por que se costuma mancar na festa de Penuel, ou seja, executar uma determinada dança (Gn 32,32)?

A verdadeira origem de todas essas práticas nenhum israelita poderia nomear; são velhas demais para isso. Mas é aí que entra o mito ou a saga; conta-se uma história e, a partir dela, explica-se o costume sagrado: outrora aconteceu um fato, do qual essa prática surgiu naturalmente; em lembrança e imitação desse fato, realizamos o costume.

Essa história, que deve explicar o costume, situa-se regularmente na aurora dos tempos: o povo antigo expressa assim a impressão totalmente correta de que os costumes do culto remontam a tempos imemoriais — as árvores de Siquém e Hebron são mais antigas que Abraão! Praticamos a circuncisão por causa de Moisés, cujo primogênito foi circuncidado como substituto de Moisés, cujo sangue Deus exigia (Êx 4,24ss).

Descansamos no sétimo dia porque Deus, na criação do mundo, descansou no sétimo dia (um mito, pois Deus age nele). O nervo ciático nos é sagrado porque Deus feriu Jacó sobre ele em Penuel. A pedra de Betel foi ungida por Jacó pela primeira vez porque era seu travesseiro quando a divindade lhe apareceu.

Em Jeruel, Deus pediu pela primeira vez a Abraão seu filho, mas depois se satisfez com o carneiro. Em Penuel "mancamos", imitando Jacó, que ali mancava, após ter deslocado a articulação da coxa em sua luta com a divindade. E assim por diante.

Sempre ouvimos, nessas ocasiões, falar de determinados lugares — de Betel, Penuel, Siquém, Berseba, Lahai-Roi, Jeruel, entre outros — e das árvores, fontes e marcos de pedra situados nesses locais; são os santuários antiquíssimos das tribos e clãs de Israel. A época mais remota percebia, nesses elementos naturais, algo diretamente ligado à essência da divindade; porém, tempos posteriores, para os quais essa conexão já não era tão evidente nem natural, passaram a fazer a pergunta: por que justamente este lugar e este símbolo sagrado seriam tão especialmente sagrados?

A resposta constante era: porque a divindade apareceu ao antepassado naquele lugar. Em memória dessa teofania, veneramos o Deus nesse local. A saga cultual, portanto — e isso é de importância extraordinária para a história das religiões — provém de uma época em que o sentimento religioso já não percebia de modo imediato a divindade da localidade ou do símbolo natural, e já não compreendia o sentido do costume sagrado.

A saga deve agora fornecer uma motivação para explicar como aconteceu que Deus e o patriarca se encontraram justamente ali. Abraão estava sentado ao meio-dia debaixo da árvore, quando os homens lhe apareceram; por isso, a árvore é sagrada (Gn 18,1ss). A fonte do deserto Lahai-Roi tornou-se o santuário de Ismael porque sua mãe, em fuga pelo deserto, encontrou junto àquela fonte o Deus que a consolou (Gn 16,7ss). Jacó passou a noite por acaso num determinado lugar e repousou a cabeça sobre uma pedra, quando teve a visão da escada celestial; por isso, a pedra é nosso santuário (Gn 28,10ss). Moisés chegou por acaso com os rebanhos ao monte sagrado e à sarça (Êx 3,1ss).

Cada um dos maiores santuários de Israel deve ter possuído uma saga de origem como essa. Devemos imaginar que tais sagas cultuais eram originalmente contadas por ocasião da festa sagrada naquele próprio lugar — assim como a festa da Páscoa está ligada à narrativa do Êxodo, a festa de Purim à lenda de Ester, a festa da primavera babilônica ao hino da criação babilônico, e como também, entre nós, o Natal e a Páscoa são impensáveis sem suas respectivas histórias.

Essas sagas cultuais são, por isso, tão valiosas para nós, porque nos permitem conhecer os lugares e costumes sagrados de Israel, e também porque nos introduzem, com grande vivacidade, no sentimento religioso da Antiguidade: essas sagas cultuais são nossa principal fonte para a religião mais antiga de Israel.

A Gênesis está repleta delas; apenas poucas se encontram nos livros posteriores. Quase em todo lugar na Gênesis em que um local específico é nomeado — e, em todo caso, sempre que Deus aparece em um lugar determinado —, está na base uma saga como essa.

Temos nessas sagas os inícios da história da religião.

d) Além disso, pode-se distinguir ainda uma série de outros tipos de sagas, entre os quais deve ser mencionada aqui a saga geológica.

Essas sagas geológicas procuram explicar a origem de determinadas localidades. De onde vem o mar Morto com sua desolação aterradora? A região foi amaldiçoada por Deus por causa do terrível pecado de seus habitantes. De onde vem a coluna de sal ali, que se assemelha a uma mulher? É uma mulher transformada em sal — a esposa de Ló — que foi assim punida por ter espiado o segredo da divindade. Mas por que justamente o recanto de Zoar foi poupado da destruição geral? Porque Javé o preservou como lugar de refúgio para Ló.

Todas essas sagas etiológicas, portanto, estão muito distantes das ciências atuais às quais corresponderiam; nós as contemplamos com a ternura com que um homem relembra sua infância. Mas também para a nossa ciência elas são extremamente valiosas, pois nos oferecem, ao pressupor ou descrever certos estados de coisas, um material da mais alta importância para o conhecimento do mundo antigo.

Muito frequentemente, diversos motivos de sagas estão combinados em uma única narrativa. A saga da fuga de Hagar (Gn 16) deve ser chamada etnográfica, na medida em que descreve a existência de Ismael; etnológica, na medida em que busca explicar essas condições; por um de seus motivos, pertence às sagas cultuais, pois fundamenta a sacralidade de Lahai-Roi; ao mesmo tempo, contém motivos etimológicos, pois explica os nomes Ismael e Lahai-Roi.

A história do paraíso responde, ao mesmo tempo, a uma série de perguntas.

A narrativa de Betel explica tanto o culto como o nome de Betel.

As sagas de Berseba (Gn 21,22ss; 26) contêm elementos históricos, ao relatar um pacto entre povos ocorrido ali; ao mesmo tempo, contêm o elemento cultual, explicando a sacralidade do local, e por fim, também o etimológico.

A saga de Penuel explica a sacralidade do lugar, o costume de mancar, e os nomes Penuel e Israel. E assim por diante.

Especialmente os motivos etimológicos nunca aparecem isoladamente na Gênesis, mas sempre acompanhados de outros motivos de saga.

Em muitos casos, está assim indicada ao mesmo tempo a origem das sagas: pode-se demonstrar com particular clareza, sobretudo na maioria dos motivos etimológicos, que os elementos da saga que explicam o nome foram inventados justamente para esse fim. Que Abraão tenha presenteado Abimeleque com sete (*šeba'*) cordeiras em Berseba (Gn

21,28ss) foi certamente inventado para explicar o nome do lugar, assim como o fato de que a mãe de Isaque "riu" (*ṣāḥaq*), e assim por diante.

A narrativa sobre Judá, Er, Onã etc. é evidentemente nada mais que a história dos clãs de Judá, assim como a saga de Dina será nada mais que um reflexo dos acontecimentos do ataque a Siquém. Por outro lado, é preciso advertir o pesquisador para que não creia, de modo precipitado, que com essa compreensão mais antiga da saga (a mais antiga que nos é acessível) já possui também em mãos sua origem; pelo contrário, deve-se contar com a possibilidade de que os motivos compreensíveis para nós tenham sido acrescentados posteriormente, e que a própria saga seja muito mais antiga. Sobre isso, mais adiante.

Finalmente, há também sagas que não pertencem a nenhuma das categorias mencionadas — como grandes trechos da narrativa de José; além disso, o motivo central da história de Jacó e Labão — o relato dos enganos e artimanhas — não pode ser entendido nem como eco histórico, nem como etiológico. Também sobre essas sagas se falará adiante.

A classificação das sagas feita acima foi, como é da natureza do caso, determinada pelos traços principais, os "motivos condutores"; a esses traços somam-se agora os elementos "decorativos", que revestem a estrutura dada como ramos trepadores. É especialmente nessa elaboração do conteúdo dado que essas sagas revelam a sua arte.

Comentário

Neste segmento substancial de sua análise do Gênesis, Hermann Gunkel propõe uma divisão fundamental entre dois grandes blocos de narrativas: (1) as sagas de caráter universal — aquelas que tratam da origem do mundo e da humanidade, de Gênesis 1 a 11 — e (2) as sagas patriarcais — que narram a história de Abraão, Isaque, Jacó e seus descendentes, de Gênesis 12 em diante. Essa distinção não é meramente temática ou cronológica, mas envolve uma percepção mais profunda das mudanças de estilo, estrutura narrativa, construção teológica e concepção de Deus. Nesta primeira parte do comentário, analisarei essas distinções estruturais e teológicas com base em exemplos da Bíblia Hebraica, destacando os méritos da análise de Gunkel, mas também propondo uma crítica dos pressupostos por vezes idealizados ou insuficientemente explorados.

A estrutura dual do Gênesis: uma divisão literária e teológica

A bipartição entre sagas universais e patriarcais feita por Gunkel é um dos grandes acertos de sua crítica da forma. Essa divisão permite não apenas compreender o desenvolvimento narrativo do Gênesis, mas também situar a obra na confluência entre tradições culturais distintas e camadas teológicas sucessivas.

As sagas universais — da criação à torre de Babel (Gn 1–11) — apresentam um interesse cosmológico e antropológico. O cenário é difuso, sem identidade geográfica definida, e a linguagem simbólica se presta à formulação de verdades religiosas em chave arquetípica. A humanidade é o sujeito coletivo da ação; Deus aparece como protagonista absoluto e, em muitos casos, como figura mítica.

Por contraste, as sagas patriarcais (Gn 12–50) restringem o foco a um território — Canaã e seus arredores — e a uma genealogia particular. Já não se trata da origem da humanidade, mas da origem de Israel, concebido como povo descendente de um ancestral comum. O relato assume um tom mais realista, com referências a clãs, cidades e conflitos tribais. A figura divina aparece mais esporadicamente e de forma mais interiorizada — em sonhos (Gn 28,12), vozes celestiais (Gn 22,11), ou aparições esparsas (Gn 18,1ss).

Essa diferenciação entre blocos do Gênesis já está insinuada na própria estrutura do texto massorético por meio da fórmula repetitiva 'elleh tôledôt ("estas são as gerações de"), que marca seções genealógicas distintas (cf. Gn 2,4; 5,1; 10,1; 11,10; 11,27 etc.). Trata-se de uma divisão redacional que confirma a percepção de Gunkel quanto à coexistência de tradições diversas e de estilos contrastantes.

Teologias de Deus nas sagas universais e patriarcais: o mito esmaecido

Um dos pontos centrais da análise de Gunkel é a diferença na representação da divindade entre os dois blocos de narrativas. Nas sagas universais, Deus é um personagem que age diretamente, caminha entre os humanos (Gn 3,8), fecha a arca com as próprias mãos (Gn 7,16), sente o cheiro do sacrifício (Gn 8,21) e confunde línguas (Gn 11,7). Essa presença tangível, quase física, é um indício da origem mítica dessas narrativas — isto é, histórias em que a divindade está plenamente envolvida na ação, num mundo onde a separação entre o transcendente e o imanente ainda não se estabeleceu plenamente.

Por outro lado, nas sagas patriarcais, Deus raramente aparece diretamente. Sua fala se dá "do céu" (Gn 21,17), manifesta-se em sonhos (Gn 28,12) ou por mensageiros celestes

(Gn 22,11). O mundo patriarcal é um mundo onde Deus começa a se retirar da ação direta e passa a ser um agente invisível, cuja vontade se insinua através da história humana. Gunkel denomina esse contraste de "mito esmaecido", uma mitologia que, embora ainda perceptível, foi transformada pelas exigências do monoteísmo israelita emergente.

Essa leitura é corroborada, por exemplo, quando se observa que em Gênesis 1, a criação se dá por decreto verbal divino — wayyōmer ʾĕlōhîm ("E Deus disse...") — sem intermediários e sem resistência; enquanto em Gênesis 2, Deus molda o ser humano com as mãos, planta um jardim, forma animais, e caminha pelo Éden. A transição entre essas duas cosmogonias (sacerdotal em Gn 1 e yahwista em Gn 2) marca também um estágio evolutivo na concepção de Deus. Já em Gênesis 12–50, Deus é um "Deus de promessas", e sua agência se faz sentir sobretudo por meio da providência histórica e dos destinos familiares.

Gunkel está correto ao afirmar que o monoteísmo israelita, com sua rejeição à pluralidade de deuses e à luta entre divindades (como se vê nas tradições babilônicas), "suaviza" a presença do mítico. Não há no Gênesis equivalente à cosmogonia do Enuma Elish, na qual Marduk vence Tiamat; tampouco se encontram deuses sexuais ou zoomórficos. O Gênesis, nesse sentido, depura o mito, mantendo sua estrutura simbólica, mas retirando-lhe o excesso teogônico.

O valor teológico e filosófico das sagas universais

Um dos trechos mais penetrantes do texto de Gunkel está na sua afirmação de que as sagas universais — sobretudo os relatos da criação e do paraíso — contêm os gérmens da teologia e da filosofia. Trata-se de uma observação que antecipa leituras contemporâneas que reconhecem em Gênesis 1–3 um tratado teológico sobre o ser humano, sua liberdade, sua condição moral e sua alienação existencial.

Em Gênesis 3, por exemplo, a serpente é um símbolo da astúcia e da tentação; o fruto do conhecimento é interditado, e o ser humano, ao transgredir, torna-se consciente de sua nudez. Essa saga, longe de explicar apenas a origem da mortalidade ou da dor do parto (cf. Gn 3,16-19), reflete uma profunda meditação sobre o surgimento da consciência moral. O gan ʿeden (jardim do Éden) torna-se então figura do estado primordial de inocência, e a expulsão do paraíso, um símbolo da maturidade humana e da tensão existencial entre desejo e responsabilidade.

Gunkel corretamente aponta que essas sagas não refletem interesses específicos de Israel, mas preocupações universais: a origem da linguagem, da morte, do trabalho, da sexualidade, da diversidade cultural e linguística. Essa abertura ao universal é rara no corpus bíblico, que geralmente está concentrado na história e na identidade do povo israelita. Por isso, os capítulos de Gênesis 1–11 são, como Gunkel observa, singularíssimos na tradição bíblica, e talvez por isso mesmo, tenham recebido tanta atenção exegética ao longo dos séculos.

A poética da etnogênese: os patriarcas como povos

Gunkel sustenta que as figuras patriarcais do Gênesis — particularmente Abraão, Isaque, Jacó, Esaú, Ismael, Rúben, Simeão, Judá e outros — não são originalmente indivíduos, mas personificações de povos, tribos ou confederações tribais. Essa tese está em consonância com a observação de que as narrativas não descrevem ações e sentimentos individualizados de forma realista, mas comportamentos arquetípicos que exprimem a identidade de um coletivo.

Por exemplo, Jacó e Esaú (Gn 25–33) são explicitamente identificados com Israel e Edom (Gn 36,1), dois povos irmãos com uma relação tensa e assimétrica. Jacó é retratado como o caçula astuto, protegido por Deus, que usurpa a bênção e a primogenitura de Esaú — o primogênito forte, caçador e impulsivo. Essa inversão narrativa, segundo Gunkel, espelha uma situação histórica concreta: Edom, povo mais antigo e estabelecido, foi progressivamente marginalizado ou subordinado por Israel, representado como mais jovem, mas espiritualmente eleito. A história do "direito de primogenitura vendido por um prato de lentilhas" (Gn 25,29–34) pode ser lida como alegoria da decadência de Edom e da ascensão simbólica de Israel.

A filologia do texto confirma essa leitura. O nome Yaʿăqōb, ligado ao verbo ʿqb ("enganar", "tomar pelo calcanhar"), é explorado narrativamente como símbolo da esperteza e da apropriação (cf. Gn 27,36). Já ʿĒśāw, "peludo", remete ao homem rude e instintivo. As sagas constroem, assim, tipos étnicos idealizados — o israelita prudente e pastoral versus o edomita impulsivo e guerreiro —, atribuindo aos fundadores traços culturais que caracterizariam seus descendentes.

A memória coletiva e a dramatização simbólica de conflitos

As sagas patriarcais operam como memória cultural dramatizada, condensando conflitos interétnicos em histórias familiares. Gunkel é particularmente sensível a isso quando interpreta episódios como o da violação de Dina (Gn 34) ou o pacto em Berseba (Gn 21,22ss; 26,26ss) como narrativas que poeticamente reconstroem eventos históricos, como guerras, alianças e migrações.

A saga de Dina é paradigmática: a filha de Jacó é violentada pelo príncipe cananeu Siquém, e seus irmãos Simeão e Levi respondem com um massacre. Jacó, no entanto, amaldiçoa seus filhos por essa retaliação (Gn 49,5-7). Gunkel entende essa história como a transposição simbólica de um conflito entre clãs israelitas e a cidade de Siquém, no qual algumas tribos teriam agido de modo extremo, provocando o distanciamento das demais. O valor etiológico é evidente: a maldição de Jacó explica a decadência de Simeão e Levi como tribos.

Esse tipo de saga oferece uma chave de leitura poderosa: permite que o coletivo recorde, elabore e justifique experiências traumáticas ou decisões estratégicas do passado. A forma narrativa transforma o fato bruto em mito de origem, e confere coesão simbólica ao grupo. A memória é seletiva e moldada pelo presente, e as sagas operam como meio de reconciliação entre história e identidade.

A linguagem genealógica como sistema de organização tribal

A teoria da descendência comum, segundo a qual as doze tribos de Israel seriam filhos de Jacó (Gn 29–30), não nasce da observação histórica, mas de uma concepção simbólica da sociedade. Como Gunkel observa, trata-se de um mecanismo de organização genealógica mítica, em que afinidades políticas, geográficas ou religiosas são convertidas em relações de sangue.

Exemplo disso é a diferenciação entre os filhos das esposas legítimas (Raquel e Lia) e das concubinas (Bila e Zilpa), que reflete uma hierarquia entre tribos: Efraim e Manassés, filhos de José, assumem um papel de destaque (Gn 48), enquanto Rúben, Simeão e Levi são desvalorizados. A multiplicidade de clãs que formavam a confederação israelita foi retraduzida numa árvore genealógica única, centrada em Jacó-Israel. Esta é uma operação narrativa profundamente ideológica, que impõe unidade identitária sobre a diversidade factual.

O relato do nascimento de Judá (Gn 29,35) e de seus descendentes (Gn 38) é um exemplo claro de como genealogia e etnografia se misturam. Tamar, a nora cananeia de Judá, dá à luz Perez e Zerá — dois clãs judaítas. A saga constrói uma etiologia da aliança entre Judá e clãs cananeus, explicando também sua ascendência por uma mulher estrangeira, o que aponta para a complexidade da relação entre identidade étnica e pertença religiosa no judaísmo primitivo.

Méritos e limites da abordagem etnográfica de Gunkel

A leitura das sagas patriarcais como reflexo simbólico de experiências interétnicas constitui uma contribuição fundamental de Gunkel. Ao propor que os personagens não são indivíduos históricos, mas metáforas de povos, ele antecipa uma abordagem antropológica da literatura bíblica, que se mostra produtiva até hoje. A poesia da saga é, assim, uma forma de construção da memória histórica e da coesão social.

Contudo, é necessário apontar alguns limites da análise de Gunkel. Primeiramente, sua abordagem tende a essencializar os povos representados, atribuindo-lhes traços fixos e caricaturais: Esaú é sempre impulsivo, Jacó sempre astuto, Labão sempre enganador. Essa tipificação, embora literariamente eficaz, corre o risco de naturalizar estereótipos étnicos e de obscurecer a complexidade histórica real dos grupos.

Em segundo lugar, Gunkel trata as sagas como produto de uma consciência coletiva primitiva, sem explorar com profundidade o papel das elites scribais e sacerdotais na seleção, edição e canonização dessas narrativas. Não basta afirmar que as sagas refletem o espírito do povo; é preciso investigar quem as preservou, por quê, e com que objetivos. A leitura de Gunkel é rica em intuições literárias e teológicas, mas escassa em crítica ideológica.

Há também, em Gunkel, uma lacuna metodológica quanto à relação entre oralidade e textualização. O autor supõe que as sagas foram transmitidas oralmente durante séculos e só depois redigidas, mas não explica suficientemente como se deu essa transição, nem quais os critérios de seleção textual. A crítica redacional posterior — especialmente em von Rad (1957-1960), Noth (1957) e Ska (2000) — fornecerá instrumentos mais rigorosos para compreender o processo de formação do Pentateuco.

As sagas etiológicas: explicações poéticas para um mundo vivido

A etiologia, no sentido clássico, é a narrativa que explica o porquê de um estado de coisas presente, remetendo sua origem a um evento primordial. Gunkel sustenta que grande parte das sagas do Gênesis — sobretudo as universais — cumprem essa função, estabelecendo um elo entre o presente conhecido e um passado simbólico que o justifica.

É o caso, por exemplo, da narrativa do dilúvio (Gn 6–9), que termina com o aparecimento do arco-íris (Gn 9,12–17), apresentado como "sinal da aliança" entre Deus e toda carne. A questão implícita — "por que não voltam a ocorrer grandes destruições como a do dilúvio?" — é respondida narrativamente: porque Deus prometeu não mais destruir a terra, e o arco-íris o recorda de sua promessa. A etiologia, aqui, fundamenta teologicamente o mundo como espaço de segurança e ordem providencial, ainda que ameaçado pelo juízo.

Do mesmo modo, a saga da torre de Babel (Gn 11,1–9) explica a diversidade das línguas e das nações. O termo bāḇel é reinterpretado com base em bālal, "confundir" — uma etimologia popular. A pergunta "por que falamos línguas diferentes e vivemos em terras separadas?" recebe como resposta a narrativa de um orgulho coletivo punido por Deus com a fragmentação. A etiologia, nesse caso, insere a ordem geopolítica no plano do juízo divino, e estabelece um horizonte moral para a diversidade humana.

Ainda mais rica é a saga do paraíso (Gn 2–3), que, conforme Gunkel observa, responde a uma série de perguntas existenciais: por que o homem morre? por que trabalha com fadiga? por que a mulher sofre no parto? por que a serpente se arrasta? Todas essas questões recebem uma resposta simbólica e concentrada em figuras poéticas. A etiologia bíblica não é racionalista, mas narrativa e dramatizada, e o pecado é simbolizado por uma ação arquetípica: a transgressão de um limite e a obtenção do conhecimento da moralidade. A resposta não é científica, mas profundamente antropológica e teológica.

As sagas etimológicas: a linguagem como memória mitificada

Outro tipo de saga identificado por Gunkel é a etimológica — aquelas narrativas construídas para explicar o nome de uma pessoa, lugar ou objeto. Gunkel acerta ao observar que essas sagas não são registros etimológicos no sentido linguístico moderno, mas construções poéticas com base em associações fonéticas e significados simbólicos.

Um exemplo clássico é o nascimento de Isaque (Gn 18,12–15; 21,1–7). O nome Yiṣḥāq é relacionado com o verbo ṣāḥaq, "rir". A narrativa constrói um jogo irônico: Sara riu diante da promessa divina de conceber um filho na velhice, e o filho recebe um nome que carrega esse riso como memória. O riso, no entanto, não é apenas hilaridade; ele é ambíguo, misto de incredulidade, alegria e escândalo. A etimologia poética aqui serve para expressar o milagre, o humor e a ruptura que caracterizam o nascimento do filho da promessa.

Outro exemplo é Be'er Ševaʿ, "Poço dos Sete" ou "Poço do Juramento", explicado em Gênesis 21,28–31 como o lugar onde Abraão deu sete cordeiras a Abimeleque como testemunho de um pacto. A etimologia proposta se baseia no jogo entre šābāʿ ("jurar") e šeḇaʿ ("sete"). Aqui, a saga confere um fundamento sagrado a um local, criando memória identitária para o espaço.

Gunkel acerta ao afirmar que essas etimologias são, em sua maioria, populares, e por vezes bastante ingênuas — como Babel derivada de balal, que ignora a origem acádica de Bab-ilu ("porta de Deus"). No entanto, essa ingenuidade não compromete o valor simbólico das narrativas: elas refletem uma tentativa primitiva de articular linguagem e realidade, e de conferir densidade teológica aos nomes.

As sagas cultuais: gênese mítica do rito e do espaço sagrado

Outro tipo identificado por Gunkel é a saga cultual, cujo objetivo é explicar a origem de um costume ritual, uma proibição, uma festa ou a sacralidade de um lugar. Estas são de particular importância para a história da religião de Israel, pois revelam os estágios mais antigos da tradição ritual, antes da codificação levítica e deuteronomista.

Um exemplo claro é Gênesis 28,10–22, a visão de Jacó em Betel. Jacó dorme com a cabeça sobre uma pedra e tem um sonho de uma escada que liga céu e terra. Ao acordar, declara: "Quão terrível é este lugar! Esta não é outra coisa senão a casa de Deus, e esta é a porta do céu" (v. 17). Ele unge a pedra e promete o dízimo. Esta narrativa justifica a sacralidade de Betel como santuário tribal, e explica o uso da pedra como objeto sagrado e o costume do dízimo ali praticado.

Outro caso é Gênesis 32,23–33, em que Jacó luta com um ser divino em Peniel, é ferido na coxa e manca ao final. A saga explica a proibição de se comer o nervo ciático (gid hanasheh, v. 33), conectando o costume alimentar a uma teofania ancestral. A partir do drama corporal de Jacó, emerge uma norma ritual, enraizada na memória de um encontro com Deus.

Gunkel acerta ao observar que essas sagas representam uma transição teológica: o sagrado já não reside de modo evidente em lugares ou objetos — como nas culturas cananeias —, e por isso torna-se necessário contar uma história para justificar a sacralidade. O rito já não é autoevidente; exige narração. A saga cultual, portanto, é o elo entre a espontaneidade do culto primitivo e a sistematização posterior da religião javista.

Considerações críticas: mito, rito e história da religião

Gunkel oferece aqui uma tipologia poderosa para compreender o Gênesis como livro fundador da cosmovisão de Israel. Suas análises antecipam, com notável lucidez, abordagens posteriores da mitopoese, como Mircea Eliade, e dos fundamentos narrativos do rito, como Victor Turner. A conexão entre mito e rito que Gunkel observa nas sagas cultuais é especialmente relevante: o rito é memória dramatizada, e o mito é a linguagem simbólica do tempo absoluto.

Contudo, um ponto a ser aprofundado diz respeito ao processo de transformação do mito em saga. Gunkel aponta que os mitos chegaram a Israel "esmaecidos", mas não investiga suficientemente como, por quem, e com que interesses se deu essa transformação. A crítica redacional e a sociologia da religião, hoje, indicam que esse processo implicou um esforço deliberado de reconfigurar o imaginário religioso para compatibilizá-lo com o monoteísmo ético de Javé. Em outras palavras: a depuração dos mitos não foi apenas evolução religiosa espontânea, mas releitura doutrinária controlada por elites religiosas em conflito com tradições concorrentes.

Ademais, seria necessário confrontar a análise de Gunkel com a arqueologia dos cultos locais, que indica que muitos dos santuários justificáveis por sagas cultuais (Betel, Berseba, Siquém, Lahai-Roi) continuaram a funcionar em paralelo ao templo de Jerusalém, sendo posteriormente marginalizados na teologia oficial. A saga cultual, então, não é apenas memória de um costume: ela é também disputa de legitimidade sagrada.

A saga como arte narrativa: elaboração, variação e emoção

Gunkel insiste com razão que as sagas do Gênesis não são relatos prosaicos de acontecimentos brutos, mas obras de arte literária, cuidadosamente construídas com base em motivos tradicionais e estruturadas para comover, instruir e manter viva a memória do povo. Cada saga combina elementos centrais — os "motivos condutores", como a bênção, o pacto, a promessa, o nascimento — com elementos decorativos e variações estilísticas, que são resultado da tradição oral.

Um exemplo claro dessa elaboração artística está em Gênesis 24, a longa narrativa do servo de Abraão que encontra Rebeca como esposa para Isaque. O episódio é extremamente redundante: os fatos são narrados, depois repetidos na fala do servo, com pequenas variações. Para um leitor moderno, isso pode parecer prolixo; mas Gunkel entende que esse estilo reflete a tradição oral, na qual a repetição reforça a memória e constrói tensão dramática. Além disso, o relato é cuidadosamente arquitetado para produzir emoção: a chegada ao poço, o gesto hospitaleiro de Rebeca, a oração atendida, a aceitação da proposta — tudo compõe uma sequência de elementos que envolvem o ouvinte na experiência do encontro providencial.

Outro exemplo é o nascimento de Esaú e Jacó (Gn 25,21–34), em que o simbolismo é densamente trabalhado: o duelo intrauterino, a luta pelo nascimento, a antítese entre o caçador peludo e o homem liso que cozinha lentilhas — cada detalhe dramatiza uma disputa arquetípica, e os personagens são desenhados como figuras-tipo. O conflito não é individual, mas mítico, e tem ressonância coletiva.

Gunkel acerta, assim, ao chamar atenção para o valor literário das sagas. Elas não são crônicas, mas narrativas formadas ao longo de gerações, com densidade simbólica, intencionalidade estética e estrutura dramática. Sua função é afetar, formar, fazer lembrar — por isso operam com símbolos, com emoções intensas e com formas narrativas simples, mas eficazes.

A interpenetração dos motivos: um mosaico poético-teológico

Uma das observações mais fecundas de Gunkel é que as sagas raramente se encaixam em apenas uma categoria (etiológica, cultual, etnográfica, etimológica), mas combinam múltiplos motivos, criando um tecido narrativo complexo. Isso revela a versatilidade da forma e sua capacidade de integrar diferentes camadas de sentido.

Um exemplo notável é a saga de Penuel (Gn 32,23–33), em que Jacó luta com um ser misterioso durante a noite. O episódio é etimológico (explica o nome "Israel"), cultual (fundamenta a sacralidade de Penuel), etiológico (justifica o mancar ritual e a proibição do nervo ciático) e teológico (representa a luta do homem com Deus). Gunkel entende que o núcleo do texto é a experiência do encontro com o divino — expressa sob forma dramática e corporal —, e que os demais elementos foram acrescentados ou desenvolvidos para fornecer densidade simbólica à narrativa.

O mesmo ocorre em Gênesis 28, a saga de Betel. Jacó sonha com a escada entre céu e terra, vê anjos subindo e descendo, e desperta para declarar: "Este é o portão dos céus!". A narrativa combina motivação cultual (fundação do santuário), etimologia popular (Betel = "casa de Deus") e uma teofania que legitima a eleição de Jacó. A multiplicidade de funções não prejudica a unidade da narrativa; ao contrário, enriquece sua significação, e evidencia o caráter plástico e acumulativo da tradição oral.

Esse entrelaçamento de motivos revela que a saga é mais do que uma forma estável: é um campo de sedimentação de sentidos, um organismo vivo que se adapta, cresce e incorpora novas camadas de interpretação. Gunkel reconhece isso com admiração e sensibilidade, e sua tipologia permite identificar com clareza os principais eixos de sentido mobilizados pelas narrativas.

O papel da emoção e da estética na recepção religiosa

Para Gunkel, a saga não é apenas uma construção literária; é instrumento de formação religiosa. A fé que ela transmite não é doutrinal, mas vivida, sentida, experimentada por meio da narrativa. Ao comparar a saga com as perguntas infantis sobre o mundo e suas respostas imaginativas, ele aponta para um modelo de religiosidade sensível, narrativa e simbólica, distinto tanto da teologia dogmática quanto da ciência racionalista.

O exemplo que ele fornece do "asno selvagem" Ismael é emblemático: um personagem que, como figura histórica, poderia parecer irrelevante; mas que, revestido pela poesia da saga, se torna eterno. A saga preserva aquilo que a história factual ignora: o valor simbólico, afetivo e pedagógico da existência humana. Isso é verdade também para figuras como Esaú, Labão ou Tamar — personagens de composição densa, ambíguos e profundamente humanos.

Essa concepção contrasta radicalmente com a leitura literalista ou dogmática da Escritura. Para Gunkel, o valor da narrativa está justamente em sua capacidade de comover e inspirar, e não na exatidão dos fatos. A verdade da saga é estética e religiosa, não empírica. Ela transforma fatos esquecidos em memórias imortais, espaços comuns em lugares sagrados, nomes desconhecidos em símbolos eternos. A emoção, o espanto, o humor, a dor e a esperança são veículos da revelação.

Crítica final: o romantismo da saga e a exclusão do conflito

Contudo, essa valorização da saga como forma pura e quase ingênua de religiosidade corre o risco de idealização excessiva. Gunkel a trata como uma herança estética do povo, um testemunho da fé original, imune às disputas e às estratégias de poder. Mas, como a crítica posterior demonstrou, as sagas também transmitem ideologia, naturalizam hierarquias e preservam interesses — especialmente dos grupos redatores e dos sacerdócios dominantes no exílio e no pós-exílio.

A emoção religiosa, por exemplo, pode ser instrumento de legitimação: o riso de Sara justifica o nome de Isaque, mas também reforça a centralidade do filho legítimo; a maldição de Canaã naturaliza a servidão de um povo; a exclusão de Esaú legitima a eleição de Israel. A saga emociona, mas também estrutura o imaginário religioso com fronteiras, privilégios e exclusões.

Além disso, Gunkel pouco considera as disputas internas à tradição: os conflitos entre fontes (J, E, P), os apagamentos de tradições concorrentes, os deslocamentos de sentido. Sua leitura é profundamente informada pela estética romântica da Volksdichtung ("poesia do povo"), e carece de um olhar crítico mais atento às formas de construção do cânone e aos mecanismos de poder simbólico.

Hermann Gunkel inaugurou uma nova forma de ler a Escritura: não como código legal, nem como crônica factual, mas como literatura viva, teologicamente rica e artisticamente poderosa. Sua análise das sagas do Gênesis fundou a crítica das formas (*Formgeschichte*) e abriu caminho para gerações de exegese literária e simbólica. Seu maior legado talvez resida na convicção de que a verdade religiosa pode ser transmitida com beleza, ambiguidade e emoção — e que reconhecer o valor poético de um texto bíblico é também uma forma de reverência.

Contudo, sua abordagem precisa ser complementada: pela crítica da ideologia, pela análise sociopolítica da redação bíblica, pela escuta dos silêncios e das margens da tradição. Só assim poderemos fazer justiça não apenas à forma, mas ao conteúdo mais profundo dessas narrativas: o drama da condição humana diante de Deus, da história e da memória.

FORMA ARTÍSTICA DAS SAGAS DO GÊNESIS

A beleza das sagas do Gênesis sempre foi um encantamento para os leitores sensíveis; não é por acaso que os pintores gostaram tanto de escolher os temas de suas obras a partir do Gênesis. Muito mais raramente os estudiosos se mostraram tocados pela beleza dessas narrativas — muitas vezes, sem dúvida, por motivos pessoais, outras tantas porque consideravam que os estados de ânimo estéticos não seriam compatíveis com a seriedade da ciência.

Nós, no entanto, não compartilhamos tal preconceito; estamos convencidos de que aquele que passa com indiferença pela forma artística dessas sagas não apenas se priva de um gozo elevado, mas também realiza de modo bastante incompleto a tarefa científica de compreender o Gênesis. Pelo contrário, é plenamente legítimo perguntar, do ponto de vista científico, em que consiste a peculiar beleza dessas sagas — uma pergunta cuja resposta conduz ao mesmo tempo ao conteúdo profundo e também à religião do Gênesis.

A primeira questão é se a forma de dicção é prosa ou poesia. Com exceção de Gênesis 49, que é um poema — mas não uma narrativa, e por isso, na verdade, não pertence propriamente ao Gênesis — o Gênesis contém, em sua forma, prosa. Pesquisas mais detalhadas sobre o tipo dessa prosa ainda não foram realizadas. Por ora, pode-se afirmar que essa prosa não corresponde à linguagem coloquial da vida cotidiana, mas é uma prosa mais elaborada, com estrutura rítmica. A métrica hebraica ainda nos é desconhecida; no entanto, ao se ler o Gênesis em voz alta, percebe-se um belo som cadenciado de membros frásicos ritmados. Essa estrutura frásica deve ser imitada por quem traduz o Gênesis.

Como será mostrado a seguir, as sagas, no momento em que foram redigidas, já eram muito antigas; por isso, é natural que a linguagem do Gênesis tenda a arcaizar — também isso deve ressoar na tradução.

Em determinados pontos, nos ápices da narrativa — especialmente nas palavras de efeito miraculoso —, a linguagem se eleva à poesia, tal como também ocorre nos contos de fadas alemães, em que as palavras mágicas possuem forma poética.

Conhecemos variantes bíblicas e extrabíblicas de certas sagas — especialmente da criação, do dilúvio e do paraíso —, variantes essas que possuem forma rigorosamente rítmica. Como essas variantes poéticas são mais antigas do que as prosas transmitidas no Gênesis, pode-se supor, com razão, que a forma poética dessas sagas é, em geral, mais antiga do que a forma em prosa. O gênero mais antigo, rigorosamente rítmico, que devemos imaginar como cantado, distinguia-se da forma mais tardia, prosaica e recitada, assim como o antigo canto épico germânico se distingue do posterior "livro popular".

Uma segunda questão é se essas obras poéticas são tradições populares ou produções de poetas individuais. Essa questão foi corretamente decidida, em princípio, pelos pesquisadores modernos: o Gênesis é a redação escrita de uma tradição oral popular. Somos capazes de compreender claramente como tais "tradições populares" surgem. Naturalmente, na origem, trata-se sempre de um indivíduo que criou tal narrativa. No entanto, é característico dessas tradições populares que nós nunca as observamos em seu surgimento, mas que, em todo lugar onde delas ouvimos falar, elas aparecem como um bem antiquíssimo herdado dos antepassados.

Entre o poeta que as compôs pela primeira vez e a época em que nos foram transmitidas, há um longo intervalo de tempo; nesse ínterim, porém, a saga foi contada repetidamente de geração em geração e passou por muitas mãos. Por mais fielmente que essas sagas tenham sido transmitidas, elas foram, ao longo de seu percurso pelos séculos, transformadas. E assim, a saga tornou-se, em última instância, um produto coletivo do povo.

Essa transformação da saga se deu de forma inconsciente, ao menos em seus estágios mais antigos; somente nas formas mais tardias se pode falar de arte consciente. Narradores e ouvintes consideravam as sagas como histórias "verdadeiras". Que isso também se aplica às sagas do Antigo Testamento fica claro pelos nossos livros históricos, nos quais os narradores passam quase imperceptivelmente das sagas para as chamadas narrativas "históricas"; também se depreende das próprias sagas, que fundamentam com toda seriedade situações efetivas do presente: porque a mulher foi feita da costela do homem, por isso o homem deseja a comunhão com ela; para o narrador, essa história não era um revestimento poético de uma ideia, mas sim um acontecimento real.

E assim deve ser, por sua própria natureza: a saga provém de tempos e de círculos que ainda não possuíam força intelectual suficiente para distinguir claramente entre poesia e realidade. É, portanto, um erro não pequeno quando ainda hoje estudiosos modernos apresentam a saga do Paraíso como uma alegoria que jamais pretendia ser real.

Além disso, exatamente porque a saga é produto de todo o povo, ela é também expressão do seu espírito. Isso é de suma importância para o aproveitamento das afirmações do Gênesis. Estamos autorizados a considerar os juízos e sentimentos que o Gênesis nos transmite como patrimônio comum de amplos círculos do povo.

Portanto, ao considerarmos o Gênesis, devemos, antes de tudo, representá-lo na forma em que existiu como tradição oral. Isso ainda tem sido feito muito pouco; pelo contrário, os estudiosos têm tratado os livros de sagas excessivamente como se fossem simplesmente livros. Se quisermos compreender melhor as sagas, precisamos imaginar a situação em que elas eram contadas.

De tais situações ouvimos falar em Êxodo 12,26s; 13,14s; Josué 4,6: quando as crianças perguntam sobre o motivo do costume sagrado ou sobre o significado do símbolo sagrado, o pai lhes responde contando a história. Assim podemos imaginar como a história de Sodoma era contada à vista do mar Morto, e a saga de Betel no alto da colina de Betel.

A situação comum, porém, que devemos ter em mente é esta: numa noite ociosa de inverno, a família está sentada ao redor do fogo; os adultos, e especialmente as crianças, ouvem com atenção as antigas, belas histórias — tantas vezes escutadas e sempre novamente desejadas — do tempo primordial. Nós nos aproximamos e escutamos com eles.

Muitas das sagas — compare-se com o que virá a seguir — possuem um estilo tão característico e artístico que dificilmente se pode entendê-las, nessa forma, como produto direto do povo. Devemos antes supor que também em Israel, como entre os árabes, existia uma classe de contadores de histórias.

Tais narradores populares, conhecedores dos antigos cantos e sagas, percorriam o país; podia-se encontrá-los, por exemplo, em festas populares.

No que precede, vimos que à narrativa prosística atualmente transmitida talvez tenha precedido uma forma cantada, em estrutura rigorosamente rítmica. Para esses cantos, devemos imaginar uma situação distinta. Inspirando-nos, sobretudo, no exemplo do poema babilônico da criação — que, em sua forma, é um hino pascal a Marduk —, podemos supor que as sagas cultuais remontem a cânticos litúrgicos do santuário, que teriam sido talvez entoados pelo sacerdote durante a festa sagrada e no lugar sagrado.

Seja como for, nossas sagas sobre santuários certamente já não são mais cantadas e pertencem também, como sua tonalidade peculiarmente neutra (veremos isso adiante) o indica, não mais ao espaço sagrado propriamente dito, mas sim à tradição popular.

Surge agora uma nova questão, novamente uma questão fundamental: qual é a verdadeira unidade constitutiva da Gênesis, aquela que devemos, antes de tudo, contemplar e fruir?

Na Gênesis, há uma série de unidades diferentes. A mais abrangente é o Pentateuco como um todo; depois, a Gênesis como livro; em seguida, o livro de sagas individual que lhe precedeu; depois, as sagas isoladas das quais o livro é composto. Entre estas, distinguem-se: sagas independentes, como as narrativas da fuga de Hagar ou do sacrifício de Isaque; e agrupamentos de várias sagas em ciclos de sagas, como o ciclo que trata do destino de Abraão e Ló até o nascimento de seus filhos; ou aquele que reúne os acontecimentos de Jacó com Esaú e com Labão em uma só narrativa; ou ainda o ciclo cuja figura central é José.

Todas essas unidades devem ser levadas em consideração. Mas a primeira questão é: sobre qual dessas unidades devemos concentrar nossa principal atenção? Isto é, qual dessas diferentes formas foi, na tradição oral, a unidade originária?

Esta é uma questão que se repete em muitos casos semelhantes:

- Qual é a unidade determinante: o hinário, a coleção individual ou o hino isolado?
- O evangelho, o discurso, ou o dito individual atribuído a Jesus?
- O Apocalipse inteiro, o escrito apocalíptico que lhe serviu de fonte, ou a visão isolada?

Para o entendimento da Gênesis, é de importância decisiva encarar essa questão com clareza e respondê-la corretamente. Até aqui, os estudiosos — como se isso fosse evidente — trataram as fontes como a unidade constitutiva; esse método aparece especialmente acentuado na obra de Budde sobre a história primitiva.

No entanto, a resposta correta a essa questão já foi formulada.[1]

A saga popular, por sua própria natureza, existe sob a forma de narrativa isolada; apenas mais tarde colecionadores reúnem várias dessas sagas ou poetas compõem a partir delas construções artísticas maiores. Assim ocorre também com a saga popular hebraica. As sagas do Gênesis, mesmo em sua forma atual, ainda testemunham isso com clareza. Cada saga individual, preservada em forma antiga, é em si mesma um todo completo; começa com uma introdução nítida, encerra-se com uma conclusão facilmente reconhecível.

Compare-se alguns exemplos:

Abraão quer encontrar uma esposa para seu filho; como já é velho, envia seu servo mais antigo; assim começa a narrativa. Em seguida, é relatado como o velho servo encontra a jovem adequada e a leva consigo. O velho senhor já morreu; o jovem recebe a noiva, e "ele se consolou da morte de seu pai". Todos percebem que a história termina aqui.

Abraão é incumbido por Deus de sacrificar seu filho; essa é a exposição, que se inicia de forma totalmente nova. Em seguida, é relatado como Abraão estava decidido a realizar tal ato e quase o fez; mas no último momento o sacrifício é impedido por Deus: Isaque permanece com Abraão. "Então voltaram juntos para Berseba."

Em cada caso, a narrativa se inicia de modo a deixar claro que algo novo se inicia ali; e se encerra nitidamente no ponto em que o nó dramático foi satisfatoriamente desatado: ninguém poderia perguntar "o que vem depois?".

A unidade da saga individual também se revela pelo fato de que ela é sustentada por uma mesma tonalidade afetiva. Assim, a história do sacrifício de Isaque é marcada por comoção; a do engano de Isaque por Jacó, por humor; a história de Sodoma, por severidade moral; a da construção da torre, pelo temor diante do Deus onipotente.

Muitas dessas narrativas seriam totalmente arruinadas se imediatamente se acrescentasse outra após elas, forçando o leitor a saltar de uma disposição emocional para outra. Pelo contrário, mesmo hoje, todo narrador sensato faz uma pausa ao concluir uma dessas histórias — uma pausa na qual a imaginação pode se recompor, na qual o ouvinte pode interiorizar o que ouviu e deixar a emoção repercutir em silêncio.

Quem, por exemplo, acompanhou com emoção a história do sacrifício de Isaque, sentirá ao final a necessidade de repousar e recuperar-se da comoção sofrida. Especialmente aquelas narrativas que procuram fundamentar um estado presente requerem, ao final, uma pausa em que o ouvinte possa, por exemplo, comparar a profecia pronunciada na história com seu cumprimento visível; como comprovação disso, pense-se no final da história do paraíso, da narrativa do dilúvio, ou ainda da história da embriaguez de Noé.

Mais tarde, compôs-se, a partir dessas sagas isoladas, unidades maiores — ciclos de sagas — nas quais as sagas individuais foram combinadas de forma mais ou menos artística. Contudo, mesmo nesses casos, quase sempre é possível distinguir, sem dificuldade, os elementos originais em meio às composições.

Assim, o ciclo de sagas que trata de Abraão e Ló se divide claramente nas seguintes histórias:

1. a migração de Abraão e Ló para Canaã,

2. a separação em Betel,

3. a teofania em Hebron,

4. a destruição de Sodoma,

5. o nascimento de Amom e Moabe,

6. o nascimento de Isaque.

O ciclo de sagas de Jacó-Esaú-Labão se subdivide nitidamente nas sagas de Jacó e Esaú, de Jacó e Labão, nas sagas sobre a origem das doze tribos, e em algumas sagas cultuais inseridas.

Também na história de José, distinguem-se com clareza as narrativas dos episódios com seus irmãos, com a "mulher de Potifar", da interpretação de sonhos na prisão, dos sonhos do faraó e das condições agrárias do Egito.

Disso resulta, para a exegese, a consequência prática de sempre explicar primeiramente cada saga individual por si mesma. Quanto mais autônoma é uma narrativa, mais seguramente ela foi preservada em sua forma antiga. O "encadeamento" entre as sagas individuais, por sua vez, é em muitos casos de origem posterior — quando não é simplesmente uma ilusão dos exegetas.

Como exemplo de uma saga antiquíssima, que quase não exige pressupostos, pode-se tomar a narrativa da fuga de Hagar (Gn 16), para a qual basta sabermos que existem um homem chamado Abraão e uma mulher chamada Sara; tudo o mais é dito pela própria saga.

Como exemplo de uma narrativa posterior, tem-se a saga da busca de esposa para Rebeca; esta pressupõe toda uma série de elementos isolados presentes em outras sagas: o parentesco e a migração de Abraão, a promessa de Javé na partida, o fato de que Isaque é o filho de sua velhice e seu único filho, entre outros.

A saga individual, portanto, é aquela que também aqui devemos considerar em primeiro lugar.

Qual é a extensão de uma narrativa como essa? Muitas das narrativas do Gênesis não ultrapassam dez versículos: como as histórias da embriaguez de Noé, da torre de Babel, da ida de Abraão ao Egito, da fuga de Hagar ou do banimento de Ismael, da provação de Abraão, de Jacó em Betel e em Penuel.

Além dessas narrativas muito curtas, há ainda uma série de outras mais desenvolvidas — as chamadas "narrativas mais amplas", que ocupam cerca de um capítulo: como a história do paraíso, o fratricídio de Caim, o dilúvio, a teofania em Hebron, o noivado de Rebeca, o engano de Isaque por Jacó.

Apenas os ciclos de sagas mais tardios ultrapassam essa extensão.

Essa extensão das sagas distingue-as profundamente de nossas produções modernas; mesmo as construções mais complexas das sagas do Gênesis — como a história de José — são, pelos padrões modernos, de extensão bastante modesta, e as sagas individuais mais antigas são, ao gosto moderno, notavelmente breves.

Essa brevidade das antigas sagas é, naturalmente, ao mesmo tempo, um sintoma de sua natureza peculiar. Trata-se nelas de acontecimentos muito simples, que podem ser suficientemente narrados com poucas palavras. E essa extensão corresponde, ao mesmo tempo, tanto à arte do narrador, quanto à capacidade de assimilação do ouvinte.

Os narradores mais antigos não teriam sido capazes de compor obras mais extensas; tampouco poderiam exigir de seus ouvintes que os seguissem por dias, ou mesmo semanas, com interesse ininterrupto. Pelo contrário, a Antiguidade contentava-se com produções bem pequenas, que preenchessem, digamos, meia horinha. E quando a narrativa terminava, também a imaginação do ouvinte estava saciada, e sua capacidade de compreensão esgotada.

Por outro lado, vemos também em nossas narrativas que, para uma época posterior, as sagas primitivas, tão pequenas, já não bastavam mais; um sentimento estético mais amadurecido passou a exigir um espaço maior para se expressar. Foi assim que se chegou a composições mais extensas.

Esse crescimento das sagas foi particularmente favorecido pelo fato de que se começou a escrevê-las; composições escritas são, por sua própria natureza, mais extensas do que as faladas, pois o olho, ao ler, consegue apreender com mais facilidade unidades maiores do que o ouvido ao ouvir.

Portanto, também este é um critério de antiguidade das sagas — embora deva ser aplicado com cautela:

quanto mais concisa for uma saga, tanto mais provável é que ela se tenha conservado em forma antiga.

Essa brevidade das sagas, como vimos, é sinal da pobreza dessa arte antiga; mas essa mesma pobreza tem também suas qualidades próprias. A limitação de extensão dentro da qual o narrador precisava se mover o obrigava a concentrar toda a sua força poética em um ponto mínimo; por isso, por menores que essas criações sejam, elas são concentradas — e seu efeito é poderoso.

E a escassa capacidade de apreensão que esses pequenos produtos artísticos pressupõem levou também à modelagem das narrativas de maneira tão clara e estruturada quanto possível.

Para reconhecer isso, observe-se sobretudo a disposição (estrutura). As narrativas — não apenas as mais extensas, mas especialmente as mais curtas — são extraordinariamente bem articuladas.

Assim, a história da embriaguez de Noé (Gn 9,20–27) está estruturada da seguinte forma:

- Exposição: a embriaguez de Noé
- I. Os acontecimentos
    - a. A irreverência de Canaã
    - b. A piedade de Sem e Jafé
- II. As palavras (maldição e bênção)
    - a. Contra Canaã
    - b. Sobre Jafé e Sem

A história do Paraíso (Gn 3) possui a seguinte disposição:

- I. O pecado
    - a. A serpente seduz a mulher
    - b. Mulher e homem pecam

c. As consequências: fim da inocência

- II. O interrogatório (veredito de Deus)
- III. A sentença

  a. Maldição sobre a serpente

  b. Sobre a mulher

  c. Sobre o homem

- IV. Conclusão: a expulsão do jardim

Essas estruturas evidenciam a precisão e a economia da forma narrativa, concentrando efeitos máximos em dimensões mínimas.

Essas belas e nítidas divisões conferem às narrativas uma impressão de clareza, isto é, da condição prévia de toda eficácia estética: o todo é dividido em partes e subpartes, que são por si mesmas facilmente compreensíveis, e cuja relação mútua é perfeitamente evidente. E essas disposições narrativas jamais parecem fruto de esforço artificial; pelo contrário, fluem naturalmente do próprio conteúdo da história.

Observe-se, por exemplo, como na história do Paraíso a disposição corresponde de modo admirável ao conteúdo:

– No relato da queda, a ordem é: serpente – mulher – homem;

– O interrogatório segue o caminho inverso, começando pela última consequência e retornando à origem: homem – mulher – serpente;

– A sentença atinge primeiro os mais culpados, e, portanto, retoma a ordem original: serpente – mulher – homem.

Por isso, recomenda-se ao leitor moderno que preste atenção à estrutura narrativa, pois ao compreender a divisão da narrativa, ele também compreende o desenvolvimento da ação.

Além disso, o narrador de sagas não exigia de seus ouvintes — como faz, por exemplo, o romancista moderno — que se interessassem simultaneamente por muitos personagens; pelo contrário, são apenas muito poucos os que são apresentados. O número mínimo é dois, naturalmente, pois são necessários pelo menos dois personagens para haver conflito:

– Dois personagens aparecem na narrativa da separação de Abraão e Ló, na venda do direito de primogenitura por Esaú, na luta de Jacó em Penuel.

– Três personagens estão presentes na criação da mulher (Deus, homem, mulher), no fratricídio de Caim (Deus, Caim, Abel), na história de Ló na caverna, no sacrifício de Isaque.

– Quatro personagens atuam na história do Paraíso, na descida de Abraão ao Egito, na fuga de Hagar, no engano de Jacó a Isaque.

Há, no entanto, narrativas nas quais mais personagens aparecem, como na narrativa elaborada da busca de esposa para Rebeca, e especialmente nas histórias dos doze filhos de Jacó. Contudo, os narradores também aí preservam simplicidade e clareza.

Com muita frequência, quando vários personagens surgem, eles são tratados como uma unidade coletiva: todos pensam, desejam e agem de modo idêntico — assim, são apresentados como uma só figura:

- A humanidade nas histórias do Dilúvio e da torre de Babel
- Os irmãos Sem e Jafé
- Os três homens que aparecem a Abraão em Hebron e a Ló em Sodoma (na forma original da narrativa)
- Os genros de Ló em Sodoma
- Os cortesãos do faraó
- Os habitantes de Siquém
- Os irmãos de Diná
- Os habitantes de Timna
- e muitos outros.

Esse tratamento coletivo corresponde aos modos da Antiguidade, na qual o indivíduo se distinguia muito menos da coletividade do que ocorre na modernidade. Ao mesmo tempo, essa fusão de personagens também reflete uma limitação do narrador, que não era capaz de captar e representar adequadamente as diferenças entre os indivíduos.

O quanto a capacidade de caracterização individual ia, mesmo em um narrador esteticamente desenvolvido, pode-se perceber no exemplo muito claro da história de José:

- A narrativa opõe José aos onze irmãos.

- Dentre eles, distingue o irmão por parte de mãe, o mais jovem, Benjamim.
- Entre os demais, destaca Rúben (ou Judá) com papel especial.
- Mas aí se esgota a capacidade do narrador de elaborar personagens individuais; os outros nove são apenas "os irmãos".

A narrativa alcança ainda mais simplicidade pela sua estrutura interna, que — como vimos — dissolve a história em pequenas cenas bem delimitadas. Nessas cenas, raramente aparecem todos os personagens ao mesmo tempo; ao contrário, são quase sempre apenas dois ou pouquíssimos, os que são mostrados de uma só vez.

Compare-se, por exemplo, as cenas da história da busca de esposa para Rebeca:

1. A primeira cena mostra Abraão e o servo conversando.
2. A segunda, o servo sozinho, em viagem e junto ao poço.
3. A terceira, o servo e a moça (Rebeca).
4. A quarta, Rebeca com seus familiares.
5. A quinta (cena principal), o servo com Rebeca na presença da família.
6. A sexta, o servo retornando com Rebeca.
7. A última, a chegada de ambos a Isaque.

Ou ainda, na história da expulsão de Ismael:

1. Sara escuta Ismael rindo.
2. Ela convence Abraão a expulsar Hagar e o menino.
3. Abraão expulsa Hagar.
4. Hagar vaga sozinha com a criança no deserto.
5. Por fim, o anjo aparece e os salva.

Na história do engano de Jacó:

1. Primeiro se mostra Isaque com Esaú.

2. Depois, Rebeca com Jacó.

3. Em seguida, Jacó diante de Isaque.

4. Depois, Esaú com Isaque.

5. O ódio de Esaú contra Jacó.

6. Por fim, o conselho de Rebeca a Jacó.

É função especial da narrativa motivar esse encadeamento das cenas como algo natural e necessário; mas ela não tem escrúpulos em simplesmente deixar de lado certos personagens, como a serpente depois da sedução, ou Rebeca após a morte de Isaque.

Essa divisão em cenas traz grande clareza à narrativa: o ouvinte não é forçado a visualizar uma multiplicidade confusa de personagens ao mesmo tempo, mas sim a acompanhar a sucessiva apresentação de cada figura; assim, ele tem tempo de observá-las com calma e memorizá-las.

Apenas nos pontos culminantes da narrativa aparecem todos os personagens juntos — como na história do Paraíso, na embriaguez de Noé ou no final da história de José.

Mas mesmo nesses casos, os narradores consideram necessário dividir a cena: não seriam capazes de representar, por exemplo, um diálogo entre vários personagens simultaneamente.

Assim, no fim da história do Paraíso, Deus não se dirige a todos os envolvidos com um único discurso geral; pelo contrário, ele se volta primeiro à serpente, depois à mulher e, por fim, ao homem.

Em geral, o estilo é reduzir todos os diálogos a uma sequência de duelos verbais, isto é, diálogos entre duas pessoas de cada vez.

Além disso, a clareza sobre os diferentes personagens é frequentemente garantida pelo fato de que se distingue muito claramente entre personagens principais e secundários. O ouvinte não precisa investigar longamente qual personagem deve atrair seu maior interesse, pois isso lhe é tornado evidente pelo narrador, e isso de forma simples: fala-se mais da personagem principal. Assim, nas maiores partes das sagas patriarcais, naturalmente, os próprios patriarcas são os protagonistas.

A seguir, em algumas narrativas, os personagens são apresentados na ordem de interesse do narrador:

- Caim, depois Abel;

- Abraão, Sara, Faraó;
- Abraão, Ló;
- Hagar, Sara, Abraão (Gn 16);
- O servo e Rebeca são os personagens principais em Gênesis 24 — os demais são apenas secundários;
- Em Gênesis 27, os personagens centrais são Jacó e Esaú; os pais são secundários;
- Na história de Jacó e Labão, os protagonistas são Jacó e Labão; as mulheres têm papel secundário.

Não se deve confundir simpatia ou reverência com interesse narrativo: para o interesse artístico do narrador, Caim é mais importante que Abel, Hagar mais importante que Sara; o servo é o personagem principal de Gênesis 24, ao passo que Abraão desempenha aí apenas um papel secundário. Em muitos casos, há uma única personagem central, cujos destinos são acompanhados — o que é particularmente evidente nas histórias de José.

Como são caracterizados os personagens que aparecem?

De início, salta aos olhos a brevidade com que os personagens secundários são tratados.

Estamos habituados, em obras modernas, ao fato de que, se possível, cada personagem que aparece seja apresentada como um indivíduo distinto, ainda que com poucas características. Mas o narrador antigo de sagas age de maneira totalmente diversa. Os personagens que para ele são, em geral ou em determinada cena, secundários, são descritos de forma extremamente econômica — ou nem são descritos.

É natural, para a mentalidade antiga, que não se dedique atenção especial a escravos. Os acompanhantes de Esaú ou Labão aparecem apenas para demonstrar seu poder — e disso não se fala mais. Os narradores tampouco acharam necessário especificar o pecado dos dois copeiros do faraó, ou descrever os sentimentos de Diná, tampouco os de Sara durante a viagem ao Egito. Hirá, o amigo de Judá, não é caracterizado; o pecado de Er não é explicado; Šuʿa, a mulher de Judá, não tem nenhum traço distintivo relatado; o mesmo ocorre com o administrador da casa de José, com Potifar, etc.

Mas também a caracterização dos personagens principais, segundo nossos padrões modernos, é notavelmente econômica.

São pouquíssimas as características, frequentemente apenas uma, atribuídas a eles:

- Caim é ciumento de seu irmão.

- Canaã é desavergonhado.
- Sem e Jafé são piedosos.

Na história da separação de Ló e Abraão é Ló ganancioso, Abraão conciliador.

Na história de Hebrom é Abraão hospitaleiro; na partida obediente ao mandamento de Deus.

Na história de Penuel é Jacó forte e valente, na história de Jacó e Esaú astuto, na história de José ele ama os filhos de Raquel.

Na já relativamente complicada caracterização da história da queda:

- a serpente é astuta e má,
- o homem e a mulher inexperientes como crianças,
- a mulher gulosa e facilmente persuadida,
- o homem segue sua mulher.

Também de Deus, cada narrativa individual conhece geralmente apenas uma característica:

- na maioria das sagas ele é o misericordioso ajudador,
- em outras, como na história do Paraíso e da torre de Babel, o soberano altíssimo que sabe manter os homens em seus limites.

Essa parcimônia da saga nos chama a atenção; estamos acostumados, nas obras modernas, a encontrar retratos de caráter artisticamente elaborados, compostos de muitos traços distintos. Muito diferente é essa arte dos antigos narradores; naturalmente ela se baseia, na medida do possível, nas condições reais da Antiguidade, já que os homens na Antiguidade eram em geral mais simples do que os homens complicados do presente.

Mas seria um erro acreditar que os homens daquela época fossem tão simples como são descritos nas sagas; compare-se, como prova, as caracterizações que uma arte mais amadurecida nos oferece no Segundo Livro de Samuel. Com esse exemplo reconhece-se também que há aqui mais do que aquela redução da realidade que toda representação artística implica.

Trata-se antes de uma concepção popular específica do ser humano que se expressa no Gênesis. Essa concepção não foi capaz de captar e representar muitas, muito menos todas, as facetas de uma pessoa; ela consegue ver apenas poucas.

Mas, por isso mesmo, ela insiste em captar os traços essenciais da pessoa, e por isso formou tipos por toda parte.

Exemplos:

- Na história da fuga de Hagar:
  - Hagar é o tipo da escrava que está sendo bem demais,
  - Sara é o tipo da esposa ciumenta,
  - Abraão é o tipo do marido conciliador.
  - Raquel e Lea são tipos da "amada" e da "desprezada";
- Na história da descida de Abraão ao Egito ou na história de José
  - o faraó age como um rei oriental agiria em tais casos;
  - seus cortesãos são apenas cortesãos;
- Em Gênesis 24, o servo de Abraão é um velho servo fiel.
- Na história do engano
  - Abraão é um ancião cego;
  - Rebeca é uma mãe parcial e astuta.
- Abraão no capítulo 22 é o tipo do piedoso obediente.

Uma série de figuras são os tipos dos povos que devem descender deles:

- o desavergonhado Canaã,
- o generoso, porém, tolo, Esaú,
- o astuto Labão,
- o ainda mais astuto Jacó.

É, sem dúvida, novamente um sinal da pobreza da capacidade de apreensão que as sagas não nos mostrem indivíduos, mas categorias; mas como souberam os narradores transformar essa limitação em virtude! Dentro do círculo restrito que lhes era dado, realizaram coisas extraordinárias.

Captaram os tipos que podiam observar com uma clareza e segurança, como os artistas egípcios sabiam pintar os tipos dos povos.

E é exatamente por isso que muitas dessas antigas sagas ainda hoje cativam o leitor moderno, mesmo o não erudito:

- elas representam com frequência relações humanas universais e ainda hoje facilmente compreensíveis.

Muito maior, no entanto, é o prazer que proporcionam ao conhecedor, a quem oferecem, na forma mais cativante, os esclarecimentos mais íntimos sobre as condições e sentimentos da Antiguidade.

Dessa simplicidade dos personagens retratados decorre também que está fora da arte dessas sagas populares representar uma mudança nos caracteres, como uma melhora ou uma piora.

Não que a Antiguidade não acreditasse na possibilidade de tais transformações; os discursos de penitência dos profetas e a tradição histórica o comprovam.

Mas a arte dos narradores está longe de ser capaz de representar tal transformação interior.

Tudo que os exegetas modernos pensam ter encontrado a esse respeito no Gênesis é simplesmente inserido:

- o caráter ambíguo de Jacó de forma alguma foi transformado;

- os irmãos de José não se tornaram melhores ao longo da narrativa, mas apenas foram punidos.

Enquanto as sagas individuais conhecem, em essência, apenas uma característica das personagens atuantes, os ciclos de sagas são capazes de oferecer descrições mais aprofundadas, embora de forma peculiar. O exemplo característico é naturalmente o retrato da figura de José no ciclo de sagas de José. Aí, cada saga individual esclarece uma ou duas facetas de sua personalidade: uma diz que ele era amado pelo pai, mas por isso odiado pelos irmãos, e que tinha sonhos oraculares; outra que tudo prosperava em suas mãos, que ele era belo e casto; uma terceira que ele sabia interpretar sonhos; uma quarta que ele era sábio, e assim por diante. Da junção de todos os traços individuais resulta, então, um quadro geral.

Do mesmo modo, os narradores são extremamente econômicos na descrição exterior das personagens: não nos revelam nada sobre cabelo, cor da pele, olhos ou vestes. Em tudo isso, pressupõem como evidente o tipo hebraico comum. Quando, porém, se afastam dessa norma de representação, isso sempre ocorre por razões bem definidas: Esaú é ruivo e peludo, evidentemente como tipo do edomita; José usa sua túnica de mangas compridas como sinal do amor de seu pai; Leia tem olhos apagados, Raquel olhos brilhantes, porque Jacó, por esse motivo, rejeita Leia e ama Raquel.

Se perguntarmos, então, segundo que princípio os narradores procedem quando destacam certas características das personagens, torna-se claro que a caracterização está quase sempre totalmente subordinada à ação. É ressaltada aquela característica da personagem que é necessária para o andamento da história; todas as demais são ignoradas. A história do engano de Jacó narra como ele, por conselho da mãe, consegue fazer com que seu pai Isaque abençoe a ele, e não a Esaú: nisso, Jacó é astuto, ele engana; Esaú é tolo, ele se deixa enganar; Isaque é fácil de ser enganado, cego; Rebeca é ardilosa, dá o conselho astuto e, ao mesmo tempo, é parcial a favor de Jacó. Isso é, aqui, numa narrativa mais desenvolvida, ainda mais detalhado: Jacó é um pastor, que permanece em casa com sua mãe; Esaú um caçador, cuja caça o pai gosta de comer. O narrador moderno acrescentaria agora uma infinidade de outras características para tornar as coisas coloridas e vívidas; a Antiguidade despreza isso. Reconhece-se claramente o interesse estético dos narradores: antes de tudo, o que lhes importa é a ação; a intenção de delinear personagens lhes vem apenas em segundo plano.

Com quais meios, então, os narradores apresentam os caracteres de seus heróis? O artista moderno costuma expor em longas análises os pensamentos e sentimentos complexos de suas personagens. Se alguém vem de uma narrativa moderna assim e observa então o Gênesis, fica surpreso por encontrar tão poucas afirmações sobre a vida interior dos heróis. Muito raramente nos são de fato expostos os pensamentos das personagens atuantes, como os da mulher, quando ela olhou com cobiça para a árvore do paraíso; os de Noé, quando enviou as aves "para ver se as águas haviam minguado sobre a terra"; os dos genros de Ló, que pensaram que seu sogro estava brincando; os de Isaque, que temia em Gerar que o matassem por causa de sua mulher; ou os pensamentos astutos com que Jacó quis se precaver da vingança de seu irmão Esaú, entre outros.

Mas mesmo essas poucas passagens, como são breves e insuficientes, se comparadas com as descrições psicológicas dos modernos. E mesmo tais palavras não são a regra nas sagas do Gênesis. O narrador se contenta, na maioria das vezes, apenas com uma indicação muito breve, como: "ele se encolerizou" (45,5; 30,2; 31,36; 34,7; 39,19; 40,2), "ele temeu" (26,7; 28,17; 32,8), "ele se consolou" (24,67), "ele a amou" (24,67; 29,18; 34,3; 37,3), "ela se encheu de ciúmes" (30,1), "ele estremeceu" (27,33), "ele concebeu ódio contra ele" (27,41; 37,4), entre outros. Mas mesmo essas indicações tão breves não são particularmente frequentes; muito frequentemente, ao contrário, não encontramos nem mesmo a mais mínima afirmação sobre os pensamentos e sentimentos da pessoa em questão — e justamente em pontos onde sentimos certa surpresa por sua ausência.

O narrador nos cala os motivos pelos quais Deus proibiu ao homem a árvore do paraíso, assim como os pensamentos da serpente, por que ela quis seduzir o homem. Ele não diz com que disposição Abraão deixou sua terra natal ou Noé entrou na arca. Não ouvimos que Noé se indignou com a desvergonha de Canaã, que Jacó se sentiu decepcionado quando Labão o enganou com Léia, que Agar se alegrou ao receber a promessa de que Ismael se tornaria um povo; nem mesmo que as mães se alegram quando seguram em seus braços o primogênito. Particularmente impressionante é o exemplo da história do sacrifício de Isaque: qual narrador moderno deixaria de descrever o estado de alma de Abraão, cuja obediência na fé venceu o amor paterno, e cuja dor, ao final, se transformou em alegria? Qual é a razão desse fenômeno tão peculiar?

Pode-se reconhecer isso num exemplo como Gn 19,27ss. Abraão ouvira, diante de Sodoma, palavras curiosas da parte dos três homens: eles haviam dito que pretendiam descer até Sodoma para investigar a culpa da cidade. Abraão refletiu sobre essas palavras estranhas; na manhã do dia seguinte, levantou-se e foi ao mesmo lugar; queria ver se algo havia acontecido em Sodoma durante a noite. E de fato, viu ao longe uma fumaça – algo, portanto, havia ocorrido, mas essa fumaça também lhe ocultava a paisagem: o que exatamente se passara ali, ele não pôde perceber. Essa pequena cena não tem, para o narrador, valor como fato ocorrido, mas sim pelos pensamentos que Abraão deve ter tido naquele momento; e mesmo assim, ele não narra esses pensamentos – apenas nos fornece os dados exteriores; o essencial devemos nós mesmos completar. Esse narrador, portanto, possui sensibilidade para a vida interior de seu herói; mas ele não é capaz de tornar tão nítidos esses processos interiores a ponto de expressá-los com palavras claras. – Esse caso é típico no Gênesis: em muitos contextos nos quais o narrador moderno esperaria uma análise psicológica, o antigo nos oferece uma ação. O estado de alma dos seres humanos no paraíso e após a queda não é analisado; em vez disso, é contada uma situação perceptível pelos sentidos, na qual ele se manifestou. O narrador não diz nada sobre os pensamentos de Adão quando a mulher lhe ofereceu o fruto proibido, mas apenas que ele comeu; ele não explica quão hospitaleiro Abraão era, mas conta como recebeu os três homens. Ele não afirma que Sem e Jafé nutriam sentimentos de pudor e reverência, mas os mostra agindo com pudor e reverência; não diz que José teve compaixão dos irmãos, mas que ele se virou para chorar; não diz que Agar, maltratada por Sara, sentiu-se profundamente ferida em seu orgulho materno, mas que fugiu da sua senhora; não que Labão tenha sido seduzido pelo ouro do estrangeiro, mas que o convidou apressadamente; não que em Abraão a obediência a Deus tenha vencido o amor paterno, mas que ele se levantou prontamente; não que Tamar tenha guardado fidelidade ao seu marido mesmo após sua morte, mas que soube obter filhos de sua descendência.

Vê-se com isso onde o narrador coloca sua ênfase. Ele não compartilha da sensibilidade moderna de que o mais interessante e digno tema da arte seja a vida interior humana; seu gosto infantil detém-se com preferência nas ações exteriores e perceptíveis. Mas justamente nesse aspecto ele realiza algo excelente. Ele sabe identificar com maestria precisamente aquela ação que é mais característica para o estado espiritual de seu herói. Como poderia, por exemplo, a piedade ser melhor representada do que na história de Sem e Jafé? Ou o amor materno, do que através do gesto de Agar: ela deu de beber ao filho (Gn 21,19) – que ela mesma tenha bebido, isso não é dito; como descrever melhor a hospitalidade do que por meio do comportamento de Abraão em Hebron? E é simplesmente genial a forma simples com que a inocência e o "conhecimento" dos primeiros seres humanos são ilustrados por sua nudez e pela vestimenta.

Refletir, esses artistas simples não sabiam, mas eram mestres em observar; essa admirável arte da caracterização indireta das pessoas por meio de suas ações é, sobretudo, o que torna as narrativas tão vívidas. Tão pouco quanto esses antigos sabiam falar sobre a vida interior, temos, no entanto, a impressão de que eles nos permitem um vislumbre íntimo do coração de seus heróis. Essas figuras vivem diante de nossos olhos, e assim o leitor moderno, encantado com a clareza luminosa dessas antigas narrativas, pode até esquecer o que lhes falta. – Mas mesmo onde o narrador nada diz sobre a vida interior de seus heróis, isso não se perdia totalmente para o ouvinte. Neste ponto, devemos lembrar que estamos diante de histórias transmitidas oralmente. Entre o narrador e o ouvinte há ainda outro vínculo além das palavras; a entonação da voz fala, assim como a expressão facial ou mesmo os gestos do narrador; alegria e dor, amor, ira, ciúme, ódio, emoção e todos os outros estados de espírito de seus heróis, que o narrador compartilhava, ele transmitia assim, sem dizer uma palavra, aos seus ouvintes. – À nossa exegese, portanto, cabe a tarefa de ler, nas entrelinhas, a vida espiritual que o narrador não representou explicitamente. Isso nem sempre é tão simples. Os estados de ânimo da antiguidade e suas manifestações tornaram-se, em muitos aspectos, mais distantes de nós; por que, por exemplo, Rebeca se cobriu com um véu quando viu Isaque? por que as filhas de Ló se deitaram com seu pai? por que Tamar desejou ter filhos de Judá? como a vergonha que despertou nos primeiros humanos se relaciona com seu pecado? Em tais casos, a exegese muitas vezes pecou por simplesmente inserir motivos e sentimentos modernos como se fossem evidentes.

Outro meio de expressão da vida interior das personagens é a fala. As palavras não são tão vívidas quanto as ações, mas, por outro lado, têm uma capacidade ainda maior de revelar a vida interior das pessoas. Os antigos narradores sabiam admiravelmente encontrar palavras que correspondessem ao estado de ânimo dos que falavam: assim se manifesta em palavras a malícia da serpente astuta, a inexperiência da mulher infantil, o ciúme de Sara por sua escrava, a mansidão de Abraão (16,6), a justa indignação de Abimeleque, a prudência do sagaz Jacó (32), a amarga queixa de Esaú e de Labão, enganados por Jacó. Uma obra-prima particular de caracterização por meio das palavras é a narrativa da sedução dos primeiros humanos e a conversa entre Abraão e Isaque no caminho para o monte. – Mas também aqui há muitas coisas que nos chamam a atenção. Antes de tudo, o fato de que as personagens do Gênesis muitas vezes não falam onde o narrador moderno certamente as faria falar, e mesmo onde a própria natureza da situação pareceria exigir uma palavra. Podemos imaginar que José foi lançado na cisterna com gritos e levado ao Egito sob protestos (cf. também 42,21), que antes do homicídio de Caim houve uma troca de palavras, que Agar, quando foi expulsa por Abraão, deixou a casa chorando e lamentando; mas nada disso é dito! Nenhuma palavra pronunciam os homens quando Deus amaldiçoa suas vidas: não há sequer uma autoinculpação; nenhuma palavra diz Rebeca em Gênesis 26, nenhuma palavra Noé na narrativa do dilúvio, nenhuma palavra Abraão em Gênesis 19, quando lhe é prometido um filho, ou quando lhe é ordenado o sacrifício de Isaque; igualmente nenhuma palavra diz Agar quando viu o filho agonizar, nem quando Deus ouviu o choro de Ismael.

Quem acompanha essas observações poderia facilmente imaginar que as personagens do Gênesis devam ser retratadas como lacônicas, até mesmo reservadas; Deus pareceria, então, como o único loquaz. No entanto, ao penetrar mais profundamente nessas narrativas, reconhece-se que essa peculiar concisão na fala está enraizada no estilo dos narradores. Os narradores subordinaram tudo à ação. Eles não incluíram falas que não impulsionassem diretamente o desenrolar da narrativa. Especialmente evitaram, por esse motivo, representar por meio de falas os estados emocionais das personagens que apenas sofrem passivamente. Se José se queixou ou permaneceu em silêncio quando foi vendido por seus irmãos, isso não altera seu destino. Quais palavras Abraão ou Noé disseram quando Deus lhes deu ordens, é indiferente; basta que tenham obedecido. O destino dos primeiros seres humanos já estava selado quando Deus os amaldiçoou; nenhuma autoinculpação poderia mudar isso. Ou que importância teria um diálogo anterior ao assassinato de Caim, já que conhecemos o motivo pelo qual ele matou? É igualmente natural que o ser humano, como é comum, nada responda às promessas de Deus; pois o que poderia o homem ainda dizer, depois que Deus falou?

O reverso dessa prática peculiarmente lacônica é que as falas que o narrador escolhe transmitir ocupam, no contexto da narrativa, uma posição necessária. A conversa entre a serpente e a mulher serve para mostrar como se chegou a comer do fruto proibido. Caim derrama seu coração culpado diante de Deus; e Deus, então, decide atenuar sua sentença. Abraão pede à sua esposa que se apresente como sua irmã; assim acontece que ela é levada ao harém do faraó. Abraão dá a Ló a liberdade de escolher entre Oeste ou Leste; por isso Ló escolhe a planície do Jordão. A pedido de Sara, Abraão toma Agar como concubina, e também a entrega novamente a seu desejo em sua segunda petição. Essas não são, portanto, palavras vãs, mas antes necessárias para justificar internamente a ação subsequente. Especialmente indispensáveis são as palavras de bênção e maldição; elas são o ponto culminante de toda a narrativa, para o qual tudo o mais converge. Por isso também é compreensível que Deus seja introduzido falando tão frequentemente no Gênesis; pois a fala é o principal meio pelo qual Deus influencia a ação nas narrativas.

Em algumas passagens, os narradores introduziram também monólogos — a forma mais abstrata de fala — quando, pelas circunstâncias, não havia ninguém com quem a personagem pudesse falar. Isso ocorre normalmente com Deus; pois a quem mais Ele declararia seus desígnios mais secretos? Em alguns casos, entretanto, podemos identificar uma forma anterior da narrativa, na qual Deus se dirigia à sua comitiva celestial. Mas já nas narrativas mais concisas existem falas que pretendem caracterizar uma personagem ou expressar o julgamento do narrador, mesmo sem serem estritamente necessárias, ou que têm algum efeito específico desejado pelo narrador. Muitas das falas no Gênesis são extremamente curtas. Lembre-se, por exemplo, da queixa de Agar: "Fugi da presença da minha senhora Sara" (16,8); ou das palavras das filhas de Ló (19,31), de Sara (21,10), de

Abraão (21,24: "Quero jurar"), de Rebeca (24,18ss), de Jacó (25,33: "Jura-me hoje"), de Isaque (26,7: "Ela é minha irmã"), dos pastores de Gerar (26,20: "A água é nossa"), dos servos de Isaque (26,32: "Achamos água"), de Labão (29,14: "Sim, tu és meu osso e minha carne"), entre outras. Naturalmente, nem sempre as falas são tão concisas; em especial, os discursos solenes e marcantes de bênção e maldição se alongam. No entanto, essa concisão verbal pode, em geral, ser vista como característica de um tipo particular no Gênesis.

Mesmo essas falas frequentemente não revelam as intenções últimas das personagens e muitas vezes deixam transparecer sua vida interior apenas indiretamente. Por isso, as palavras nos parecem muitas vezes pouco claras; sua exegese exige uma arte particular. Narra-se que Deus tenha proibido o ser humano de comer da árvore do conhecimento, mas não a razão disso. Com que intenção Ele ameaçou que o homem morreria imediatamente, quando, de fato, isso não se cumpriu? Da mesma forma, ouvimos como a serpente deseja seduzir a mulher, mas não por quê. E mesmo as obras-primas da psicologia narrativa como a história da tentação são apenas representações indiretas da vida interior.

Igualmente lacônicas são muitas das sagas na descrição das circunstâncias acessórias. Também nesse aspecto se estabelece um profundo abismo entre aquela antiga forma de narração e a moderna. É evidente que os antigos não possuíam qualquer sentimento íntimo pela paisagem; não encontramos na *Gênesis* nenhum vestígio de sensibilidade à natureza. O fato de que a narrativa do Paraíso se passa sob árvores frondosas, a de Hagar na aridez do deserto, a de José na terra do Nilo, influencia, sim, o curso da narrativa em alguns pontos — com folhas os homens se cobrem, no deserto perde-se o caminho e falta água —, mas isso não determina em nada o tom emocional do relato.

Mesmo abstraindo essa vivência da natureza, que estava vedada à experiência do antigo, quão natural teria sido, por exemplo, oferecer uma descrição do Paraíso! Que autor moderno deixaria isso passar? Os antigos narradores, no entanto, se contentam em dizer que ali cresciam belas árvores e que ali era a nascente de grandes rios. Assim também, por exemplo, o instrumento com o qual Caim matou Abel não é mencionado; apenas se diz que Noé plantou vinhas e bebeu do vinho — o que está entre esses dois atos, a produção do vinho, é omitido; de que modo se expressou o desprezo por Hagar (16,4), ou como Sara se vingou, tampouco é narrado.

Costuma-se admirar a sobriedade dessas narrativas — com plena razão —, mas isso não deve ser entendido como se as sagas estivessem repletas de elementos concretos, visíveis aos olhos: em geral, elas não apresentam uma multiplicidade de pormenores, mas sim poucos elementos concretos — esses poucos, porém, escolhidos com tanta precisão que temos o direito de perguntar pela finalidade de quase cada traço, por menor que seja.

Essa parcimônia na "circunstanciação" se destaca ainda mais porque, ao lado desses traços lançados de forma leve, especialmente nas narrativas mais desenvolvidas, frequentemente se encontram outros descritos com grande minúcia. Assim, por exemplo, a refeição que Abraão oferece aos três homens é descrita com extrema riqueza de detalhes, enquanto a de Ló é esboçada de forma bastante sucinta. Para a exegese, é particularmente frutífero manter sempre essa questão em mente: atentar para os trechos curtos e os extensos e, em cada caso, perguntar-se pelo interesse do narrador. De modo geral, salta aos olhos a regra de que o narrador descreve concretamente os acontecimentos principais, enquanto os que são secundários para o enredo são apenas mencionados de passagem ou completamente omitidos.

Assim, por exemplo, na história do sacrifício de Isaque, os três dias de viagem são deixados de lado, enquanto a curta subida ao local do sacrifício é narrada com grande detalhamento. O narrador, portanto, age aqui com plena soberania. Da mesma forma, os acontecimentos do servo de Abraão, no dia em que corteja Rebeca, são descritos de maneira exaustiva; já todos os dias da viagem até a cidade de Naor são resolvidos em uma única frase.

Esse destaque dado à ação se manifesta também na forma de encerramento: as sagas se concluem imediatamente quando se alcança o ponto decisivo desejado, não com um desfecho vagaroso e cadenciado, mas de forma abrupta e súbita. Essa observação é importante para a exegese: aquilo que se encontra imediatamente antes do fim é o clímax pretendido pelo narrador. Existem, nesse sentido, dois tipos de desfecho: o tipo mais comum acrescenta ao clímax uma frase curta (tipo: o sacrifício de Isaque); o tipo mais raro, e evidentemente mais impressionante, termina com um discurso patético (tipo: a maldição de Noé).

Do exposto, depreende-se que, nas antigas sagas, tudo está subordinado à ação. Em outras literaturas, há narrativas em que a ação constitui apenas o revestimento ou o fio condutor, enquanto o essencial é a pintura psicológica, o diálogo espirituoso ou a ideia. Bem diferente é essa antiga saga hebraica. A ação é o que a Antiguidade exige em primeiro lugar do narrador; ele quer que algo aconteça na história, algo que deleite o olhar. Mas a primeira exigência que faz a uma ação assim é que ela seja internamente coerente; o narrador deve apresentar uma cadeia coesa de eventos, na qual um elemento esteja necessariamente ligado ao outro. Eis o principal encanto de uma saga antiga: mostrar como uma coisa deriva da outra. Quanto mais compreensível e necessária for essa conexão, mais encantadora parecerá a narrativa.

— Uma fome obriga Abraão a ir ao Egito; ele, no entanto, teme ser morto ali por causa da beleza de sua esposa. Por isso, ele a faz passar por sua irmã. Enganado, o faraó manda chamar Sara e presenteia Abraão. Então, Deus fere o faraó. Em consequência, o faraó libera Sara, mas permite que Abraão fique com os presentes.

— Sara não tem filhos, mas deseja tê-los. Por isso, ela entrega sua serva a Abraão como concubina. Hagar concebe. Em consequência, ela começa a desprezar sua senhora. Isso fere profundamente o orgulho de Sara. Então, ela pede Abraão que lhe devolva Hagar e a maltrata. Em consequência, Hagar foge para o deserto. Ali, porém, Deus se compadece dela e lhe promete um filho.

Note-se como, nesses casos, cada elo posterior se prende ao anterior, e como cada fato precedente aparece como causa natural ou ao menos como pressuposto do seguinte.

Costumamos julgar esse modo de narrar como "estilo infantil"; mas tal juízo é apenas parcialmente correto. Essas narrativas são, portanto, extremamente coesas. Os narradores não apreciam digressões; pelo contrário, eles se empenham com toda a energia rumo ao desfecho. Daí a preferência, sempre que possível, por evitar qualquer novo recomeço dentro da mesma narrativa, e buscar uma conexão ininterrupta. Muito raramente são apresentados novos pressupostos no decorrer da narrativa; ao contrário, é estilo declarar todas as premissas já no início. Ao mesmo tempo, é admissível omitir resultados internos que decorrem necessariamente daquilo que foi narrado, desde que se destaque o que é indispensável para o progresso da ação. Aqui, nada deve ser excessivo, e nada deve faltar. O narrador não se desvia; mas também o ouvinte não deve poder desviar-se: o narrador o mantém preso, de modo que ele só possa pensar o que o narrador quer que ele pense.

Muitos dos narradores das sagas apreciam variar repetidamente o mesmo motivo. Pense-se, por exemplo, em como a história do Paraíso faz tudo depender da nudez e da vestimenta dos seres humanos, e como a relação entre "campo" e "camponês" (*adamá* e *adam*) atravessa toda essa narrativa; ou em como a história da venda de José ao Egito desenvolve em torno da túnica de mangas longas e dos sonhos; ou ainda em como a narrativa sobre as últimas vontades de Jacó ilustra constantemente as ações do moribundo junto ao leito. Nesse contexto, vale como regra — contrariamente ao nosso senso moderno de estilo — que o conteúdo venha acompanhado da repetição da mesma expressão, de modo que a mesma palavra percorre a narrativa como um fio vermelho. É inegável que esse costume se originou da pobreza do vocabulário; os narradores posteriores, no entanto, assumem esse estilo porque encontram nele um recurso para reforçar a impressão de unidade da narrativa.

É justamente por causa dessa coesão interna que, em muitos pontos onde há lacunas ou sobreposições em nossa tradição textual, é possível reconhecer a forma original; aqui, a crítica das fontes possui uma segurança muito maior do que ao lidar com os textos proféticos, legislativos ou poéticos, que carecem dessa concisão.

Além disso, o desenrolar da ação deve parecer verossímil, altamente crível, até mesmo necessário. O ouvinte não deve, em momento algum, poder objetar que o que foi narrado contraria o que veio antes ou é, por si só, inverossímil. Hagar, uma vez elevada em demasia, tinha mesmo de tornar-se arrogante; Sara não poderia deixar de se sentir ofendida. É verdade que a verossimilhança que esses antigos narradores buscavam era diferente da nossa. O seu conhecimento da natureza era outro: consideravam perfeitamente plausível, por exemplo, que todas as espécies de animais coubessem na arca; e também a forma como falam de Deus e de sua intervenção é mais ingênua do que a que hoje nos parece admissível. Achavam perfeitamente razoável que a serpente tenha falado no início dos tempos; que José, sendo primeiro-ministro, cuidasse pessoalmente da venda de grãos.

Seria, portanto, um erro completo falar de "arbitrariedade" ou de "infantil descuido" das sagas, apenas porque seus pressupostos são distintos dos modernos. E somente em poucos pontos o olhar atento de um leitor moderno e crítico será capaz de detectar inverossimilhanças. Por exemplo, perguntamos: por que José, estando tão próximo de seu pai, não o avisou durante todos aqueles anos? Ou: Hagar, mesmo tendo sido salva com seu filho, não teria enfrentado os mesmos perigos do deserto a cada novo dia?

No entanto, tais perguntas certamente não foram levantadas pelo antigo ouvinte; ele entregava-se mais voluntariamente ao narrador e deixava-se encantar com maior facilidade; e era também mais crédulo do que nós — compare-se, por exemplo, com Gênesis 43,23.

Por outro lado, numa boa narrativa lendária, os acontecimentos não são tão simples que se possa adivinhar desde as primeiras palavras todo o desenrolar posterior; pois, se assim fosse, a história deixaria de ser interessante. O ouvinte não gosta do que é óbvio. Pelo contrário, os narradores descrevem, segundo seus próprios critérios, uma situação complicada, cujo desfecho final o ouvinte não consegue antever de imediato. Isso o torna tanto mais atento. Jacó luta com um ser divino; quem dos dois sairá vencedor? Jacó e Labão são igualmente astutos; qual dos dois conseguirá enganar o outro? O esperto, mas não guerreiro, Jacó precisa enfrentar o tolo, mas mais forte, Esaú; como conseguirá escapar? Abraão deve descer ao Egito — o que lhe acontecerá ali? Assim, essas histórias são todas mais ou menos carregadas de tensão. O ouvinte, ainda em sua simplicidade, escuta sem fôlego e se sente feliz quando o herói, afinal, escapou de todos os perigos.

Os narradores apreciam intensamente os contrastes: a criança expulsa para o deserto se torna um grande povo; um escravo pobre, que apodrece no cárcere, torna-se o senhor do rico Egito. Os narradores se esforçam por concentrar esses contrastes num único ponto: no momento em que Agar está completamente desesperada, Deus se compadece dela; no instante em que Abraão já estende a mão para sacrificar Isaque, ele é impedido por Deus. Ló hesita até o último instante, e Jacó segura a divindade até o romper da aurora — o momento seguinte deve trazer a decisão.

Mas onde essa tensão falta completamente, onde não há enredo, não se trata de uma verdadeira lenda. Assim, a história da criação em Gênesis 1 não pode mais ser chamada de lenda; embora possamos inferir dos versículos 2 e 26 uma forma da narrativa em que mais personagens apareciam e em que o mundo foi criado após uma luta de Deus contra o caos. Da mesma forma, as notas sobre a saída de Abraão e sobre sua aliança com Abimeleque não são verdadeiras lendas, mas apenas tradições lendárias que talvez tenham surgido do esmaecimento de lendas mais antigas e mais ricas.

As lendas, como vimos (§ 2), não são simplesmente invenções livres da fantasia; antes, a lenda assumiu certos dados fornecidos pela observação, pela tradição ou pela reflexão, e os processou. Essas premissas da lenda foram tratadas anteriormente; cabe agora observar a atividade da fantasia na lenda. Estamos assim no verdadeiro centro de nossas investigações.

Muitas das sagas, como já foi mostrado acima, respondem a perguntas específicas. Essas narrativas, portanto, não são o jogo inofensivo de uma fantasia que cria sem intenção e busca apenas a beleza, mas possuem um propósito determinado, uma *pointe*[2] — elas querem instruir. Se essas histórias, portanto, devem cumprir seu propósito, devem destacar essa *pointe* com clareza. E de fato o fazem em alto grau, a tal ponto que até nós, vindouros, ainda percebemos nitidamente o seu desfecho intencional, e podemos inferir a partir dele até mesmo a pergunta que está em seu fundo, por mais distante que ela nos pareça.

Para o leitor sensível, que acompanha com empatia a desventurada e, ao mesmo tempo, feliz Hagar em seu caminho pelo deserto, nenhuma palavra em toda a história soará tão comovente quanto a que põe fim a toda sua aflição: *Deus ouve*. Essa palavra contém, ao mesmo tempo, uma *pointe* intencional, pois o narrador queria, por meio dela, fundamentar a explicação do nome Ismael (*Deus ouve*).

Ou, qual palavra na narrativa do sacrifício de Isaque se imprime com tanta força na memória quanto a comovente frase com que Abraão, com o coração dilacerado, acalma a pergunta de seu filho inconsciente do que está por vir: *Deus proverá para si!* Essa frase, que o próprio Deus realiza, é destacada com tanta força porque nela se dá a resposta à pergunta sobre a etimologia do nome do lugar.

Outras sagas refletem acontecimentos ou situações históricas; nesse caso, era tarefa do narrador fazer com que tais alusões se destacassem com clareza suficiente para seu ouvinte familiarizado. Assim, na saga de Jacó e Esaú, estes aparecem primeiramente como personagens individuais, cujo destino já seria suficientemente interessante de acompanhar; mas no ponto central, nas palavras de bênção de Isaque, o narrador deixa transparecer que também se trata, ao mesmo tempo, de povos e seus destinos.

Particularmente, o gosto hebraico aprecia fazer alusão aos nomes dos heróis principais e dos lugares, mesmo quando nenhuma etimologia propriamente dita é pretendida. Algumas sagas são inteiramente permeadas por tais jogos de nomes: a narrativa do dilúvio com o nome Noé (*Noach*), a do sacrifício de Isaque com *Jeruel*, o reencontro de Jacó e Esaú com *Mahanaim* e *Penuel*, e assim por diante.

Dessa forma, essas sagas são ricas em *pointes* e alusões; são, por assim dizer, transparentes — mesmo aquele que as lê de maneira ingênua, simplesmente como belas histórias, encontra prazer nelas; mas somente quem as segura contra a luz da compreensão original pode perceber suas cores reluzentes; para esse leitor, elas se apresentam como pequenas obras de arte que brilham e cintilam. O característico das sagas populares hebraicas, em comparação com outras sagas, consiste, se não nos enganamos, especialmente nesse brilho das suas *pointes*.

A arte dos narradores consiste, antes de tudo, no fato de que, apesar de destacarem intensamente a *pointe*, souberam evitar todo indício de intencionalidade. Com uma elegância admirável, com uma graça encantadora, sabem alcançar o objetivo que se impuseram. Contam uma pequena história, tão verossímil, tão envolvente, que a ouvimos com toda a ingenuidade; e de repente, sem que percebamos, chegaram ao ponto a que queriam chegar.

A narrativa, por exemplo, da fuga de Hagar pretende explicar como Ismael, embora filho de nosso pai Abraão, nasceu no deserto: para tal, ela traça um quadro da casa de Abraão; mostra como, por uma cadeia de eventos completamente compreensível, a mãe de Ismael, ainda grávida, foi levada ao desespero e assim fugiu para o deserto — foi por isso que Ismael tornou-se um filho do deserto.

Em muitos casos, a tarefa dos narradores era bastante complexa; tratava-se de responder a uma série de perguntas diferentes ou de integrar um grande número de pressupostos dados. Assim, uma das variantes da história da construção da torre pergunta como surgiram a diversidade das línguas e a cidade de Babel; outra, sobre o aparecimento das diferentes moradas dos povos e de uma construção antiga. Ou, a narrativa de Abraão em Hebron não quer apenas relatar o estabelecimento do culto em Hebron, mas também explicar o nascimento de Isaque e motivar seu nome. A tarefa era, portanto, reunir esses diversos elementos em uma unidade.

É justamente aqui que os narradores demonstram sua arte. Do motivo principal retiram o fio condutor da narrativa; dos motivos secundários tecem uma cena isolada, que sabem inserir com leveza e graça no conjunto. Tais motivos secundários são, por exemplo, geralmente as etimologias; assim, na narrativa sobre o culto em Jeruel, está inserida uma cena que pretende explicar o nome do lugar "Deus verá"; esta pequena cena, a conversa entre Abraão e Isaque (Gn 22,7ss.), exprime com tanta intensidade o tom da narrativa como um todo, que não desejaríamos prescindir dela, mesmo que não possuísse nenhuma *pointe* especial.

Ou, em outros casos, os artistas colocaram lado a lado dois motivos principais; então encontraram uma transição extremamente simples e plausível de um ao outro: a primeira parte da narrativa de Hebron descreve a instituição do culto na forma de uma hospitalidade prestada por Abraão aos três homens divinos; a segunda parte, que agora deveria explicar o nascimento de Isaque, conecta-se de maneira simples, ao relatar que os homens, à mesa, mantiveram uma conversa e, nessa ocasião, prometeram a Abraão o nascimento de Isaque.

É esta a tarefa mais encantadora do intérprete da Gênesis: seguir esses elementos e, assim, não apenas reconhecer, na medida do possível, o sentido (para nós) mais antigo das sagas, mas também observar as sutilezas da composição artística dessas narrativas.

Resumo — Trata-se, portanto, mesmo nas mais antigas sagas do Gênesis, não de relatos lançados de modo leviano, inofensivos ou toscos, mas sim de uma arte amadurecida, cuidadosamente formada e dotada de grande vigor. Essas histórias são fortemente *estilizadas*.

Por fim, é necessário observar que os narradores raramente expressam explicitamente um juízo sobre as personagens ou suas ações. Isso os distingue profundamente da lenda e da elaboração histórica posteriores, influenciadas pelos profetas. Naturalmente, também os narradores das sagas tinham seus próprios juízos; eles estavam longe de ser objetivos —

ao contrário, eram altamente subjetivos —, e muitas vezes a compreensão verdadeira das sagas depende de nossa capacidade de compartilhar esse juízo do narrador. No entanto, eles quase nunca expressam esse julgamento de forma aberta: não eram capazes de refletir explicitamente sobre os processos psicológicos; quando um juízo aparece com maior clareza, ele surge apenas nos discursos das personagens, que iluminam os acontecimentos — compare-se especialmente os discursos de Abraão e Abimeleque no capítulo 20, ou a cena final do ciclo de Jacó e Labão.

Ao mesmo tempo, esse silenciamento do julgamento mostra com toda clareza que não era intenção dos narradores, sobretudo dos mais antigos, expressar verdades universais. É verdade que muitas das sagas têm por base certas verdades gerais, mais ou menos claramente perceptíveis — como a história da partida (de Abraão) oferece uma reflexão sobre o valor da fé, ou a saga de Hebron sobre a recompensa da hospitalidade. Mas essas narrativas não devem ser compreendidas como se esse fosse seu verdadeiro propósito. Elas não têm uma tendência.

As falas de Abraão e Abimeleque no capítulo 20, ou a cena final da narrativa de Jacó e Labão, são exemplos em que algum julgamento aparece mais nitidamente. Contudo, esse silenciamento do julgamento revela, da maneira mais clara possível, que não era intenção dos narradores — especialmente dos mais antigos — enunciar verdades universais. É verdade que por trás de algumas dessas sagas subjazem, com maior ou menor clareza, certas verdades gerais: por exemplo, a narrativa da partida de Abraão pode ser lida como uma reflexão sobre o valor da fé, e a saga de Hebron como uma exaltação da recompensa da hospitalidade. No entanto, essas histórias não devem ser interpretadas como se esse fosse seu verdadeiro objetivo. Elas não possuem uma tendência, ou seja, não foram compostas com o intuito de doutrinar ou afirmar princípios morais ou teológicos.

A partir do tipo de saga descrito acima em seus traços fundamentais, desenvolveu-se — como se pode reconhecer no próprio livro do Gênesis — outro tipo, relativamente mais próximo da forma moderna de narrativa. Enquanto um exemplo clássico do primeiro tipo é a narrativa da fuga de Hagar, o exemplo mais claro do segundo é a história de José; compare-se ambas as narrativas para que a grande diferença entre os dois estilos fique evidente: naquela, tudo é caracteristicamente breve e conciso; nesta, muitos elementos são igualmente caracteristicamente desenvolvidos de maneira extensa.

A primeira diferença evidente é a extensão das narrativas. Aprendeu-se, com o tempo, a compor obras artísticas mais longas — e passou-se a apreciá-las. A segunda diferença é que já não se está satisfeito com contar uma única saga isolada; agora, sabe-se reunir várias sagas em um todo coerente. É o que ocorre, por exemplo, na história de José, mas também nos ciclos de Jacó-Esaú-Labão e Abraão-Ló.

Examinemos como essas conexões se processaram. Sagas afins se atraíram entre si; foi particularmente natural reunir aquelas que tratavam da mesma personagem em um pequeno épico, como se vê nas histórias de José ou de Jacó. Ou ainda — como ocorre entre a narrativa de Abraão em Hebrom e a de Ló em Sodoma — sagas semelhantes, embora caracteristicamente diversas, acabaram sendo unidas. Assim, por exemplo, no ciclo javista ("J"), a história da criação e a do paraíso foram entrelaçadas: ambas tratam das origens da humanidade. No ciclo sacerdotal ("P"), as sagas de criação e dilúvio formam uma unidade.

Em muitos casos, observáveis no texto, a forma de conexão entre as narrativas é a mesma: a saga mais importante é dividida em duas partes, e a menos importante é inserida entre elas. Chamamos essa forma de composição — bastante frequente na história da literatura (pense-se em *As mil e uma noites*, no *Decamerão*, em *Gil Blas* ou nas *Sagas de Hauff*) — de narrativa em moldura (*Rahmenerzählung*). Assim, a história de Jacó e Esaú se torna a moldura para a saga de Jacó e Labão; igualmente, as experiências de José no Egito são inseridas dentro da história de José e seus irmãos; de maneira semelhante, a narrativa de Abraão em Hebrom é entrelaçada com a de Ló em Sodoma.

Para avaliar a arte dessas composições, é necessário observar sobretudo os limites das sagas originais. Os narradores costumam encontrar, por meios muito simples, a transição de uma narrativa para outra. Essa transição é, antes de tudo, a viagem. Quando a primeira parte da saga de Jacó e Esaú termina, Jacó parte para Arã; ali vive sua história com Labão e depois retorna a Esaú. Na história de José, a condução de José ao Egito e, mais tarde, a viagem de seus irmãos, funcionam como elementos de ligação entre as diferentes partes da narrativa.

Do mesmo modo, a narrativa de Abraão e Ló relata que os três homens primeiro se hospedaram com Abraão para depois se dirigirem a Sodoma. Como são, então, motivadas essas diferentes viagens? O sequestro de José para o Egito é o resultado de tudo o que fora vivido até então; a viagem de seus irmãos é motivada pela mesma grande fome que já desempenhara um papel decisivo na elevação de José no Egito; as experiências dos irmãos no Egito pressupõem essa elevação. A história de José está, portanto, de maneira admirável, fundida em uma unidade. A história de Jacó é menos unificada; mas também aqui ainda se justifica internamente o fato de Jacó ir a Labão: ele foge de Esaú; no mais, as sagas originais permanecem lado a lado sem fusão. Por outro lado, na narrativa de Abraão e Ló, não se justifica por que os três homens, partindo de Abraão, dirigem-se justamente a Sodoma; aqui, portanto, não se deu uma integração interna entre as diferentes sagas; e, tanto mais por isso, o narrador procurou criar elos artificiais: por isso conta que Abraão acompanhou os homens até às imediações de Sodoma e até que, na manhã seguinte, retornou ao mesmo lugar. Aqui se tem a impressão mais clara de uma arte consciente que procura transformar elementos originalmente díspares em uma unidade maior. Conexões mais íntimas do que essas molduras (*Rahmen*) encontramos nas narrativas sobre José: aqui, toda uma série de relatos diversos é ajustada e entrelaçada entre si.

Outra característica marcante da história de José é sua extensão, que a distingue fortemente da concisão das narrativas antigas. Nela, encontramos uma abundância de discursos longos, de monólogos, de descrições detalhadas de situações, de exposições dos pensamentos das personagens. O narrador gosta de repetir, sob a forma de fala, o que já foi contado anteriormente. Como devemos avaliar essa "amplitude épica"? Não como uma característica única desta narrativa em particular, pois encontramos os mesmos traços, ainda que menos acentuados, nas histórias sobre o pedido de casamento de Rebeca, sobre Abraão com Abimeleque, em algumas das histórias de Jacó (sobretudo na do reencontro entre Jacó e Esaú); também a narrativa do sacrifício de Isaque e trechos isolados na história de Abraão e Ló oferecem paralelos.

Evidencia-se aqui, portanto, uma arte narrativa particular, um novo gosto em processo de desenvolvimento. Essa nova arte já não se contenta, como a antiga, em contar a saga de forma tão breve quanto possível, omitindo ao máximo os pontos secundários; ao contrário, busca enriquecer a narrativa e desenvolver suas belezas, mesmo aquelas que surgem apenas de passagem. Situações que se percebem como sugestivas e interessantes procura-se reter o máximo possível diante dos olhos do ouvinte; assim, por exemplo, o medo dos irmãos de José ao se verem diante dele é descrito extensivamente; o narrador deliberadamente retarda a ação para que o ouvinte tenha tempo de saborear plenamente o encanto da cena. Por isso, José não deve se revelar logo no primeiro encontro; a cena precisa se repetir; ele deve exigir que Benjamim lhe seja apresentado — e o velho Jacó demora-se a cumprir essa exigência, o que faz com que a ação se prolongue.

Do mesmo modo, a narrativa do sacrifício de Isaque é deliberadamente retardada logo antes da intervenção de Deus na ação, a fim de adiar a catástrofe e intensificar a tensão. O recurso constantemente utilizado para alongar a narrativa é este: contar a mesma cena duas vezes, naturalmente com variações. José interpreta duas vezes os sonhos de nobres egípcios; duas vezes seus irmãos devem encontrá-lo no Egito; duas vezes ele esconde objetos de valor nos sacos deles para assustá-los; duas vezes negociam sobre o cálice de José — primeiro com o administrador da casa e depois com o próprio José; e assim por diante.

Às vezes, os narradores podem ter criado novas cenas — ainda que certamente mais raramente — com base nos antigos motivos, como a última cena entre José e seus irmãos em Gênesis 50. Singular é o episódio inserido da negociação de Abraão com Deus sobre Sodoma: essa cena é quase um poema doutrinário, escrita com o propósito de tratar um problema religioso que inquietava a época do autor e que lhe ocorreu ao refletir sobre a narrativa de Sodoma. Esses mesmos narradores demonstram uma notável predileção por longos discursos — a ponto de a própria ação tornar-se subordinada às falas. O exemplo mais característico é o encontro entre Abimeleque e Abraão em Gênesis 20. Ali, inclusive, contrariamente à regra sempre observada no estilo antigo, os acontecimentos não são narrados na ordem em que ocorreram, mas uma série de fatos é inicialmente omitida para depois ser "recuperada" nos discursos subsequentes. Assim, o narrador procura tornar os discursos mais interessantes mesmo à custa da sequência factual.

Também é muito comum enriquecer os discursos fazendo com que uma das personagens recapitule aquilo que já foi narrado (cf. 42,19.21.30ss; 43,3.7.20s; 44,19ss). A regra estilística, nesses discursos repetitivos (diferentemente do estilo de Homero), é variar um pouco a formulação na segunda vez. Essa predileção por discursos mais longos é, como se percebe claramente, um fenômeno secundário no estilo da saga hebraica — sinal de um período mais recente. Isso se confirma ao observar que justamente os acréscimos mais tardios das sagas e os trechos introdutórios (13,14–17; 16,9s; 18,17–19; 28,33) contêm tais discursos.

Essa inclinação pela amplitude pode ser observada também em outros gêneros da literatura hebraica: ao estilo breve e conciso de Amós sucede o estilo prolixo de Jeremias; assim também se relacionam os juízos legais sucintos do Livro da Aliança com as longas exposições do Deuteronômio, os ditados sapienciais curtos que formam o núcleo de Provérbios com os discursos extensos adicionados posteriormente como introdução ao livro; os mais antigos cânticos populares, frequentemente com apenas um verso, contrastam com os longos poemas da poesia de corte. — Não nos mostramos em toda parte simpáticos a esse gosto de uma época posterior; assim, por exemplo, a história de José corre o risco de tornar-se desinteressante por causa de sua excessiva amplidão. Por outro lado, essa loquacidade é também sinal de uma força espiritual recém-adquirida. Enquanto o tempo antigo só sabia expressar sua vida interior em palavras curtas e entrecortadas, aquela geração aprendeu a se observar com mais precisão e a se exprimir de maneira mais plena. Ao mesmo tempo, o interesse que se dedica à vida psíquica individual cresceu enormemente. Agora há prazer e força para tratar de problemas psicológicos. Assim, na narrativa do sacrifício de Isaque, criou-se um modelo de retrato de caráter. O narrador das histórias de José revela-se em posse da arte de compor a imagem de um homem a partir de muitos pequenos traços. É especialmente bem-sucedida a descrição da oscilação interior de José ao ver Benjamim, e a pintura da alma de Jacó ao ouvir que José ainda estava vivo, entre outras.

Contudo, enquanto nessas narrativas posteriores os elementos secundários da antiga saga foram mais desenvolvidos, por outro lado os traços principais naturalmente recuaram mais ou menos, e as pointes originais empalideceram. Essa evolução foi também favorecida pelo fato de que, para uma época posterior, as pointes originais já não eram suficientemente claras em muitos casos. Assim, na história de José, os elementos históricos e etiológicos ficam bastante relegados.

A diferença entre os dois gêneros descritos é tão grande que se recomenda nomeá-los distintamente: o primeiro como *saga*, o segundo como *novela*. Naturalmente, a transição entre ambos é fluida; podem-se considerar formas de transição como a história de Jacó e Labão ou a narrativa de Rebeca como *sagas adornadas em estilo novelístico* ou como *novelas baseadas em motivos de sagas*.

Também é possível fazer, ainda que com cautela, uma consideração sobre a antiguidade desses estilos. A arte narrativa desenvolvida nas sagas foi posteriormente transferida para a historiografia, na qual se podem fazer observações inteiramente paralelas. Ora, vemos que já a mais antiga historiografia de que temos conhecimento segue o "estilo desenvolvido". Podemos, portanto, supor que esse estilo mais desenvolvido das sagas já existia no início da monarquia. O estilo conciso, por sua vez, já deveria ter sido praticado por muitos séculos naquela época. Com isso, contudo — o que é importante observar — não se está determinando a antiguidade das narrativas conservadas nesse estilo, mas apenas a antiguidade das *formas narrativas*.

Comentário

Hermann Gunkel, nesse trecho de sua Introdução ao comentário de Gênesis, oferece uma das análises mais influentes da história da exegese bíblica quanto à natureza literária das sagas patriarcais. O que se apresenta não é apenas uma taxonomia técnica das narrativas, mas uma verdadeira estética da tradição popular hebraica, marcada por uma rara combinação de erudição filológica, acuidade psicológica e sensibilidade artística. Essa é, talvez, a primeira excelência a ser destacada: Gunkel desafia o pressuposto moderno de que a abordagem científica deve manter-se alheia ao sentimento estético. Pelo contrário, argumenta que ignorar a beleza das sagas é também falhar na sua compreensão científica — uma tese inovadora, mesmo nos marcos da crítica das formas, pois convida o leitor a conjugar crítica e contemplação.

Outro ponto de destaque é a firmeza com que Gunkel delimita o gênero das sagas como prosa — embora reconheça seu ritmo e musicalidade —, diferenciando-as tanto da poesia épica quanto do discurso histórico. Tal distinção permite compreender por que essas narrativas não têm a função de registrar cronologias ou eventos exatos, mas de condensar, numa estrutura artística, uma visão coletiva da realidade, da origem e do destino. A oposição entre uma prosa rítmica, de oralidade marcada, e uma forma posterior escrita, mais extensa e estruturada, é apresentada com precisão filológica e documentada por paralelos tanto internos quanto externos à Bíblia Hebraica.

Gunkel mostra-se particularmente eficaz ao reconstruir, com base em indícios internos, o contexto oral primitivo das narrativas: o ambiente doméstico, as noites em torno do fogo, os contadores de histórias populares. Tal reconstrução, embora parcialmente conjectural, é coerente com os padrões antropológicos observáveis em sociedades sem tradição escrita. Essa descrição, por sua vez, alimenta sua tese de que cada saga individual tem estrutura completa, começo, meio e fim, e que o ciclo maior (como o de José, ou o de Abraão) resulta de posterior edição e justaposição. Essa observação não apenas corrige métodos exegéticos anteriores (como os de Budde), que supervalorizavam as fontes escritas, mas também estabelece uma base sólida para a análise formais posteriores na crítica bíblica.

Além disso, Gunkel oferece um conceito-chave que permanece decisivo: a saga como "produto coletivo do povo". Embora essa definição possa parecer influenciada por pressupostos românticos herdados do século XIX (como os de Herder), ela acerta em colocar a origem das narrativas não em autores identificáveis, mas em um processo de sedimentação cultural em que o conteúdo foi moldado por gerações sucessivas de narradores e ouvintes. A crítica moderna, mesmo que mais reticente quanto à idealização do "espírito popular", reconhece hoje que a função social e religiosa dessas narrativas as insere num universo de práticas coletivas, mais do que em projetos literários individuais.

Contudo, mesmo nas partes mais descritivas, Gunkel articula sempre estrutura e efeito: as unidades narrativas, segundo ele, estão estruturadas de tal modo que favorecem uma compreensão imediata e uma emoção duradoura. A ênfase nos contrastes dramáticos, nos momentos de clímax e na função retórica das pausas narrativas revela não apenas um exegeta, mas um leitor sensível ao impacto estético das formas curtas. Por isso, sua insistência em que o leitor moderno se detenha na análise estrutural das sagas não visa uma reconstrução arqueológica, mas uma leitura plena, sensível e informada.

Há uma grande força da análise de Gunkel em sua avaliação dos personagens e da ação. As figuras são apresentadas em traços mínimos, por vezes quase tipológicos, mas sempre em função do desenrolar narrativo — isto é, as características são subordinadas à necessidade dramática. Essa economia, que poderia parecer empobrecimento, revela-se, para Gunkel, uma virtude: força, concisão e clareza, em vez de digressão psicológica. Desse modo, a sua interpretação do Gênesis se opõe frontalmente ao romantismo sentimental e ao moralismo pós-iluminista, preferindo destacar a coesão interna e o poder evocativo do gesto, do silêncio, da fala breve e da estrutura simétrica.

A genialidade estética de Gunkel: o valor literário da narrativa bíblica

Ao longo do capítulo, Gunkel rompe decisivamente com a tradição do historicismo e da dogmática teológica do século XIX ao afirmar o valor estético e literário das narrativas patriarcais do Pentateuco. Sua contribuição pode ser considerada revolucionária, pois antecipa em décadas a virada literária da exegese bíblica, que só se consolidaria plenamente no século XX com autores como Robert Alter e Meir Sternberg. A ideia de que o Gênesis deva ser compreendido também como obra de arte narrativa e não apenas como repositório de conteúdos teológicos ou etnogênicos era, em sua época, pouco explorada e frequentemente desprezada pelas escolas críticas dominantes.

Gunkel sustenta que a forma das sagas do Gênesis é eminentemente artística, e que ignorar esse aspecto é um empobrecimento da própria ciência exegética. Essa valorização da beleza literária como parte essencial do método crítico é um de seus grandes méritos: "quem passa com indiferença pela forma artística dessas sagas não apenas se priva de um gozo elevado, mas também realiza de modo bastante incompleto a tarefa científica de compreender o Gênesis".

Sua atenção meticulosa à estrutura, ao ritmo e à economia narrativa — notadamente a clareza e a concisão das sagas — permite iluminar aspectos fundamentais da composição bíblica. Ele descreve com precisão a organização tripartida de perícopes como a história da Queda (Gn 3), demonstrando como a progressão serpente-mulher-homem, seguida da reversão homem-mulher-serpente no interrogatório, e da retomada da ordem original na sentença, revela não apenas engenho narrativo, mas uma forma quase musical de coesão interna. A distribuição retórica das ações e falas constrói um tecido dramático que é ao mesmo tempo poético e teológico.

Esse tipo de análise é profundamente exegético, ainda que não sistematizado nos moldes posteriores da análise narrativa ou da retórica bíblica. A valorização das "pequenas cenas" e da segmentação precisa da narrativa encontra eco em abordagens contemporâneas, como o estudo das unidades formais na crítica das formas (*Formgeschichte*) e nas análises de tipo "*close reading*". A cena do sacrifício de Isaque (Gn 22), por exemplo, é tratada por Gunkel como exemplo de tensão narrativa máxima, construída com rigor dramático até a intervenção final divina. O clímax e o desfecho abrupto, sem desdobramentos emocionais, são lidos por ele como marcas de uma arte narrativa refinada, orientada por uma poética do gesto e da ação, não da introspecção.

Esse domínio narrativo não significa falta de profundidade, mas outra forma de expressar a interioridade: "eles não sabiam refletir, mas sabiam observar". A ação é o espelho da alma, e a economia de palavras é uma escolha estilística. Isso se confirma na célebre observação sobre Agar: seu amor materno se expressa não por palavras, mas pelo ato de dar água ao filho (Gn 21,19). O *ethos* do personagem é revelado por suas ações, não por discursos introspectivos. Esta é uma chave hermenêutica poderosa para a leitura do Gênesis como documento cultural da Antiguidade Oriental, cuja sensibilidade se orientava mais pela concretude das ações do que pela análise subjetiva dos sentimentos.

É, portanto, com inteira razão que Gunkel conclui: essas narrativas não são toscas nem infantis, mas estilizadas, "fortemente trabalhadas", e mesmo nas mais simples delas se pode reconhecer uma estrutura artística madura. Sua análise atesta o surgimento, ainda incipiente, de uma abordagem estética e poética das Escrituras, profundamente afinada com o *ethos* semita antigo e com a forma oral da tradição, da qual provieram os textos.

Essa leitura tem implicações exegéticas sérias. Por exemplo, ao considerar que as sagas não são apenas composições escritas tardias, mas formas literárias desenvolvidas a partir de tradições orais estilizadas, Gunkel oferece uma chave metodológica decisiva: a exegese deve levar em conta o momento oral pré-literário das tradições, seu contexto performático (cf. Ex 12,26s; Js 4,6), e suas funções sociais e cultuais antes de seu assentamento escrito. Com isso, ele antecipa também a etnopoética e a antropologia da performance — campos que, no século XX, se debruçaram sobre como narrativas orais moldam a experiência religiosa e cultural.

Essa perspectiva, no entanto, não está isenta de riscos. Gunkel tende a idealizar uma uniformidade estilística das sagas, minimizando variações internas e tensionamentos que não podem ser reduzidos a um modelo fixo. A uniformização do estilo antigo como "conciso", "coeso" e "pobre em vocabulário" pode obscurecer a presença de camadas editoriais, reinterpretações sucessivas e inserções teológicas posteriores. Por exemplo, Gunkel avalia negativamente o estilo mais desenvolvido da narrativa de José (Gn 37–50), chamando-o de "novela", e associando-o a uma arte literária tardia, de gosto já diferente. Essa distinção entre "saga" e "novela" é produtiva, mas talvez rígida demais: muitos estudiosos atuais mostram que traços estilísticos considerados "tardios" podem já estar presentes em tradições orais de composição mais complexa. A caracterização da história de José como um acréscimo artístico pode subestimar sua função teológica no conjunto do Pentateuco e a complexidade histórica de sua redação.

Além disso, embora Gunkel reconheça que o narrador das sagas "não era objetivo", e que seus juízos morais estão implícitos nas ações narradas, ele evita desenvolver uma leitura ideológica ou política das narrativas. Isso limita sua análise do ponto de vista hermenêutico, pois a configuração dos personagens como "tipos" (o escravo insolente, a esposa ciumenta, o marido conciliador) veicula concepções sociais normativas. Uma leitura crítica contemporânea exigiria interrogar não apenas o estilo, mas também o poder: que mundos são legitimados por essa arte da concisão? Que papéis sociais, relações de gênero e modelos de autoridade são reforçados pela tipificação narrativa?

A construção da unidade narrativa e os critérios exegéticos de forma: um olhar crítico

A segunda parte da análise da forma artística das sagas do Gênesis feita por Gunkel dedica-se à questão da unidade literária, um dos pontos mais influentes e, ao mesmo tempo, mais debatidos de sua proposta. Aqui, sua principal tese é a de que a verdadeira unidade constitutiva da tradição não é o livro ou o ciclo de sagas, mas a saga individual, entendida como uma pequena narrativa autônoma, muitas vezes transmitida oralmente, completa em si mesma tanto na estrutura como na sua função.

Essa posição, formulada contra as tentativas do século XIX de reconstruir grandes "fontes documentárias" como E ou J a partir de critérios estilísticos ou teológicos, desloca a ênfase para o nível microestrutural. Como ele afirma "Cada saga individual, preservada em forma antiga, é em si mesma um todo completo; começa com uma introdução nítida, encerra-se com uma conclusão facilmente reconhecível". A crítica interna da forma, a partir da coesão narrativa, torna-se assim critério exegético e filológico.

Esse critério formal — a unidade da saga isolada — é exemplificado por Gunkel com a narrativa de Gn 24 (o casamento de Rebeca) ou de Gn 22 (o sacrifício de Isaque). Em ambas, ele observa como a história se inicia com um problema (a velhice de Abraão e a necessidade de garantir descendência; o comando divino de sacrificar o filho) e termina com a resolução desse problema (o encontro de Rebeca e Isaque; a intervenção do anjo). Essa organização dramática, com exposição, nó e desfecho, é para Gunkel a marca de uma forma acabada.

Do ponto de vista exegético, isso implica que a análise de cada perícope deve privilegiar sua coesão interna antes de tentar estabelecer conexões com outros textos. Tal abordagem desafia métodos que buscam ler o Gênesis apenas como um todo contínuo e favorece uma exegese pericópica, concentrada na economia própria de cada narrativa. Essa ideia influenciará fortemente o desenvolvimento posterior da *Formgeschichte*, principalmente em Gerhard von Rad e Martin Noth (1957).

Por exemplo, a perícope de Gn 16, a fuga de Hagar, é apresentada por Gunkel como uma saga que pode ser compreendida sem qualquer pressuposto contextual extenso: "basta sabermos que existem um homem chamado Abraão e uma mulher chamada Sara; tudo o mais é dito pela própria saga". O texto se estrutura sobre um eixo narrativo linear:

- Sara não pode ter filhos (problema inicial).
- Entrega Hagar a Abraão (ação).
- Hagar engravida e despreza sua senhora (conflito).
- Sara a aflige e Hagar foge (clímax).
- O anjo intervém e a consola (resolução).
- A história termina com o nascimento de Ismael (conclusão).

Essa forma concentrada e sem digressões mostra, segundo Gunkel, a maturidade de uma arte narrativa popular: a tensão dramática é interna, não exige grandes elaborações contextuais, e o efeito poético é alcançado pela limpidez da progressão causal.

A exegese desse texto pode confirmar essa leitura. A personagem de Hagar, embora fugidia e silenciosa, é centralizada por meio de suas ações e pela intervenção divina. O nome "Ismael" (yišmaʿēl, "Deus ouve") atua como pointe narrativa, ao mesmo tempo resultado e chave interpretativa da trama. Gunkel reconhece essa função etiológica e a valoriza não apenas como teologia primitiva, mas como dispositivo estético e funcional. Tal análise, longe de reduzir a saga à etimologia, a integra como um eixo semântico central da narrativa.

Outra observação exegética importante feita por Gunkel se refere à forma como os personagens são apresentados de maneira limitada, mas funcional. Por exemplo, em Gn 27, o autor mostra que o personagem central é Jacó, e não Isaque ou Rebeca, e que a estrutura narrativa se concentra nos traços relevantes para a ação: Jacó é astuto (ʿāqēb), Esaú é ingênuo e impulsivo, Rebeca é ardilosa, e Isaque, cego e passivo. Aqui, o nome Jacó (do radical ʿqb, "enganar") atua como fio condutor temático da trama, que é em si uma demonstração narrativa da origem da bênção usurpada — e da ambiguidade moral do patriarca. A exegese da passagem confirma esse foco funcional: a tensão interna da narrativa não se apoia em conflitos teológicos abstratos, mas em contrastes morais que se articulam na ação concreta.

O método de Gunkel, portanto, privilegia o que se poderia chamar de uma exegese formal da ação. As características das personagens não são descritas em detalhe, mas reveladas pelo que fazem. Essa forma de retrato indireto, segundo ele, não é sinal de limitação primitiva, mas de uma arte narrativa intencionalmente econômica e eficaz. Exemplos como a nudez dos primeiros seres humanos (Gn 2,25–3,7), a reação silenciosa de Abraão ao comando do sacrifício (Gn 22), ou a fuga sem palavras de Hagar (Gn 16,6), mostram como a ausência de análise psicológica explícita não empobrece a narrativa, mas reforça sua força simbólica.

Contudo, há também limites críticos nessa abordagem. Gunkel tende a valorizar de maneira talvez excessiva a simplicidade narrativa como índice de antiguidade. A correlação entre brevidade e antiguidade, por exemplo, embora plausível, não pode ser aplicada de maneira uniforme. Há narrativas breves que resultam de abreviações redacionais ou perdas textuais, e narrativas longas cuja composição pode remontar a formas orais extensas, como a história de José (Gn 37–50). Sua insistência em ver os discursos longos como sinal de uma "segunda arte narrativa", embora metodologicamente útil, pode levar a simplificações cronológicas e estilísticas.

O modelo que opõe a saga breve à novela longa tende a subestimar as articulações teológicas e editoriais que unificam grandes seções do Gênesis. Por exemplo, o ciclo de Abraão (Gn 12–25) possui uma teologia da promessa e da eleição que não pode ser reduzida à soma de sagas isoladas. A perícope de Gn 15, com seu pacto entre Deus e Abrão, ou a teofania de Mambré (Gn 18), exigem uma leitura integrativa que vá além da análise formal de pequenas unidades narrativas.

Gunkel pouco se detém nos aspectos litúrgicos, jurídicos ou sapienciais que podem estar presentes nas narrativas. Por exemplo, a história da Criação (Gn 1), que ele exclui do gênero "saga" por sua falta de tensão dramática, pode ser lida como um hino cosmogônico litúrgico de estrutura setenária (cf. "wayyōmer... wayhî-ken... wayyērā'... wayyiqra'"), cuja estética teológica ultrapassa os critérios da ação dramática. Isso demonstra que o enfoque narrativo-artístico de Gunkel, embora inovador, requer complementos exegéticos mais amplos para dar conta da diversidade de gêneros e intenções do texto bíblico.

Em síntese, a defesa da saga isolada como unidade exegética fundamental é uma das maiores contribuições de Gunkel à hermenêutica bíblica. Seu método da forma artística permite ler o Gênesis não apenas como repositório de doutrinas ou história antiga, mas como uma obra de arte teológica. Todavia, seus critérios devem ser enriquecidos com abordagens teológicas, sociológicas e redacionais mais integradas, especialmente quando se trata de compreender a unidade literária e canônica do Pentateuco.

A economia estilística e a caracterização narrativa: forças e limites da forma antiga

Outra grande contribuição crítica da análise de Gunkel recai sobre a economia da caracterização nas narrativas do Gênesis. Esta seção da obra, extensa e finamente observadora, pode ser considerada uma das mais refinadas análises estilísticas da Bíblia hebraica, e seu impacto nos estudos bíblicos foi considerável, sobretudo ao influenciar a leitura tipológica e a análise narrativa do Antigo Testamento como literatura.

A proposta central de Gunkel aqui é que a simplicidade da caracterização dos personagens nas sagas não é falha, mas virtude. Os personagens são apresentados com poucos traços — muitas vezes, apenas um —, e não há esforço em desenvolver perfis psicológicos complexos. Isso não apenas se deve à antiguidade do material, mas expressa uma concepção popular do ser humano, marcada por tipos, não por indivíduos. O foco está na ação, e a interioridade é revelada apenas indiretamente, através de gestos, falas concisas ou atitudes emblemáticas.

Um exemplo exegético evidente é o de Caim, cuja caracterização reduz-se à inveja e à violência fratricida (Gn 4,5-8). Ele aparece como um tipo arquetípico do invejoso homicida, e o texto não oferece nenhuma análise psicológica elaborada, mas apenas ações significativas. Gunkel observa que, em tais casos, a ação substitui o retrato interior: "não se diz que Caim estava com ciúmes, mas que matou seu irmão". Essa forma de caracterização age por condensação e signo, não por aprofundamento.

Esse ponto é bem ilustrado também pela figura de Jacó. Em diversas perícopes (Gn 25–33), ele é sempre o astuto, o "enganador" (ʿāqēb), e sua esperteza é retratada em ações repetidas: compra o direito de primogenitura, engana o pai, negocia com Labão, trama contra Esaú. Apesar de sua importância teológica como patriarca, o texto preserva a ambiguidade ética de sua figura. Como nota Gunkel, não há transformação de caráter ao longo da narrativa: "o caráter ambíguo de Jacó de forma alguma foi transformado".

Aqui emerge uma crítica importante. A valorização por Gunkel da ausência de psicologização moderna como marca de "pureza" ou "poder" estético pode ser questionada. Embora seja certo que a concisão dos antigos não indica incapacidade, mas estilo próprio, a generalização de que as sagas não conhecem mudança de caráter ignora certos desenvolvimentos internos — por exemplo, o arrependimento dos irmãos de José (Gn 44,16.33), que, mesmo sem introspecção explícita, sugere transformação relacional. A própria tensão crescente em José (Gn 42–45), culminando em lágrimas e reconciliação, ultrapassa a mera caracterização tipológica. É possível que Gunkel, buscando defender a integridade das formas narrativas antigas, minimize tais inflexões teológicas.

Além disso, sua defesa da ausência de juízos explícitos do narrador — "eles quase nunca expressam esse julgamento de forma aberta" — revela uma acurada percepção do estilo bíblico, mas precisa ser equilibrada com exemplos em que a narrativa indica, com sutileza ou por meio de personagens secundários, condenações ou elogios implícitos. Por exemplo, a bênção de Sem e Jafé e a maldição de Canaã (Gn 9,24–27) funcionam como forma indireta de juízo narrativo. A escolha de Deus por Abel e não por Caim (Gn 4,4–5) também é um juízo implícito. A ausência de avaliação explícita não significa neutralidade teológica.

Outro ponto alto da análise gunkeliana é a observação da organização dramática das cenas, divididas com clareza e apresentadas com foco restrito a poucos personagens por vez. A narrativa da busca de Rebeca (Gn 24), como exemplificado por Gunkel, organiza-se em sete cenas sucessivas, cada uma com foco limitado e progressão funcional. Essa economia cênica evita a dispersão emocional, garante clareza e favorece a escuta — um elemento central para uma tradição oral-performática, como era a das sagas israelitas.

Gunkel destaca que a ausência de múltiplos personagens em cena, e a predominância de diálogos entre apenas dois interlocutores (duelos verbais), são sinais de uma arte narrativa lapidar e adequada ao público antigo. Isso ajuda a entender, por exemplo, por que no episódio do sacrifício de Isaque (Gn 22) a fala de Abraão é extremamente concisa: "Deus proverá para si o cordeiro" (ʾĕlōhîm yirʾeh-lô haseh, Gn 22,8). A tensão dramática é mantida por meio da economia verbal e da ação contida, não pela análise do dilema interno.

Essa forma de retratar o drama de maneira indireta é identificada por Gunkel como "a arte da caracterização indireta", um conceito que antecipa, em certa medida, a crítica literária moderna. Ele observa que o narrador hebraico é mestre em mostrar, e não em dizer. A piedade de Sem e Jafé (Gn 9,23) é mostrada pelo gesto de cobrirem o pai, não por discursos; a hospitalidade de Abraão (Gn 18,2-8) se mostra na rapidez e abundância da acolhida, não em louvores ao valor do acolhimento.

No entanto, é legítimo perguntar até que ponto essa sobriedade é inteiramente deliberada e não também efeito das limitações culturais e linguísticas do meio em que se desenvolveram tais tradições. Embora Gunkel rejeite a ideia de que os narradores antigos fossem "simples" ou "infantis", sua valorização do estilo sucinto poderia ser problematizada com mais agudeza — especialmente se comparada à riqueza expressiva de outras tradições narrativas antigas, como a egípcia ou a ugarítica, em que há também espaço para introspecções e retratos morais.

A exegese da história do paraíso (Gn 3) fornece um campo fértil para testar os limites da teoria de Gunkel. A estrutura é exemplarmente ordenada: tentação, pecado, interrogatório, sentença e expulsão. A progressão é clara, o número de personagens é pequeno, e os gestos são emblemáticos (o comer, o vestir-se, o esconder-se). Todavia, a ausência de fala humana após a sentença (exceto os lamentos de Eva em outros textos) e a falta de um retorno explícito ao tema da comunhão com Deus indicam que há também um limite no modelo dramático. A tensão que se acumula não é plenamente resolvida dentro da própria narrativa, o que sugere que certas sagas funcionam como abertura simbólica, mais do que como encerramento dramático.

Apesar dos limites, a força da análise de Gunkel está em sua leitura estética da ação e da forma. Ele reabilita a literatura bíblica como arte narrativa de altíssimo grau e oferece um modelo analítico poderoso. No entanto, seu método formal corre o risco de desprezar dimensões teológicas, transformacionais ou mesmo dialogais mais sutis que percorrem os textos. Uma exegese informada por Gunkel deve, portanto, incorporar seus critérios formais, mas sem absolutizá-los. A clareza, a estrutura e a tipologia de personagens são pilares da arte narrativa bíblica, mas não seus únicos alicerces.

A evolução das formas narrativas e a tensão entre saga e novela: continuidade, ampliação e perda

Na seção final de sua análise sobre a forma artística das narrativas do Gênesis, Gunkel introduz uma distinção metodológica e estilística fundamental entre dois modos de narrativa presentes no texto bíblico: a saga arcaica e a novela desenvolvida. Essa distinção, profundamente influente, é não apenas descritiva, mas também valorativa, pois Gunkel procura identificar os traços estilísticos e estruturais que revelam uma evolução no gosto literário e nas capacidades narrativas do antigo Israel.

A saga (*Sage*), na definição gunkeliana, é a forma narrativa originária: curta, coesa, com poucos personagens, marcada por uma estrutura simples, ação concentrada e linguagem direta. O exemplo paradigmático é a fuga de Hagar (Gn 16), cuja estrutura pode ser esboçada em poucas cenas e cuja força dramática está condensada na frase-chave "Deus ouviu" (wᵊyišmaʿ ʾĕlōhîm, cf. Gn 16,11). Nessa tradição, a arte está na concisão, no poder de sugestão e na transparência simbólica da ação.

Já a novela (*Novelle*), segundo Gunkel, representa um estágio posterior do desenvolvimento narrativo. Seu exemplo clássico é o ciclo de José (Gn 37–50), no qual diversos episódios são compostos em uma estrutura mais extensa, interligada e literariamente mais refinada. O enredo se desenvolve por múltiplas cenas, há repetição deliberada de situações (por exemplo, as viagens dos irmãos ao Egito), exploração psicológica (a emoção de José ao ver Benjamim, cf. Gn 43,29–30), uso de longos discursos e monólogos (como o de Judá em Gn 44), e um desenrolar planejado que culmina na reconciliação e no reconhecimento das ações passadas como parte de um plano divino (Gn 50,20).

O valor desta distinção é notável, pois permite ao exegeta moderno reconhecer que o Pentateuco não é um bloco uniforme de estilo e antiguidade, mas sim uma compilação de formas narrativas de diferentes épocas, níveis artísticos e intenções literárias. É uma conclusão que se articula organicamente com os pressupostos da Formgeschichte, da qual Gunkel é fundador, e com os esforços da crítica das tradições (*Traditionsgeschichte*).

Todavia, a insistência de Gunkel em traçar uma linha evolutiva rígida entre a simplicidade virtuosa da saga e a complexidade por vezes enfadonha da novela expõe limites críticos. Sua apreciação da novela é ambivalente: por um lado, reconhece nela uma "força espiritual recém-adquirida", uma nova sensibilidade psicológica e uma arte refinada de composição; por outro, lamenta a perda da concisão e das pointes etiológicas que conferem densidade simbólica às sagas. A novela seria, assim, esteticamente mais rica, mas espiritualmente menos transparente.

Essa ambiguidade crítica se revela, por exemplo, na avaliação da história de José. Gunkel destaca sua composição engenhosa, a estrutura em moldura (*Rahmenerzählung*), o emprego de repetições variáveis, a alternância entre cenas tensas e pausadas, a inserção de episódios intermediários, e o refinamento do retrato psicológico. Mas adverte que o texto corre o risco de perder força dramática pela "excessiva amplidão". Essa crítica, ainda que válida em termos comparativos, peca por absolutizar um modelo de forma antiga e breve como único critério de eficácia narrativa.

Do ponto de vista exegético, é mais frutífero pensar os dois modelos não como degraus evolutivos lineares, mas como opções estilísticas coexistentes, ajustadas a diferentes funções, contextos e intenções. A saga de Hagar cumpre função etiológica e teológica pontual — explicar o nascimento de Ismael e o nome do deserto onde ele cresceu (Gn 16,7-14) —, enquanto o ciclo de José busca explorar a providência divina como estrutura do destino familiar e nacional. A densidade emocional da cena em que José se dá a conhecer a seus irmãos (Gn 45,1-3) requer um aparato narrativo mais desenvolvido do que seria possível no modelo sagístico curto.

Por outro lado, Gunkel parece subestimar a complexidade teológica das sagas breves, que não são necessariamente mais "puras" ou mais "populares". A história do sacrifício de Isaque (Gn 22) é extremamente concisa, mas não por isso menos elaborada em sua estrutura literária e em sua riqueza teológica. O caminho de três dias, o diálogo entre pai e filho, o silêncio dramático de Abraão e a intervenção final de Deus configuram um drama ritual e existencial de profundidade incomum — e cuja forma breve não reduz, mas intensifica o impacto da narrativa.

A crítica de Gunkel às repetições e à duplicação de cenas — como as viagens repetidas dos irmãos de José ou os dois sonhos do faraó — revela também certa rigidez estética. Em termos narrativos, essas duplicações funcionam como elementos de intensificação, reforço temático e estruturação retórica. O uso do paralelismo e da repetição é um traço recorrente da prosa hebraica, e não uma "decadência" da arte narrativa. Em Gn 41, os dois sonhos de Faraó são explicitamente interpretados como duplicação intencional de sentido divino (Gn 41,32), o que mostra que o texto reconhece e tematiza esse procedimento.

O esforço de Gunkel para traçar os contornos de uma arte narrativa que, embora simples, seria altamente sofisticada em sua lógica interna e eficácia expressiva, representa uma das mais duradouras contribuições dos estudos de forma ao campo da exegese. Seu modelo valoriza a ação, a estrutura clara, a organicidade narrativa, a representação indireta dos sentimentos e a coerência simbólica da forma. Ao fazer isso, Gunkel confere às narrativas bíblicas um estatuto literário pleno, recusando a visão degradada da tradição "pré-literária" ou "primitiva". No entanto, sua crítica à narrativa mais desenvolvida precisa ser relativizada: o surgimento da novela hebraica não é decadência, mas diversificação do gosto e das estratégias narrativas. A arte de narrar no Antigo Testamento — como em toda literatura — evolui, se adapta, se amplia. A novela patriarcal é um testemunho disso, e deve ser lida não como diluição da saga, mas como seu desdobramento.

Em suma, o principal problema de Gunkel é a leitura marcada por uma estética historicista que valoriza preferencialmente o que é arcaico, conciso e etiológico. Com isso, corre o risco de desvalorizar outras formas de desenvolvimento narrativo, como a novela patriarcal, as ampliações discursivas e as introspecções mais densas. Uma leitura exegética atualizada deve preservar sua sensibilidade formal, mas ampliar sua escuta hermenêutica para a variedade e a riqueza dos estilos bíblicos.

---

1. Reuss, Altes Testament III, p. 73: "As sagas dos patriarcas surgiram originalmente de forma isolada, sem conexão, independentes umas das outras." Wellhausen, Die Composition des Hexateuchs, p. 9: "A tradição na boca do povo conhece apenas histórias isoladas."

2. *Nota do Tradutor*: *Pointe* é um termo de origem francesa utilizado por Hermann Gunkel no contexto da análise literária das sagas do Gênesis, conforme o hábito acadêmico alemão de sua época. A palavra designa o ponto culminante, a virada significativa ou o efeito final de uma narrativa — o momento em que ela adquire seu sentido mais pleno, seja ele estético, simbólico ou explicativo. Mais especificamente, *pointe* pode referir-se ao clímax com valor de revelação ou resolução (como em uma fábula ou anedota), o fecho memorável, que responde à pergunta implícita que move a história, ou ainda o elemento decisivo que confere à narrativa seu valor interpretativo, como, por exemplo, a explicação do nome "Ismael" na história de Hagar (Gn 16), vinculada à ação divina de ouvir sua aflição. Gunkel emprega o termo com especial frequência nas chamadas sagas etiológicas, ou seja, narrativas construídas para explicar a origem de nomes próprios, instituições cultuais, práticas rituais, relações entre povos ou elementos geográficos. Nesses casos, a *pointe* é o nó de sentido que justifica a própria existência da narrativa, muitas vezes inserido de forma sutil e artística no desfecho da história. No português acadêmico do Brasil, recomenda-se manter o termo *pointe* em francês, como ocorre com outras expressões técnicas adotadas em estudos literários e histórico-religiosos (e.g., *Bildung*, *Sitz im Leben*, *mise en scène*), embora seja possível traduzi-lo, segundo o contexto, como: ponto culminante, chave interpretativa, fecho explicativo, sentido visado ou solução narrativa.

HISTÓRIA DA TRANSMISSÃO DAS SAGAS DO GÊNESIS NA TRADIÇÃO ORAL

As sagas, quando foram registradas por escrito, já eram antiquíssimas e possuíam uma longa pré-história. Isso decorre da própria natureza da coisa: a origem da saga escapa sempre ao olhar investigativo e remonta a tempos pré-históricos. Assim também ocorre neste caso; a grande antiguidade das sagas manifesta-se, entre outras coisas, no fato de que elas frequentemente mencionam povos extintos, como Abel e Caim, Sem, Cam e Jafé, Jacó e Esaú, que já não são conhecidos no período histórico propriamente dito; além disso, em muitos traços primitivos que nos revelam a religião e a moralidade de uma era remotíssima: basta pensar em certos resquícios mitológicos, como a história dos casamentos dos anjos (Gn 6), o combate de Jacó com a divindade, ou as múltiplas narrativas de engano e fraude por parte dos patriarcas, entre outras.

Uma parte dessas sagas — talvez até mesmo uma porção significativa delas — não foi criada por Israel, mas imigrou do estrangeiro para dentro de Israel. Isso, aliás, corresponde à própria natureza dessas histórias: elas se transmigram de povo em povo, de terra em terra, e também de religião em religião. O mesmo ocorre com muitas das nossas lendas e contos populares alemães, dos quais grande número teve origem estrangeira. E ainda hoje, os povos modernos de cultura trocam entre si, talvez mais do que qualquer outro bem espiritual, justamente as suas narrativas; basta pensar na enorme difusão de romances estrangeiros na Alemanha.

Se considerarmos que Israel viveu sobre um solo fertilizado por milênios de cultura, se levarmos em conta que esse povo jamais viveu isolado, mas esteve rodeado por outros povos — em parte culturalmente superiores —, e ainda que o comércio e o trânsito internacionais da Antiguidade passavam justamente por Canaã, ligando a Babilônia ao Egito e da Arábia ao Mediterrâneo, então seremos obrigados a postular que essa posição de Israel entre as nações — como se vê em sua língua, cheia de palavras estrangeiras — também se reflete em suas sagas.

A pesquisa realizada até hoje, especialmente por Wellhausen (1883) e sua escola, tem frequentemente incorrido no erro de tentar compreender a história de Israel quase exclusivamente a partir de si mesma, ignorando em demasia os vínculos que a conectam com o restante do mundo antigo. Esperemos que os estudiosos do futuro estejam mais dispostos a inserir a história de Israel no contexto da história mundial do que têm estado até agora.

Naturalmente, dada nossa escassa compreensão do antigo Oriente, somos em muitos casos forçados a nos apoiar em conjecturas. No entanto, isso não justifica ignorar por completo o ambiente cultural em que Israel viveu — e há, sim, aspectos que se podem afirmar com relativa segurança.

A influência babilônica é perceptível sobretudo nas sagas primevas. Podemos comprová-la na narrativa do dilúvio, da qual temos recensões babilônicas; também é fortemente provável sua presença nos relatos da criação, na tradição sobre os antepassados da humanidade e na saga de Nimrod. A saga da torre de Babel trata diretamente da Babilônia e deve ter-se originado em sua vizinhança. Os paralelos iranianos à narrativa do paraíso sugerem que esta também veio do oriente — se especificamente da Babilônia ou não, é questão debatível.

Quanto à época em que essas sagas penetraram em Israel, os estudiosos divergem. No entanto, por razões internas, nos parece provável que essas tradições, circulando de povo em povo, tenham chegado a Canaã já no segundo milênio antes de Cristo, e que tenham sido adotadas por Israel à medida que este se integrava à cultura cananeia.

Percebemos também influência egípcia na novela de José, que se passa em parte no Egito e talvez remonte a tradições egípcias; isso se evidencia de modo particular na saga sobre a política agrária de José (Gn 47,18s). Pode parecer surpreendente que tão pouco da cultura egípcia se note no Gênesis; mas esse fato parece refletir o que se pode afirmar também da cultura de Israel em geral: o Egito já era, naquela época, uma civilização em declínio e exerceu apenas modesta influência sobre Canaã.

Também se encontrarão elementos fenícios e aramaicos nas sagas; quanto a este último, podemos apontar para a importância da cidade de Harã nas histórias patriarcais. A saga de Ismael provavelmente teve origem em Ismael; a de Ló, nas montanhas de Moabe, onde se mostrava a caverna de Ló (Gn 19,30).

As narrativas sobre Jacó e Esaú, assim como as que tratam de Jacó e Labão, devem ter sido originalmente contadas na região de Jacó; a história de Sem, Jafé e Canaã parece ter circulado originalmente entre os descendentes de Sem, enquanto a saga de Abel e Caim teria sido preservada por um povo não nomeado. As sagas cultuais do Gênesis — como se pode afirmar com grande segurança — pertenciam originalmente aos próprios locais que mencionam. O mesmo vale para outras sagas que citam topônimos específicos. Para a maioria das sagas patriarcais, portanto, é provável que já fossem conhecidas em Canaã antes da chegada de Israel.

Esse fato harmoniza-se bem com o caráter de muitas dessas narrativas do Gênesis: a disposição conciliadora e pacífica das figuras patriarcais soa pouco israelita. A ligação entre o ser humano e a terra fértil na narrativa do paraíso, por exemplo, só poderia surgir entre um povo camponês. Na história de Caim e Abel, o campo aparece como propriedade de Deus (Gn 4,14). Sobretudo, a religião implícita no Gênesis aponta para uma origem extra-israelita da maioria das sagas: duas das fontes principais (E e P) evitam nomear o Deus dos patriarcas como "Javé". Isso pode ser interpretado como um resquício da percepção de que essas narrativas, originalmente, não se relacionavam com Javé, o Deus de Israel — o que também se observa no livro de Jó, que trata de um material estrangeiro e tampouco emprega o nome "Javé".

Mesmo na terceira fonte (J), que utiliza o nome "Javé", não se encontra a expressão "Javé dos Exércitos" (Javé Tsebaot). Em alguns casos, é possível identificar pelo nome a divindade anterior a Javé associada à narrativa: ouve-se falar de *El-lahai-ro'i* em Lahai-Roi (Gn 16,13), de *El-'olam* em Berseba (Gn 21,33), de *El-Betel* em Betel (Gn 31,18); *El-Shaddai* e *El-Elyon* também seriam nomes divinos arcaicos. Na narrativa de Abraão em Hebron, pressupõem-se originalmente três deuses; o politeísmo transparece ainda na história da escada celeste em Betel e no restante da narrativa de Maḥanayim (Gn 32,2s).

A origem israelita pode ser identificada com segurança apenas nas sagas que mencionam explicitamente nomes israelitas, como na de Diná (com Simeão e Levi; Gn 34), de Tamar (com Judá; Gn 38) e na referência a Rúben (Gn 35,22). Isso não quer dizer, porém, que outras histórias não possam também ter vindo de Israel; em particular, várias sagas situadas no Neguebe (ao sul de Judá) podem muito bem ser israelitas. Mas, até onde se pode ver, uma tradição israelita não misturada só começa a fluir a partir das narrativas sobre Moisés.

O quadro geral das tradições de saga em Israel, tal como se pode delinear em traços largos, seria, então, o seguinte: as sagas primevas são, em sua essência, babilônicas; as sagas patriarcais são, em sua maior parte, cananeias; só posteriormente emerge a tradição propriamente israelita. Essa imagem corresponde ao curso da história cultural: em Canaã, sobre um fundamento babilônico, desenvolveu-se uma cultura local, sobre a qual, então, se ergueu a vida do povo de Israel.

É natural que a sequência das camadas de tradição narrativa reflita o desenvolvimento das épocas culturais. Da mesma forma, as nossas crianças aprendem primeiro as histórias israelitas, depois as greco-romanas, e só então as germânicas — o que espelha o percurso da história de nossa própria cultura.

Um problema particularmente interessante é o encontro de certas sagas com tradições da Grécia: por exemplo, a história do acolhimento dos três homens por Abraão tem um paralelo na narrativa grega de Hyrieus, em Tânagra; a história da mulher de Potifar corresponde à de Hipólito e Fedra; há paralelos gregos também para a sedução de Rúben (Ilíada 9.447ss) e para o conflito entre Jacó e Esaú. A história de Ló em Sodoma lembra a de Filemom e Baucis. Mesmo entre as sagas primevas encontram-se semelhanças: a ideia de que homem e mulher foram originalmente um só corpo, e o mito de uma era dourada no princípio do mundo, são igualmente conhecidos entre os gregos.

A solução para esse problema reside certamente no fato de que ambos os fluxos de tradição — tanto os israelitas quanto os de outras culturas vizinhas — são braços de uma grande corrente oriental comum. Assim, é necessário pressupor que as sagas do Gênesis possuem origens bastante diversas, o que uma análise mais minuciosa dessas narrativas efetivamente confirma. As histórias são extremamente variadas: algumas apresentam os patriarcas e antepassados como agricultores, outras como pastores (mas nunca como habitantes de cidades); algumas se passam na Babilônia, outras no Egito, outras ainda em Aram, no norte e no sul de Canaã; algumas pressupõem originalmente o politeísmo, outras falam de um numen (*el*) local; algumas veem Deus como um senhor severo da humanidade, outras exaltam sua graça, e assim por diante.

Naturalmente, os elementos estrangeiros foram profundamente adaptados ao ethos e à religião de Israel. Isso se torna particularmente evidente na saga babilônico-hebraica do dilúvio. O politeísmo desapareceu: os muitos deuses foram eliminados em favor de um único Deus (como no mito da criação), ou rebaixados a servos desse Deus único (como na saga de Hebron). Os numina locais foram identificados com Javé, e seus nomes passaram a ser considerados epítetos de Javé em tais locais. A assimilação dessas sagas e sua impregnação com o espírito da religião superior representam um dos feitos mais notáveis do povo de Israel.

Mas, para além da religião, durante esse processo de "israelitização" das sagas, certamente também ocorreram inúmeras outras alterações, das quais só conseguimos perceber uma pequena parte. Personagens estrangeiros foram substituídos por figuras locais: assim, o sacerdote-mago babilônico Enmeduranki foi substituído por Enoque; o herói do dilúvio babilônico foi substituído por Noé, uma figura mais familiar ao imaginário israelita; e as histórias egípcias no final do Gênesis foram atribuídas à figura israelita de José.

Em outros casos, figuras locais foram identificadas com personagens estrangeiros: Esaú-Seir foi identificado com Edom, Jacó com Israel. Ou ainda, sagas originalmente estrangeiras foram localizadas em regiões cananeias: por exemplo, a história dos três homens, que também aparece entre os gregos, foi situada em Hebron; a saga das cidades destruídas, que originalmente não dizia nada sobre o Mar Salgado, foi localizada nas margens do mar Morto.

Nessas adaptações, certos traços especificamente israelitas penetraram nas narrativas: por exemplo, profecias como a de que Esaú (Edom) se libertaria de Jacó (Israel) (Gn 27,40); de que José herdaria Siquém (Gn 48,22); de que Manassés seria preterido em favor de Efraim (Gn 48,15ss). Na história de Jacó e Labão foi inserido o motivo de um tratado de fronteira em Gileade (Gn 31,52); à saga de Sodoma foi acrescentado o trecho sobre a preservação de Zoar.

Outras transformações ocorreram pelo deslocamento ou pela fusão de tradições locais. Podemos imaginar que isso aconteceu com muita frequência, por causa do contato entre os grupos, especialmente em ocasiões de grandes peregrinações aos santuários tribais, ou ainda por influência dos contadores de histórias itinerantes. Assim, as sagas migraram de um lugar a outro e, por isso, na tradição que chegou até nós, são contadas como se tivessem ocorrido em diferentes localidades.

A história de Sodoma e Gomorra, por exemplo, segundo outra tradição, parece ter sido originalmente localizada em Admá e Zeboim. Uma terceira tradição situava uma narrativa semelhante na cidade de Gibeá, em Benjamim (Jz 19). O episódio do salvamento de Ismael é localizado tanto em Lahai-Roi (Gn 16,14) quanto em Berseba (Gn 21,14). O reencontro entre Jacó e Esaú, por ocasião do retorno de Jacó, é ambientado em Maanaim e Penuel, locais aos quais provavelmente não pertencia originalmente. Os nomes dos patriarcas aparecem vinculados aos mais diversos lugares, todos eles reivindicando ter sido fundados por esses ancestrais: Abraão, especialmente em Hebron, mas também em Berseba e outros; Isaque não apenas em Berseba, mas também em Mispá (Gn 31,53); Jacó em Penuel, Betel e Siquém.

Não temos como saber com certeza em que local cada uma dessas figuras estava originalmente associada; tampouco sabemos, por exemplo, se na narrativa de Gerar o protagonista era originalmente Abraão ou Isaque. Esses deslocamentos são tão antigos que já não conseguimos rastreá-los com precisão. A hipótese de Wellhausen (*Prolegomena*, p. 323), segundo a qual Abraão seria a figura mais jovem entre os patriarcas, permanece sem comprovação.

Além disso, diferentes sagas foram combinadas entre si, como as narrativas da criação e do paraíso no material do Javista (J), e os mitos da criação e do tempo de bem-aventurança em P. Também algumas figuras foram fundidas em uma só: a personagem de Noé no Gênesis resulta da junção de três figuras originalmente distintas — o construtor da arca, o viticultor e o pai de Sem, Cam e Jafé. Em Caim se fundem igualmente três personagens: 1) Caim, filho do primeiro casal; 2) Caim, irmão de Abel; 3) Caim, o fundador de cidades. Jacó, por sua vez, é, segundo uma tradição, um gigante que luta com o próprio Deus; segundo outra, é um homem extremamente astuto, mas covarde — o que sugere personagens inteiramente distintas; e uma terceira figura parece ser o Jacó que tem a revelação divina em Betel.

No processo de fusão das sagas, o que hoje conhecemos como a genealogia dos patriarcas também foi fixada: Abraão tornou-se pai de Isaque, e este de Jacó; Ismael foi feito filho de Abraão, e Ló, seu sobrinho, e assim por diante. As razões dessas construções nos são completamente desconhecidas. Também não se pode determinar a antiguidade dessa genealogia.

O processo de fusão das sagas é certamente muito anterior à presença israelita em Canaã; podemos supor que ele se intensificou especialmente na época em que Israel começou a se constituir novamente como povo sob seus primeiros reis.

E assim como migram de um lugar para outro, as sagas também transitam através dos tempos. Em geral, elas continuam a ser transmitidas oralmente, com uma fidelidade que nos parece quase inacreditável — por vezes apenas parcialmente compreendidas ou até mesmo já obscuramente entendidas, mas ainda assim mantidas e retransmitidas! A fidelidade com que foram narradas pode ser percebida, por exemplo, quando comparamos variantes diferentes de uma mesma história: embora apresentem certas divergências, coincidem muitas vezes em sua estrutura geral, e por vezes até na formulação verbal. Compare-se, por exemplo, as duas variantes da narrativa de Rebeca.

No entanto, mesmo essas sagas, contadas com tamanha fidelidade, não escapam às transformações do tempo. Quando surge uma nova geração, quando mudam as condições externas ou quando se alteram as concepções das pessoas — seja em termos religiosos, morais ou estéticos —, a saga popular não pode permanecer imutável por muito tempo. Ainda que lentamente, com hesitação e mantendo certa distância, as sagas acabam por acompanhar essas transformações mais amplas; algumas se adaptam mais, outras menos.

Assim, as sagas oferecem uma matéria de extraordinário valor para o conhecimento das mudanças ocorridas no seio do povo. A partir do livro do Gênesis, seria possível escrever toda uma história dos juízos religiosos, morais e estéticos do antigo Israel.

Se se deseja estudar essa história, o procedimento mais adequado é começar pelas variantes. É característico das sagas e da tradição oral que elas existam sob a forma de variantes. Cada pessoa, por mais fiel que seja — e especialmente cada círculo particular e cada nova época — narra a história transmitida de maneira um pouco diferente.

As variantes mais importantes do livro do Gênesis são:

1. As duas histórias de Ismael (Gn 16 e 21ss);

2. A saga do perigo enfrentado pelas esposas dos patriarcas, transmitida em três recensões diferentes (Gn 12,15s; 20; 26);

3. A saga relacionada ao pacto em Berseba, igualmente em três recensões.

Nesses relatos, as variantes nos foram transmitidas em sua maioria de forma independente.

Além disso, há os muitos casos em que os relatos chegaram até nós já harmonizados pelas mãos dos redatores, como variantes de J e E (ou de diferentes camadas de J); os principais exemplos disso encontram-se nas narrativas sobre Jacó e José.

Por vezes, temos variantes de trechos do Gênesis também em outros livros bíblicos: a narrativa idílica de como Jacó conheceu Raquel junto ao poço é contada de modo semelhante sobre Moisés e Zípora; o episódio da remoção dos deuses estrangeiros sob o carvalho em Siquém por Jacó também é contado sobre Josué (Js 24); a interpretação dos sonhos do rei estrangeiro é atribuída a José e também a Daniel.

É nesses relatos duplamente transmitidos que o pesquisador deve fazer suas primeiras observações; tendo assim aguçado o olhar e identificado certas linhas de desenvolvimento, poderá prosseguir comparando também aquelas sagas que foram registradas apenas uma vez. Então começará a perceber o quão extraordinariamente variadas são essas sagas: temos algumas das mais rudes e outras das mais delicadas; algumas das mais escandalosas e outras das mais elevadas; algumas que manifestam uma religiosidade ingênua, semimonoteísta, e outras nas quais se exprime uma concepção altamente ideal do Deus da fé.

Além disso, a história das sagas pode ser reconhecida a partir das próprias narrativas individuais. Observando atentamente, veremos:

- Reformulações em novo sentido, sejam elas sutis ou amplas;

- Acréscimos que introduzem uma ideia nova, percebida como ausente pelo narrador na tradição mais antiga.

Em casos raros, pode-se até supor que uma narrativa inteira tenha sido posteriormente acrescentada à tradição (como em Gn 15). Tais acréscimos se reconhecem pelo fato de não se adequarem à unidade da narrativa, sendo geralmente pouco concretos. A arte narrativa, em tempos antigos, estava em sua plena floração; em épocas posteriores, ela decaiu — especialmente entre os mais recentes redatores, cujo foco recai mais sobre as ideias do que sobre o relato propriamente dito. Por isso, esses acréscimos quase sempre consistem em discursos.

Mais numerosas do que os acréscimos são, sem dúvida, as omissões — motivadas pela intenção de eliminar o que se tornara escandaloso. Percebemos lacunas nas sagas a todo momento. Por vezes, tanto se tornara inaceitável ou sem interesse que algumas sagas se tornaram verdadeiros fragmentos: assim acontece com as sagas sobre os casamentos entre anjos e mulheres humanas, sobre Rúben, sobre Maanaim. Em outros casos, nos restam apenas os nomes das personagens lendárias, sem suas sagas: é o caso dos patriarcas primordiais, de Naor, Iscá, Milca (Gn 11,20), de Ficol, de Auzate (Gn 26,26); da saga sobre o gigante Ninrode nos chegou apenas o provérbio: "um poderoso caçador diante de Javé, como Ninrode".

Outros exemplos mostram que as narrativas ou certos elementos dela perderam sua coesão e por isso já não são bem compreendidos: os narradores não sabem mais por que a pomba trouxe a Noé exatamente uma folha de oliveira, por que Judá teve medo de dar a Tamar seu filho mais novo, por que Isaque tinha apenas uma bênção a oferecer, e por que precisava comer coisas boas antes de abençoar; por que se dizia originalmente que Jacó mancou ao passar por Penuel etc.

Por isso, há como que uma névoa azulada que recobre muitas dessas sagas e que oculta as cores vivas da paisagem: temos muitas vezes a sensação de que, embora ainda possamos recuperar os sentimentos que moldaram as sagas antigas, os narradores posteriores já não os experimentaram com igual intensidade.

Todas essas observações merecem ser analisadas: é preciso buscar as causas que conduziram a tais transformações e, assim, descrever a história interna das sagas. Aqui, apenas uma breve esquematização foi proposta.

O aspecto mais importante que se evidencia na história das sagas é, sem dúvida, o fato de que, em tempos posteriores, à medida que se alteraram as circunstâncias externas sob as quais essas sagas haviam se formado, elas também sofreram certas transformações. Assim, por exemplo, esqueceu-se quem era originalmente o rei de Gerar (Gn 20; 26), preferindo-se, em vez disso, introduzir o rei do Egito (Gn 12,10ss); parece ter ocorrido aqui uma confusão entre "*Miṣraim*" (Egito) e um povo árabe do norte, os "*Mušrim*", ao qual Gerar pertencia. Desse modo, Hagar, que originalmente era uma árabe *muṣrita*, tornou-se uma egípcia (*Miṣritin*) na tradição posterior.

Ou, em outra situação, quando os filisteus passaram a dominar Gerar, esse povo foi projetado retroativamente na antiga narrativa de Gerar — embora a mais antiga recensão da história ainda nada saiba a esse respeito (cf. Gn 21,28ss; 26). A figura de Hagar, outrora o tipo paradigmático da mulher beduína (Gn 16), perdeu essa coloração característica na tradição posterior, que já não possuía familiaridade com a vida no deserto (cf. Gn 21).

As histórias das habilidades pastorais de Jacó em sua convivência com Labão — que outrora encantavam ouvintes especializados, razão pela qual eram tão amplamente desenvolvidas — foram, em tempos posteriores, bastante abreviadas, por já não despertarem o mesmo interesse em leitores ou ouvintes que desconheciam tais técnicas. Também das antigas teorias sobre o surgimento gradual das artes e ofícios humanos (Gn 4,17ss), restaram apenas fragmentos.

Em muitos casos, os elementos característicos das sagas perderam sua nitidez quando narrados longe dos locais onde originalmente eram compreendidos e valorizados, sendo atenuados ou substituídos por outros traços; tal fenômeno se evidencia especialmente nas sagas cultuais, sobre as quais ainda se tratará adiante.

Muito provavelmente, um número ainda maior de sagas terá sido simplesmente esquecido, uma vez que o interesse por elas desapareceu.

Para nós, o mais importante é a história da religião. Em muitas das sagas do Gênesis observa-se uma tendência monoteísta, uma reserva diante da mitologia, como já mencionado anteriormente. Esse sentimento continuou a atuar em Israel constantemente. Assim se deu que uma série de sagas foram fortemente desmitologizadas. No caso do mito da criação, do qual possuímos variantes poéticas de uma forma mais antiga, ainda se pode observar a história desse distanciamento do mítico; também o relato do dilúvio, já no mais antigo testemunho hebraico (em J), aparece bastante esmaecido — certamente pelo mesmo motivo.

Outras sagas, como a dos casamentos dos anjos e a de Maḥanajim, que ainda estavam presentes em tradições israelitas mais antigas, encontram-se atualmente completamente mutiladas. Dos *Nefilim*, os titãs hebraicos que outrora, como se diz, eram grandemente célebres (cf. Gn 6,4), nada mais resta além do nome.

Além disso, podemos observar como as sagas mais antigas falam com grande simplicidade da aparição de Javé na terra, mas como tempos posteriores passaram a se escandalizar com isso, desmaterializando cada vez mais a revelação divina. Enquanto, segundo a crença mais antiga, a divindade em pessoa caminhava livremente entre os seres humanos — como ainda se pode ver nas sagas do paraíso e do dilúvio —, tempos posteriores velaram a teofania sob o manto do mistério: Deus apareceu apenas no escuro da noite e desapareceu com o raiar do sol (cf. Gn 19); ou apresentou-se sem ser reconhecido pelos humanos (cf. Gn 18); assim, a divindade se revelou, mas sem se deixar conhecer plenamente.

Recensões ainda mais tardias introduzem, no lugar da própria divindade, uma figura divina subordinada, que J chama de "mensageiro de Javé" e E de "mensageiro de Deus"; essa reelaboração, porém, não foi realizada de maneira consistente: há trechos suficientes em que a aparição de Javé ainda é pressuposta, de modo que a redação mais antiga ainda transparece por sob a mais recente.

Essa mesma disposição levou a que a aparição de Deus na terra fosse transformada em uma revelação onírica, ou a que se afirmasse que o mensageiro permaneceu nos céus e de lá falou ao patriarca: o mistério do mundo dos sonhos passou a envolver a divindade que se revelava, ou então ela não era mais vista, apenas ouvida. O último estágio desse desenvolvimento são aquelas sagas nas quais a divindade já não aparece em um momento determinado da narrativa, mas atua como um fundo oculto por detrás de tudo, como na história de Rebeca e na de José.

Assim, no Gênesis, a revelação percorre muitas etapas intermediárias, desde uma mitologia crua até uma fé na providência que nos parece completamente moderna. É um verdadeiro milagre que a saga de Penuel tenha sido transmitida em forma tão antiga; e nisso se encontrou uma solução deixando-se em aberto quem era, na verdade, o Deus que atacou Jacó.

Observamos, nesse processo de refinamento da revelação, também o afrouxamento da ligação entre os santuários e a divindade: a crença mais antiga — de que a divindade pertencia exatamente àquele lugar e somente ali poderia agir — não aparece de forma clara em nenhuma das sagas do Gênesis.

Muito mais do que isso, é opinião das sagas que os lugares sejam sagrados para a divindade por ela ter aparecido ali uma vez, nos tempos primordiais, ao antepassado. Mesmo a antiquíssima saga de Hebron, na qual a divindade que aparece ainda se alimenta, já não narra que ela tenha saído de uma árvore. Na história da fuga de Hagar, a escrava encontra Deus junto a um poço; mas qual é exatamente a relação de Deus com o poço permanece envolto em obscuridade. A antiguidade de todo esse desenvolvimento pode ser vista também na história de Betel: a religião mais antiga colocava a divindade do local — como indica o nome da pedra sagrada, *bet-el* = "casa de Deus" — exatamente na pedra; mas os redatores posteriores acreditavam que a divindade habitava bem acima de Betel, nos céus, sendo que apenas uma escada mediava entre a morada verdadeira de Deus e seu símbolo; essa crença na casa celeste da divindade já existia, como mostra a saga, num estágio politeísta: muitos seres divinos Jacó vê subirem e descerem pela escada!

Muitas sagas cultuais nos foram transmitidas em forma bastante esmaecida: na história de Ismael (em ambas as recensões), assim como nas sagas de Hebron, Maḥanajim, Penuel (Gn 32,25ss.), já não se ouve falar de que os lugares onde se passam os acontecimentos sejam locais de culto. A saga do sacrifício de Isaque, outrora uma saga cultual, na forma recebida já não possui mais intenção etiológica, mas apenas constitui uma pintura de caráter. Também na saga de Penuel a intenção etiológica já foi esquecida. A unção da pedra em Betel (Gn 28,18), que antes era um ato sacrificial, parece ser agora apenas uma espécie de rito de consagração. As *maṣṣēbôt*, outrora pedras sagradas, símbolos da divindade, tornaram-se agora simples pedras memoriais ou sepulcrais. A caverna de Macpelá, que antes era o centro de um culto, é em nossa narrativa apenas o túmulo dos patriarcas. E assim por diante.

Esse esmaecimento das sagas cultuais mostra claramente que essas narrativas não nos foram preservadas na forma em que originariamente foram contadas no próprio local para fundamentar sua sacralidade, mas sim como passaram a circular entre o povo, em tempos posteriores e já distantes dos lugares. Ao mesmo tempo, pode-se perceber, nesse tom desbotado das sagas populares sobre os santuários, que esses locais haviam deixado de ocupar o centro do interesse religioso do povo — ou pelo menos de certos setores dele. O vínculo entre os santuários e a religião já estava afrouxado quando a polêmica apaixonada dos profetas veio rompê-lo de vez. De outro modo, como o povo de Judá teria aceitado a "reforma deuteronomista", que destruiu todos esses santuários — exceto o templo régio de Jerusalém? (cf. 2Rs 23).

A Gênesis também oferece uma variedade de afirmações sobre a relação da divindade com os seres humanos. Escutamos, em sagas antigas, como Deus mantém os homens dentro de seus limites, como ele protege e favorece alguns conforme seu beneplácito, como ele engrandece e eleva seu povo sobre os demais. Em certas sagas muito antigas, essa atuação de Deus se dá sem qualquer consideração por um comportamento ético ou religioso dos seres humanos: Deus se revela a Jacó em Betel simplesmente porque Jacó passou por Betel; do mesmo modo, a divindade, sem causa visível, ataca Jacó em Penuel; Deus se compraz com o sacrifício de Abel porque ama Abel como pastor; protege Abraão no Egito e faz com que a mentira do patriarca termine bem; em um conflito do patriarca com outros, Deus toma o partido de seu predileto — mesmo quando este evidentemente está errado, como Abraão diante de Abimeleque (Gn 20,7), ou quando se envolve com práticas bastante duvidosas, como Jacó com Labão, entre outros casos.

Mas ao lado disso também há sagas que se encontram em um nível mais elevado, segundo as quais Deus condiciona sua graça à justiça dos seres humanos: Sodoma, por causa de sua perversidade, foi destruída, mas Ló, por sua hospitalidade, foi poupado; Onã foi morto por sua falta de amor; Caim foi rejeitado por causa do fratricídio. José, a quem Deus socorreu, mostrou-se digno de sua ajuda por sua castidade e nobreza; Abraão recebeu um filho por sua bondade para com os estrangeiros. Essas sagas pertencem, em termos absolutos, a uma época posterior, mais sensível aos critérios éticos; mas em Israel são muito antigas. A crença de que Deus contempla com benevolência o justo e retribui ao ímpio segundo sua impiedade certamente é familiar à religião de Israel desde sempre — cf., por exemplo, 1Sm 24; 2,30. Num sentido mais amplo, pode-se incluir ainda outro grupo, que narra como Deus tem compaixão dos aflitos e desesperados; isso aparece de modo especialmente comovente na saga da rejeição de Hagar.

Uma terceira categoria de sagas acentua com ênfase o que exatamente conquista o favor de Deus: é a fé, a obediência, a confiança inabalável, que Deus reconhece como justiça. Noé construiu um navio sobre a terra seca por ordem de Deus; Abraão deixou a pátria segura e partiu para o estrangeiro, obedecendo às palavras de Deus; ele confiou em sua promessa de que se tornaria um povo, mesmo sem ter ainda sequer um filho! Assim, obtiveram a graça de Deus. Também a saga do casamento de Rebeca mostra como uma confiança resoluta em Deus é recompensada. Na saga do sacrifício de Isaque, foi elaborada uma pintura de caráter admirável: ela representa como o verdadeiro piedoso se submete até mesmo ao mais terrível e difícil, se for essa a vontade de Deus. A famosa oração de Jacó (Gn 32,10–13) apresenta a gratidão humilde do piedoso, que se considera indigno da graça divina.

As narrativas e passagens que falam dessa fé constituem o ponto culminante da religião do Gênesis; são elas, em primeiro lugar, que conferem à Gênesis valor, inclusive para a piedade contemporânea. É admissível vê-las como formações mais tardias. Esse juízo pode ser confirmado, no caso da maioria delas, por outros indícios: a prova de fé do herói não é mencionada na versão babilônica da saga do dilúvio; a oração de Jacó é secundária no contexto, e com que estranheza ela se destaca do comportamento habitual do astuto Jacó! Quão fortemente ela contrasta com a saga que se encontra imediatamente ao lado — o combate corporal de Jacó contra a divindade! Observe-se também o quão singularmente pouco concreta é a história da saída de Abraão; e a narrativa da aliança de Deus (Gênesis 15) talvez seja até mesmo uma criação recente, sem tradição antiga.

Assim, é possível perceber aqui uma linha contínua que vai das concepções mais rudimentares até as ideias mais elevadas sobre Deus. Em qualquer caso, essas sagas mostram que é um erro supor que o antigo Israel conhecesse apenas o relacionamento de Deus com Israel. Pelo contrário, trata-se aqui, em todos os casos, do comportamento de Deus com pessoas individuais; embora essas personagens sejam em parte tipos representativos de povos, a saga as concebe como pessoas e descreve a ação de Deus em relação a elas de acordo com o modo como se acreditava, naquele tempo, que Deus agia para com os indivíduos.

Tirar-se-ia a muitas dessas narrativas todo o seu encanto se não se compreendesse isso: a saga de Hebron agradava tanto aos antigos ouvintes porque narrava como Deus recompensa a hospitalidade (inclusive a tua e a minha!); e a história de como Deus ouviu a voz do menino Ismael que chorava é tão comovente porque Deus ali se compadece de uma criança — este Deus também ouvirá o choro de nossos filhos!

Uma outra linha de desenvolvimento pode ser reconhecida no fato de que relatos mais antigos misturam, de modo ingênuo, motivos profanos e religiosos, evidentemente sem que isso cause qualquer escândalo: assim, a saga de Abraão no Egito exalta a astúcia do patriarca, a beleza da matriarca e a fidelidade de Deus. A história do dilúvio louva não só a piedade de Noé, mas também sua sagacidade; a saga da fuga de Hagar narra de maneira bastante realista a situação doméstica na casa de Abraão e, em seguida, a ajuda de Deus. Essas narrativas procedem, portanto, de uma época em que o secular e o sagrado ainda estavam entrelaçados sem reservas, em que os homens de Israel lutavam por Deus e pelo herói nacional ao mesmo tempo ("Espada por Javé e por Gideão", Jz 7,20), em que o humor robusto ainda era compatível com a piedade: pense-se no matador bem-humorado Sansão, que é ao mesmo tempo nazireu (consagrado) de Deus, e no humor presente na saga de Abraão no Egito.

Ora, observa-se nas variantes — especialmente dessa última narrativa — que uma época posterior já não tolerava essa mistura de motivos profanos e religiosos; ao menos, era-lhe bastante ofensivo que se glorificasse a Deus e, ao mesmo tempo, se enaltecessem qualidades mundanas dos seres humanos. Assim, essa época passou a formar histórias especificamente "espirituais", ou seja, que tratam apenas de Deus e da piedade, nas quais os motivos profanos ficam relegados; tais sagas são, por exemplo, as da saída de Abraão, da celebração da aliança, do sacrifício de Isaque, entre outras. Aqui, a saga outrora popular encontra-se em processo de se tornar *legenda*, isto é, um relato propriamente "espiritual". Não se pode afirmar com certeza se esse fenômeno está também relacionado ao fato de que a saga teria, então, penetrado em determinados círculos *espirituais*.

A época mais antiga também conhecia sagas patriarcais de natureza puramente profana, como a história da separação entre Abraão e Ló, ou entre Jacó e Labão. Mesmo nessas sagas, a tradição posterior introduziu diversos elementos religiosos, que as desfiguraram. Por exemplo, causava escândalo que Canaã pertencesse a Abraão apenas porque Ló não o quisera, motivo pelo qual se acrescentou que o próprio Deus, após a partida de Ló, havia mais uma vez prometido a terra a Abraão (Gn 13,14–17).

Além disso, é possível extrair das sagas toda uma história da moralidade. Muitas das narrativas patriarcais são permeadas por um sentimento de admiração pelas figuras dos patriarcas. Assim, muitos elementos que hoje nos soam aparentemente escandalosos nessas figuras não causavam nenhum incômodo à época em que essas histórias foram primeiramente contadas; ao contrário, eram motivo de prazer ou mesmo de entusiasmo. O antigo povo alegrava-se com a vida de Benjamim sustentada por pilhagens (Gn 49,27), com a ousada coragem de Hagar, com a valentia de Tamar e das filhas de Ló, que tomaram para si o sêmen masculino onde quer que o encontrassem; igualmente com a astuta mentira de Abraão no Egito, com a esperteza de José, que apresentou seus irmãos ao faraó como pastores de ovelhas (Gn 47,1ss), com o estratagema de Raquel ao enganar magistralmente seu pai (Gn 31,34), e, sobretudo, com as tramas e artimanhas do arquimalandro Jacó. Não se pode deixar de perceber o papel fundamental que astúcia e engano desempenham nas sagas patriarcais, e o quanto o antigo povo se divertia com isso — revelando, assim, aspectos importantes de seu próprio caráter.

Contudo, vemos em muitos exemplos como a tradição posterior passou a se escandalizar com tais histórias, reinterpretando-as ou modificando-as e tentando remover, tanto quanto possível, os elementos considerados problemáticos. Isso é particularmente evidente nas variantes da saga sobre o perigo enfrentado pelas matriarcas: ali, os redatores posteriores, claramente desconfortáveis com a narrativa original, transformaram, por exemplo, a mentira de Abraão em uma espécie de reserva mental (Gn 20,12); os presentes humilhantes recebidos pelo patriarca por causa de Sara foram reinterpretados como uma declaração de honra (Gn 20,16); e, finalmente, sua riqueza passou a ser atribuída à bênção de Javé (Gn 26,12ss). Do mesmo modo, a deportação de Abraão (Gn 12,20) foi transformada em seu oposto (Gn 20,15), entre outras alterações semelhantes.

A Hagar altiva e desafiadora foi transformada, para que a compaixão divina por ela não causasse escândalo, em uma mulher infeliz e resignada. O procedimento de Abraão com relação a Hagar tentou-se justificar por meio da adição de que foi o próprio Deus quem lhe ordenara expulsá-la (Gn 21,11ss). Em especial, empenhou-se muito esforço em isentar Jacó de qualquer acusação de desonestidade em sua conduta para com Labão: em diversos discursos longos, o narrador apresenta provas de que não recai sobre Jacó nenhuma sombra de culpa; suas esposas e, finalmente, o próprio Labão são levados a reconhecer o direito de Jacó. Também aqui se recorre ao expediente de atribuir a Deus aquilo que aos olhos humanos poderia parecer repreensível: foi Deus quem fez com que os rebanhos se multiplicassem em favor de Jacó, e foi o próprio Deus quem lhe revelou previamente a cor dos animais que nasceriam no ano seguinte.

Os narradores interferiram com menos vigor na história de Tamar; mesmo assim, procuraram, dentro do possível, inocentar Judá, assim como se esforçaram para atenuar, ao menos no que diz respeito a Ló, o profundo escândalo que a história das filhas de Ló representava para os leitores posteriores. — A antiga geração, sem dúvida, tinha prazer nos patriarcas, mas não os considerava santos, e narrava sobre eles, com total espontaneidade, muitas coisas que certamente não são ideais. Algumas das antigas narrativas são extremamente espontâneas nesse aspecto: retratam os patriarcas como tipos do povo israelita, tal como de fato eram os homens em Israel. Assim, a história da fuga de Hagar retrata os personagens da casa de Abraão: Sara como a esposa ciumenta, Hagar como a serva altiva e Abraão como o marido conciliador.

Esse tipo de abordagem não pôde mais ser suportado por uma época posterior, de sensibilidade "espiritual" mais refinada; essa nova época passou a ver nos patriarcas modelos de piedade — não qualquer piedade, mas uma espiritualidade elevada e sensível, própria de sua época. Assim, surgiu uma dissonância peculiar na figura dos patriarcas: o mesmo Abraão que lançou seu filho Ismael à miséria, que não hesitou em entregar Sara a um rei estrangeiro e ainda aceitou presentes por ela — esse mesmo deveria ser o exemplo supremo de fé para todos os tempos? E o astuto Jacó é quem profere a magnífica oração de gratidão? Essa dissonância se dissolve, e libertamos essas narrativas de uma suspeita indevida, quando reconhecemos que os diferentes tons provêm de diferentes épocas. A antiguidade não via problema algum em reconhecer, aqui e ali, o direito dos estrangeiros em oposição aos patriarcas: como o direito do faraó frente a Abraão, ou de Esaú frente a Jacó; e alguns dos patriarcas foram simplesmente desqualificados: Simeão, Levi e Rúben foram amaldiçoados pelo próprio ancestral (Gn 49,5–7)! O patriotismo israelita era, à época, suficientemente saudável para suportar esse tipo de julgamento.

Mas a época posterior, com sua veneração excessiva e unilateral pelo "povo de Deus", não suportava a ideia de que os patriarcas pudessem, em algum momento, ter cometido alguma injustiça. Por isso se percebe como um dos narradores se esforça para mostrar que Abraão, diante de Abimeleque, não estava totalmente em erro (Gn 20 E). Pelo mesmo motivo — o de não relatar nada vergonhoso sobre os patriarcas —, a história da maldição de Rúben deixou de ser transmitida, e a narrativa sobre Simeão e Levi (Gn 34) foi reconfigurada várias vezes: primeiro, buscaram-se razões atenuantes para os irmãos (J), depois acabou-se por justificá-los inteiramente, apresentando sua traição contra Siquém como algo perfeitamente compreensível; também aqui, Deus acaba tomando partido a favor deles (E).

Essas reformulações nem sempre nos parecem simpáticas; por vezes, parece-nos até que agravam mais a situação do que a melhoram. Assim, a mentira de Abraão, cuja astúcia agradava ao povo antigo, ainda nos soa mais aceitável do que a "reserva mental" que foi colocada em seu lugar, e que nos parece quase jesuítica. No entanto, não se deve deixar que esse incômodo nos impeça de reconhecer com alegria o processo de refinamento moral que transparece claramente na evolução das narrativas da Gênesis.

A respeito da história do gosto estético presente nessas sagas, já se falou anteriormente (§ 3); aqui cabem apenas alguns acréscimos. Obtém-se um vislumbre profundo do coração do povo antigo quando se reúnem os principais motivos que encantam o olhar da narrativa popular. Não se fará aqui esse levantamento,[1] mas basta observar o quão pouco essas narrativas giram em torno de assassinatos e violências, e como falam, ao contrário, de ocupações pacíficas e da vida doméstica, especialmente da geração de filhos; comer e beber também têm papel relevante. Esses narradores demonstram um conhecimento preciso da vida dos camponeses e pastores, sendo, por isso, fonte de primeira ordem para a nossa "arqueologia" — mas não mostram a mesma habilidade em assuntos políticos: nesse ponto, são populares e ingênuos.

As sagas mais antigas são, muitas vezes, bastante rudes: pense-se na história de Hagar, altiva e desafiadora, ou na maneira como Jacó engana seu pai cego, para divertimento dos ouvintes, ou ainda no modo extremamente grosseiro como a espirituosa filha de Labão engana seu pai — deve ter sido uma geração vigorosa a que se deleitava com tais histórias. Bem diferentes são as narrativas posteriores, transbordantes de lágrimas, como a saga da expulsão de Hagar, a do sacrifício de Isaque, e especialmente as histórias de José: nelas se manifesta uma nova geração, que valoriza a emoção e as lágrimas.

Outra diferença entre as épocas antigas e recentes está em que aquelas se contentavam com os temas familiares do cotidiano próximo, enquanto estas buscavam conferir às narrativas um encanto mais exótico, fazendo-as acontecer em terras distantes e entre costumes estranhos (como na história de José).

Temos, portanto, uma abundância de indícios a partir dos quais podemos estabelecer a idade ou a juventude das narrativas; por vezes, somos capazes de traçar toda uma pequena pré-história da saga em questão, como ocorre com a história de Hagar, na qual inicialmente aparece um *El*, depois o próprio Javé, e posteriormente o anjo de Javé como a divindade manifestada. Em algumas ocasiões, uma série de evidências distintas converge para o mesmo resultado, indicando que determinada narrativa é antiga ou recente; assim, por diversos motivos, considera-se muito antiga a narrativa de Abraão no Egito, e muito recente a narrativa de José. Muitas vezes, porém, os diferentes elementos se entrecruzam: a narrativa apresenta traços antigos e novos de maneira entrelaçada e heterogênea; os diferentes processos de desenvolvimento não se encerraram de modo nítido, e elementos antigos conseguiram se manter ainda por muito tempo. Deve-se, portanto, conceber essa história das sagas não de modo simples ou linear, mas como algo bastante colorido e sujeito a múltiplas variações.

Se voltarmos a considerar em conjunto toda essa história das transformações, devemos reconhecer que certamente apenas uma pequena parte de todo o processo nos é visível. Essas modificações já estavam em curso havia muito tempo, mesmo em períodos aos quais nossas fontes não nos permitem acesso. Isso deve servir de advertência contra a suposição de que, a partir das alusões históricas e etiológicas presentes em nossas narrativas, sejamos capazes de identificar com precisão o sentido original dessas histórias. A esse respeito, podemos remeter às sagas em que tais alusões inicialmente não aparecem, como é o caso especialmente da história de Jacó e Labão.

E, se já é difícil para nós indicar o sentido original das sagas com base em nossas fontes, tampouco podemos pretender saber, em cada caso particular, quem foram originalmente as figuras das narrativas patriarcais. Algumas delas são, na realidade, nomes de regiões, povos e tribos — como Israel, Ismael, Amom, Moabe, Raquel, Lia, Hagar, Quetura e os próprios nomes das tribos de Israel. Em uma inscrição de Tutmés III (c. 1500 a.C.), menciona-se uma tribo ou distrito cananeu chamado *j'qb'ar*, o que corresponderia ao hebraico *jaqob'el* (considerando a equivalência fonética hebraico *l* = egípcio *r*); o nome *Jaqob'el* estaria, assim, para *Jaqob* como *Jifta'el* está para *Jifta*, ou *Jabn'el* para *Jabne* — todos esses são nomes de clãs ou localidades, assim como os nomes *Israel*, *Ismael*, *Jerahmeel*. Também por essa via se confirmaria que *Jacó* é originalmente o nome de um distrito cananeu já existente em Canaã antes da chegada de Israel. Cf. Ed. Meyer, *ZAW* 1886, p. 1 ss.

Outra questão relevante é se esses nomes de tribos não seriam também, originalmente, nomes de divindades, à semelhança do que ocorre, por exemplo, com *Assur*, que é ao mesmo tempo nome da cidade e do deus de Assur. Isso pode ser presumido, por exemplo, no caso de *Gad*, nome que também designa o deus da sorte (*Gad*, o deus do destino); o mesmo pode ser sugerido para *Edom* — cf. o nome *Obed-Edom* ("servo de Edom"); cf. Wellhausen, *Composition*, p. 47, nota 2. Também se aventou que nomes como *Selá*, *Reú*,

Naor, *Terá*, *Haran* poderiam ser nomes de divindades. *Sara* e *Milca* são, como se sabe, nomes de deusas do panteão de Harã, o que talvez esteja na origem das figuras bíblicas de Sara e Milca.

A partir disso, não está longe o pensamento de que Abraão, o marido de Sara, tenha ocupado o lugar do deus (lunar) de Harã. Também Labão, pelo seu nome, remete a uma divindade; *labanā* = lua; o fato de Labão ser representado como pastor corresponderia bem à sua essência de deus lunar: o deus da lua poderia ser concebido como o pastor das nuvens. Tanto em tempos antigos quanto modernos, tentou-se repetidamente interpretar também as figuras de Abraão, Isaque, Jacó e José como deuses originalmente. Deve-se reconhecer sem reservas que essa hipótese é, à primeira vista, muito plausível. A saga como gênero — ainda que não cada saga individual — descende do mito; pelo menos muitas sagas têm origem em mitos. Assim, essa interpretação é bastante verossímil para histórias como a de Jonas no ventre do monstro marinho, de Ester (Istar), de Sansão (*Šemeš*, o Sol), entre outras. O que seria mais natural do que tentar essa explicação também para as sagas do Gênesis, cuja origem remonta em parte a tempos pré-históricos, época à qual pertencem os mitos?

Entretanto — esta é nossa convicção —, as tentativas de interpretação feitas até agora não foram bem-sucedidas e ainda não comprovaram essa hipótese. Dos trechos que poderíamos interpretar com alguma segurança como ecos de narrativas míticas, encontramos poucos nas histórias dos patriarcas — abstraindo-se aqui das chamadas sagas das origens (*Ursagen*). A nota de que Abraão derrotou os inimigos com 318 servos (Gn 14,14) pode remontar a um mito lunar, dado que a lua é visível aproximadamente 318 dias por ano; a luta de Jacó com a divindade remete à ideia de que esse Jacó seria, originalmente, um gigante: aqui, seria legítimo presumir fortemente um mito em estado enfraquecido; o sonho de José, no qual o sol, a lua e onze estrelas se curvam diante dele, teria sido, em sua origem, um oráculo sobre o senhor do céu, diante do qual as mais altas potências celestes se prostram — embora esse sonho, ao que tudo indica, tenha sido inserido tardiamente na história de José.

Antes, porém, que se possa afirmar a respeito de alguma figura do Gênesis que ela carrega traços de uma divindade anterior, é necessário exigir que não apenas elementos isolados de uma história possam ser interpretados como míticos, mas que se demonstre que sagas inteiras apresentam semelhança marcante com mitos conhecidos ou que possam ser inequivocamente compreendidas como mitos. Esta demonstração, os pesquisadores até o momento ainda não conseguiram oferecer.[2] Esperemos que os futuros pesquisadores sejam mais felizes! Em nenhum caso, porém, se deve deixar de reconhecer que o Israel histórico, que contava essas sagas, via em Abraão, Isaque e Jacó não deuses, mas seus pais — homens. E, além disso, é preciso exigir que os estudiosos que pretendem reconhecer eventuais fundamentos míticos dessas sagas investiguem primeiramente, com o máximo rigor, a história dessas narrativas tal como se pode depreender das fontes que possuímos;[3] somente para os componentes mais antigos das sagas seria possível, eventualmente, admitir uma origem mítica.

Não estamos, portanto, em condições de dizer o que as figuras de Abraão, Isaque e Jacó — justamente aquelas que mais nos interessam — teriam significado originalmente. Mas isso não é de modo algum surpreendente. Esses elementos nos são demasiado antigos. A abordagem apologética costuma atribuir grande importância à historicidade da figura de Abraão; no entanto, a nosso ver, tal posição não se sustenta. E também é difícil compreender que relevância tal afirmação teria para a religião ou para sua história. Pois mesmo que, como se supõe, tenha de fato existido um chefe chamado "Abraão", que teria liderado a marcha de Harã até Canaã, é certo para qualquer pessoa familiarizada com a história das sagas que tais narrativas não são capazes de preservar, através de tantos séculos, uma imagem fidedigna da piedade pessoal de Abraão. A "religião de Abraão" é, na realidade, a religião dos narradores das sagas, que a projetaram sobre a figura de Abraão.

Comentário

Na seção dedicada à história da transmissão das sagas do Gênesis, Hermann Gunkel oferece uma das mais fecundas aplicações de sua abordagem histórico-literária e *formgeschichtlich*. Seu ponto de partida é a convicção de que as narrativas patriarcais e primevas do Gênesis foram originalmente transmitidas por via oral, com transformações graduais ao longo dos séculos. Esse reconhecimento coloca-o, já no início do século XX, entre os precursores do estudo das tradições populares e da antropologia do Antigo Oriente Próximo.

Para Gunkel, a antiguidade das narrativas é manifesta não apenas pelo conteúdo mítico (como o casamento dos "filhos de Deus" com as filhas dos homens em Gn 6,1–4), mas também pela referência a povos, locais e instituições já extintos no horizonte histórico de Israel. Tal percepção, hoje comum entre os estudiosos, foi pioneira ao apontar que a distância entre o conteúdo narrado e a realidade do narrador é um indicador confiável da antiguidade da tradição.

A hipótese de que as sagas migraram entre povos, línguas e religiões apoia-se em paralelos extrabíblicos. A narrativa do dilúvio, por exemplo, é interpretada como adaptação monoteísta de tradições babilônicas anteriores, como a epopeia de Gilgámesh (cf. Tigay 1982, p. 237–240). A presença de nomes como El Elyon, El Shaddai ou El Roi nos relatos patriarcais (Gn 14,18–20; Gn 17,1; Gn 16,13) é compreendida por Gunkel como vestígio de religiões locais anteriores ao javismo. A análise desses nomes revela um sincretismo inicial: a divindade tribal de Israel, Yahweh, é posteriormente identificada com as divindades locais, num processo que Gunkel entende como assimilação ideológica e teológica.

A metodologia que sustenta essas inferências é notadamente comparatista e evolutiva: Gunkel parte de um estado narrativo "rude" e "popular", passa pelas formas literárias compostas, e chega à teologia mais refinada das redações sacerdotais. Embora essa trajetória seja hoje criticada por sua linearidade, sua observação de camadas literárias e elementos dissonantes permanece metodologicamente influente.

O caráter e a lógica interna da tradição oral

A principal tese dessa seção é que a tradição oral é altamente conservadora, ainda que sujeita a alterações culturais e religiosas ao longo do tempo. Gunkel reconhece que mesmo quando "mal compreendidas", as histórias são "transmitidas com fidelidade quase inacreditável". Essa afirmação antecipa intuições que só mais tarde seriam sistematizadas pelos estudos sobre performance oral e fórmulas de repetição, os quais demonstraram que a repetição com variação controlada é um mecanismo essencial da memória oral.

Gunkel observa que essas alterações ocorrem com base em critérios teológicos, éticos e estéticos. Por exemplo, a moral popular anterior via com naturalidade artifícios e enganos como sinais de esperteza e astúcia. A história de Jacó que engana Isaque (Gn 27,1–29) era originalmente narrada com entusiasmo pelo ouvinte antigo. A tradição posterior, no entanto, modifica esse julgamento, transformando a esperteza em potencial escândalo moral. Esse deslocamento de valor reflete uma nova sensibilidade religiosa e ética, que pode ser observada na reinterpretação de Gn 27,36 — "Isaque disse: Teu irmão me enganou duas vezes..." — como manifestação de conflito moral, não apenas de trama narrativa.

A observação de que essas sagas tratam dos patriarcas como homens comuns, e não como santos é central na crítica de Gunkel à teologia sistemática que, já em sua época, buscava fazer de Abraão e Jacó modelos de fé absoluta. Segundo ele, a fé do patriarca é antes um produto da tradição que dele fala do que um atributo histórico recuperável — "A religião de Abraão é, na realidade, a religião dos narradores das sagas, que a projetaram sobre a figura de Abraão".

Essa observação constitui uma antecipação notável da abordagem hermenêutica moderna, segundo a qual o significado dos textos bíblicos se constitui não no evento narrado, mas no modo como ele é narrado e transmitido. A verdade do texto, portanto, é uma verdade narrada, e não histórica no sentido positivista.

Exemplo exegético: a saga de Hagar

A análise da saga de Hagar (Gn 16 e 21) é especialmente relevante aqui. Gunkel vê nela um exemplo paradigmático da transformação de uma narrativa tribal primitiva em saga religiosa refinada. A figura de Hagar, originalmente uma mulher altiva e independente, foi convertida pela tradição posterior em uma mulher submissa e sofredora, compatível com as exigências de uma piedade posterior mais austera.

No texto hebraico, a nomeação de Deus por Hagar como El-Ro'i (Gn 16,13), "o Deus que me vê", marca um dos momentos mais intensos do protagonismo feminino no Gênesis. A expressão completa, transliterada, é: "'Atta 'El Ro'î" — "Tu és o Deus que me vê". Trata-se da única ocasião no Pentateuco em que uma mulher nomeia diretamente a divindade, gesto que, segundo Gunkel, revela um estágio de religiosidade mais igualitário e emotivo, depois abafado pela teologia patriarcal dominante.

A estrutura paralela das duas tradições (Gn 16 e Gn 21), com diferenças sutis, mas teologicamente significativas, ilustra o processo de reinterpretação: na primeira narrativa, Hagar foge por conta própria e é visitada por um mensageiro divino; na segunda, ela é expulsa por ordem divina e encontra Deus no momento da maior necessidade. A divindade que outrora aparecia diretamente agora se oculta por detrás de mediações.

Essa dinâmica mostra, na prática, o que Gunkel identifica como desmitologização progressiva e espiritualização da fé — processo pelo qual a saga se afasta do mito e se aproxima de uma concepção providencialista do divino, análoga àquela encontrada na narrativa de José (Gn 39–50), onde a ação divina se manifesta nos bastidores da história, e não mais na intervenção direta.

A crítica contemporânea a Gunkel: limites e atualizações

A leitura de Gunkel não passou incólume à crítica da pesquisa posterior. A partir da segunda metade do século XX, com a ascensão da crítica narrativa, da sociolinguística e da antropologia bíblica, diversos pontos de sua análise foram revisados. Em particular:

1. A linearidade evolutiva — a ideia de que as narrativas evoluem de formas "rudes" para formas "refinadas" é hoje considerada problemática, pois carrega uma visão historicista e, em certo sentido, eurocêntrica. Jan Assmann (1992) e Frank Polak (1994) demonstraram que formas narrativas "arcaicas" coexistem com formas altamente elaboradas em todos os estágios da literatura bíblica.

2. A rigidez das categorias mitológicas — embora Gunkel seja cauteloso ao identificar mitos nos patriarcas, sua expectativa de encontrar "deuses disfarçados" nos nomes tribais revela uma concepção rígida das origens míticas. A pesquisa atual prefere falar de estruturas mitopoéticas, mais do que de mitos propriamente ditos (cf. Trible 1978).

3. A insuficiência da crítica das formas isolada — os estudos de John Van Seters (1975) e Rolf Rendtorff (1977) indicaram que as tradições do Gênesis não foram apenas transmitidas oralmente, mas também organizadas por blocos narrativos maiores desde tempos bastante antigos, o que relativiza o modelo atomista de Gunkel.

No entanto, sua contribuição permanece essencial em três sentidos:

- por sua atenção sensível às camadas narrativas divergentes;

- por sua intuição de que os valores religiosos e morais do texto são sempre projeções da época do narrador;

- por sua genial capacidade de reconstruir mundos simbólicos a partir de fragmentos textuais.

Exemplos exegéticos das transformações da saga: entre o mito, a fé e a teofania

É possível explorar os desenvolvimentos de Gunkel – e os seus respectivos limites – em textos que ele mesmo explora. É o que passamos a fazer a seguir.

Jacó em Penuel (Gn 32,25–33): de mito etiológico a drama espiritual

O episódio do combate noturno de Jacó é um dos mais complexos da narrativa bíblica e exemplifica, segundo Gunkel, a sobreposição de camadas míticas, etiológicas e teológicas. O texto apresenta um ser misterioso (hebraico: ish), com quem Jacó luta até o amanhecer. A narrativa culmina com a renomeação de Jacó como "Israel" (yiśrā'ēl), "aquele que luta com Deus" (Gn 32,29), e com a menção da claudicação de Jacó como origem de um tabu alimentar: "Por isso os filhos de Israel não comem até hoje o nervo ciático" (Gn 32,33).

Gunkel interpreta este episódio como um fragmento de mito enfraquecido, no qual Jacó representaria originalmente uma figura heroica ou até semidivina. A luta com a divindade remeteria a concepções antigas em que deuses e humanos travavam combates físicos — como nos mitos ugaríticos ou sumério-acadianos (cf. Smith 1994, p. 146–158).

Na forma atual do texto, no entanto, a cena é espiritualizada: o adversário de Jacó é chamado de "Deus" (Gn 32,31), mas também de "mensageiro de Deus" (mal'akh), o que evidencia a hesitação teológica dos redatores. O próprio nome do lugar, Penuel ("face de Deus"), remete à percepção teofânica originária. Mas a teofania já não é direta — Deus aparece como adversário disfarçado, na escuridão, e desaparece ao amanhecer. Gunkel observa que este é um caso emblemático do movimento geral de "velamento da divindade": "Deus aparece, mas sem se deixar reconhecer plenamente".

O uso da fórmula hebraica "ki rā'îtî 'ĕlōhîm pānîm 'el pānîm" (Gn 32,30) — "porque vi Deus face a face" — remonta a uma religiosidade anterior, na qual o encontro com a divindade era uma experiência sensorial e direta. A fé posterior, no entanto, substitui essa experiência pela mediação (visão noturna, sonho, voz), como ocorre em outras sagas (Gn 15; Gn 46,2).

O episódio de Penuel é, portanto, um ponto de inflexão. A luta literal torna-se metáfora da luta espiritual. O gesto físico — o ferimento no quadril — torna-se um símbolo teológico da transformação de Jacó, e o mito original se dissolve em um drama de fé.

O sacrifício de Isaque (Gn 22): da saga cultual à narrativa espiritualizada

Outro exemplo decisivo é a chamada Akedah, ou "ligação" de Isaque. A tradição mais antiga, conforme sugere Gunkel, era possivelmente uma saga cultual etiológica, destinada a explicar a origem de um altar ou ritual específico (cf. o monte Moriah, tradicionalmente associado ao templo de Jerusalém, 2Cr 3,1). O sacrifício humano, proibido no judaísmo posterior, teria sido no passado uma prática real em contextos cananeus, como atestado por fontes arqueológicas e literárias (cf. Heider 1985, p. 131–150).

Na forma recebida, no entanto, o texto de Gn 22 substitui o sacrifício de Isaque pelo de um carneiro, subvertendo a estrutura sacrificial esperada. A intenção inicial do texto, de acordo com Gunkel, era a glorificação da obediência radical de Abraão — um novo tipo de piedade em que a fé se expressa pela confiança incondicional na ordem divina, mesmo quando ela é incompreensível e aparentemente contraditória.

O versículo-chave da narrativa é:

"wəʾēt-ha-naʿar lōʾ higgadti ʿad kîʾamartā ʾēlay" (Gn 22,12) — "e não retiveste o teu filho, o teu único, de mim".

Esse versículo é posteriormente reinterpretado no judaísmo e no cristianismo como modelo de entrega total e tipologia do sacrifício de Cristo (cf. Hb 11,17–19; Rm 8,32).

Gunkel alerta, porém, que o texto carrega resquícios contraditórios: o anjo aparece duas vezes; a explicação do nome do monte (Gn 22,14) é forçada; a narrativa interrompe a coerência da sequência anterior. Todos esses elementos são, para ele, indícios de uma tradição múltipla e de reescritas posteriores.

A Akedah, nesse sentido, é um exemplo claro do processo de espiritualização das práticas cultuais e da transformação ética das tradições populares: de um rito sangrento à obediência incondicional; de um gesto de violência à promessa da aliança. Como Gunkel resume: "a narrativa já não possui mais intenção etiológica, mas constitui apenas uma pintura de caráter".

O sonho de Jacó em Betel (Gn 28,10–22): da pedra sagrada ao templo celestial

A saga da escada de Jacó é lida por Gunkel como vestígio de uma tradição cultual ligada a Betel, local cujo nome significa "casa de Deus". O cenário é típico de uma lenda de fundação: um patriarca solitário, em peregrinação, adormece, tem uma revelação e consagra o lugar onde a divindade se manifestou. A pedra sobre a qual repousava sua cabeça é ungida e erguida como maṣṣēbāh (Gn 28,18), um tipo de pilar sagrado, provavelmente objeto de culto nos tempos primitivos (cf. Ex 23,24; Os 10,1).

No entanto, Gunkel percebe que, na forma atual da narrativa, a pedra não é mais divinizada: ela é consagrada como memorial, mas o culto já não se dá diretamente ali. O texto afirma que a escada liga a terra aos céus, e que os mensageiros de Deus sobem e descem por ela — sem que Deus em si esteja presente na pedra. Isso indica que a divindade já foi "retirada" do lugar e reposicionada no alto, em consonância com uma teologia mais desenvolvida.

A fórmula do juramento de Jacó em Gn 28,20–22 ("Se Deus estiver comigo... então esta pedra será casa de Deus") também é interpretada por Gunkel como vestígio de um culto de peregrinação: o voto indica um tipo de pacto ritual entre o fiel e a divindade, que prometia proteção em troca de sacrifícios.

Assim, a história de Betel exemplifica bem a tese central de Gunkel: a saga cultual original, centrada em um local sagrado e uma divindade local, foi transformada em narrativa de experiência espiritual, em que Deus age à distância e se revela no sonho. A pedra, de símbolo divino, torna-se símbolo de memória; o local, de centro de culto, passa a ser apenas um marco histórico da teofania.

A moralidade das sagas patriarcais e sua reelaboração posterior

Jacó, o arquétipo do "engano virtuoso", aparece nas formas mais antigas da tradição como uma figura ambígua, ardilosa e manipuladora. Hermann Gunkel observa que ele se aproxima da figura de um verdadeiro trickster hebraico, um personagem liminar e engenhoso, cujas ações muitas vezes desafiam convenções morais, mas alcançam sucesso e até aprovação tácita dentro da narrativa. Em Gênesis 27, a cena em que Jacó engana seu pai cego, Isaque, com o auxílio de Rebeca, é paradigmática dessa astúcia. A mentira é proferida com frieza e eficácia: wayyōʾmer yaʿăqōb ʾel-ʾābîw ʾānōkî ʿēśāw bĕkōrêkā — "Eu sou Esaú, teu primogênito" (Gn 27,19). Essa frase direta sintetiza o coração do conflito: a mentira, longe de ser repreendida por Deus, é o instrumento que garante a continuidade da bênção patriarcal.

No horizonte teológico mais antigo, essa esperteza era celebrada como virtude típica do herói popular, de modo semelhante às façanhas de Sansão em Juízes 13–16 ou aos estratagemas de José perante seus irmãos em Gênesis 42–45. Porém, nas camadas redacionais posteriores, observa-se um esforço de moralização. Em Gênesis 31, por exemplo, Jacó justifica-se diante de Labão com uma série de discursos defensivos: ele afirma nunca ter enganado seu sogro, declara que suportou todas as perdas e que apenas a intervenção divina lhe garantiu justiça. Essa apologia — hēḏûṯ redacional — é literariamente dissonante e revela o embaraço teológico de uma tradição que já não podia tolerar heróis patriarcais isentos de virtude moral.

Esse movimento culmina na teologização do personagem. Em Oseias 12,4–6, a luta de Jacó com o anjo é reinterpretada como expressão de piedade perseverante: śārāh ʾet-ʾĕlōhîm wayyāḵōl... bāḵā wayyiṯḥannen — "lutou com Deus e venceu... chorou e lhe suplicou". Em Malaquias 1,2–3, Jacó é amado por Deus "desde o princípio", não por mérito ético, mas por eleição soberana. Gunkel destaca que esse processo constitui uma verdadeira reescritura teológica: o trickster torna-se o protótipo do piedoso eleito.

Situação semelhante se verifica nas figuras de Rúben, Simeão e Levi. Essas tribos, representadas por seus eponímicos patriarcais, foram desqualificadas nas narrativas por razões possivelmente políticas ou territoriais, convertidas depois em juízos morais inseridos sob a forma de bênçãos invertidas no testamento poético de Jacó (Gn 49). A crítica a Rúben é incisiva: paḥaz kāmayim ʾal-tōṯar kî ʿālîṯā mišĕḵĕḇê ʾāḇîḵā — "Inconstante como água, não terás preeminência, pois subiste ao leito de teu pai" (Gn 49,4). Essa acusação remete a um episódio quase marginal em Gênesis 35,22, onde Rúben se deita com Bilá, concubina de seu pai. Gunkel argumenta que tal gesto não era originalmente escandaloso, pois herdar as concubinas do pai era, em determinadas culturas tribais, um direito de sucessão. Apenas com a evolução das sensibilidades morais passou a ser interpretado como transgressão.

Simão e Levi, autores do massacre (Gn 34), são amaldiçoados por Jacó com estas palavras: ʾārûr ʾappām kî-ʿāz wĕʿebrātām kî-qāšātāh — "Maldito seja seu furor, pois é feroz, e sua ira, pois é cruel" (Gn 49,7). A violência desmedida dos irmãos, embora lida originalmente como ato de vingança familiar, passou por reelaborações que procuraram justificar seu gesto em nome da honra de Diná, irmã violentada. Gunkel enxerga nesse movimento interpretativo uma oscilação entre moralidade tribal e a crescente ética profética.

A história de Tamar, em Gênesis 38, é outro exemplo notável. Tamar, após ver-se recusada por Judá no cumprimento do levirato, disfarça-se como prostituta cultual e engravida do sogro. A reviravolta ocorre quando ela lhe apresenta seus objetos pessoais como prova: hakkēr-nā lĕmî haḥōṯēm wahapeṯîlîm wammaṭṭeh hāʾēlleh — "Reconhece, por favor, de quem são este selo, este cordão e este cajado" (Gênesis 38,25). Judá, constrangido, reconhece a justiça de Tamar: ela é declarada "mais justa do que ele". Para Gunkel, essa narrativa subverte os códigos patriarcais e valoriza uma figura feminina marginalizada, cujo gesto audacioso visa à perpetuação legítima da linhagem. A partir disso, Gunkel propõe que a tradição israelita, em seu estágio oral, preservava uma pluralidade moral que não se encaixa facilmente nas categorias normativas da teologia sacerdotal posterior.

A moralidade nas narrativas patriarcais do Gênesis é profundamente dinâmica. O que inicialmente é exaltado como inteligência, sobrevivência e astúcia, como no caso de Jacó, é mais tarde reinterpretado como obediência, provação e fé. Esse deslocamento reflete as exigências teológicas e éticas de comunidades que buscavam em seus textos fundacionais não apenas histórias, mas modelos espirituais. Com isso, a narrativa dos patriarcas deixou de ser apenas um espelho da cultura popular semítica antiga, passando a ser também um instrumento de ensino teológico e moral. A análise de Gunkel destaca que, antes de serem elevados à condição de heróis da fé, os patriarcas foram figuras do povo, com suas ambiguidades, falhas e estratégias de sobrevivência — e é justamente essa humanidade originária que confere às sagas sua ressonância contínua.

Deslocamentos, fusões e localização das sagas: geografia e identidade na tradição do Gênesis

Gunkel observa que as sagas do Gênesis não foram originalmente compostas como um corpo unitário nem pensadas para coexistir coerentemente num espaço geográfico uniforme. Ao contrário, cada saga — especialmente as patriarcais — tinha uma origem local e cultual específica, sendo ligada a um santuário, uma prática litúrgica ou uma tradição de linhagem. Com o tempo, ao serem integradas ao corpus israelita mais amplo, essas narrativas foram deslocadas geograficamente, fundidas entre si, e reinterpretadas com base em agendas teológicas e políticas.

Por exemplo, a história da aliança em Berseba aparece em três recensões distintas (Gn 21,22–34; 26,26–33; 21,25–27), ora protagonizada por Abraão, ora por Isaque, ora com diferentes atores como Abimeleque ou Ficol. Gunkel indica que provavelmente havia uma única tradição originária, ligada a um poço ou tratado tribal local, que foi depois apropriada por diferentes linhas genealógicas. A repetição de elementos, como o juramento, a escavação de poços e a designação de nomes etimológicos, sugere o entrelaçamento de tradições locais concorrentes em um mesmo texto final.

Outro exemplo importante é o da narrativa do reencontro de Jacó e Esaú, localizada em Manaim (Gn 32,2s), Penuel (Gn 32,30s) e Sucote (Gn 33,17). Essas diferentes localidades parecem refletir tradições regionais distintas, posteriormente unificadas num arco narrativo contínuo. O confronto entre os irmãos pode ter sido contado originalmente de modo independente por grupos associados a cada uma dessas localidades, como representação simbólica das tensões entre tribos vizinhas — especialmente Israel e Edom.

A geografia sagrada e o esmaecimento dos vínculos cultuais

Gunkel destaca que as narrativas originalmente cultuais do Gênesis foram, com o tempo, "desritualizadas", isto é, perderam sua função etiológica explícita de explicar ou legitimar um lugar de culto. Um exemplo claro disso é o relato da unção da pedra em Betel (Gn 28,10–22), onde Jacó unge uma maṣṣēbāh — uma pedra sagrada que, nas formas mais antigas da religião cananeia, representava a presença da divindade local. O nome Betel (beit-'el, "casa de Deus") mostra a intenção cultual original.

No entanto, no texto recebido, o culto é recoberto por uma teologia celeste: Jacó vê uma escada que liga céu e terra, e os anjos sobem e descem. O próprio Deus está "acima dela" (Gn 28,13), indicando uma espiritualização do lugar, que deixa de conter a divindade e passa apenas a ser o "espaço onde ela apareceu". O redator sacerdotal parece evitar a ideia de que a pedra seja habitat divino — contrário à sua teologia transcendente. O gesto de unção (Gn 28,18) é mantido, mas reinterpretado não como consagração cultual, e sim como memorial.

Esse processo de deslocamento simbólico pode ser comparado à saga da caverna de Macpelá (Gn 23), em Hebron. Originalmente, parece ter sido um centro cultual ancestral ligado a divindades locais (cf. Mamre em Gn 13,18). Mas no texto final, é narrada apenas como sepulcro patriarcal, num estilo jurídico e quase profano, sugerindo uma tentativa de desvincular Hebron de práticas cultuais cananeias.

Conflito entre narrativas concorrentes e fusão de tradições

Gunkel chama a atenção para casos em que duas ou mais tradições independentes foram fundidas, seja por superposição, seja por harmonização. Um dos exemplos mais interessantes é o da história do perigo enfrentado pelas matriarcas em terras estrangeiras, que aparece três vezes:

- Gn 12,10–20: Abraão e Sara no Egito;

- Gn 20: Abraão e Sara em Gerar;
- Gn 26,1–11: Isaque e Rebeca em Gerar.

As narrativas são semelhantes: o patriarca, com medo de ser morto, diz que sua esposa é sua irmã; o rei local a toma para si, mas é advertido por Deus em sonho e a devolve; o patriarca sai enriquecido. O mesmo esquema narrativo com personagens distintos e variações sugere uma mesma tradição matriz, recontada em contextos diversos — talvez originariamente ligada a um episódio sobre hospitalidade e preservação da linhagem.

A duplicação dos personagens é reforçada por nomes semelhantes (Abimeleque, Ficol) e por padrões de narrativa típicos da tradição oral, que tende a reiterar temas arquetípicos, adaptando-os a diferentes locais e gerações. A tradição sacerdotal (P) tenta suavizar a duplicação, mas não a elimina — fato que atesta a força das tradições regionais pré-literárias.

Os nomes patriarcais como topônimos e entidades tribais

A hipótese de Gunkel sobre a origem toponímica e tribal dos nomes patriarcais é particularmente significativa. Ele sugere que figuras como Jacó, Israel, Ismael, Moabe, Edom, Quetura, Raquel, Lia e outros não foram inicialmente indivíduos, mas nomes de clãs, tribos, localidades ou até mesmo deidades tribais, posteriormente personificados em sagas genealógicas.

O caso de Jacó é emblemático. Uma inscrição egípcia do tempo de Tutmés III (c. 1500 a.C.) menciona uma localidade ou tribo chamada jaqob'el (j'qb'ar), possivelmente ligada ao nome hebraico Ya'aqov. Se compararmos com topônimos como Jabn'el (cf. Js 15,11) ou Jifta'el (Jz 12,13), vemos que há uma estrutura onomástica comum — "Jacó" seria, portanto, a personificação de uma entidade tribal ou local já existente antes da entrada de Israel em Canaã.

Algo semelhante pode ser sugerido para Gad, que aparece em Gn 30,11 como um dos filhos de Jacó, mas cujo nome também designa um deus da sorte na tradição cananeia (cf. Is 65,11: "mas vós, que abandonais o Senhor... que preparais mesa para Gad"). Nomes como Sara, Milca ou até mesmo Labão (*labanā*, "lua") também remetem a entidades religiosas ou cultuais de Harã e arredores, reforçando a ideia de que os patriarcas foram, em parte, construídos por retroprojeção mítica, etnogenealógica e religiosa.

A teologia do espaço na narrativa patriarcal

A sucessiva deslocalização cultual nas sagas do Gênesis aponta para uma teologia que supera os limites dos lugares sagrados fixos, preparando o caminho para o monoteísmo transcendente. Enquanto as religiões antigas costumavam vincular a divindade a um santuário específico (ex: Baal em Ugarit, Marduk em Babilônia), a religião israelita, já no Gênesis, começa a conceber Javé como um Deus que se manifesta onde quiser, mas não está preso a um local.

No episódio do sonho de Jacó em Betel (Gn 28), o patriarca diz: "Certamente, Javé está neste lugar, e eu não sabia".

A surpresa indica que a presença de Deus não é restrita a um espaço previamente conhecido, mas pode se manifestar em qualquer território. Isso marca uma inflexão radical: o espaço se torna epifânico, não sagrado em si mesmo, mas por causa da manifestação divina — uma concepção que será levada ao extremo nos discursos deuteronomistas (Dt 12; 1Rs 8).

Memória, território e santuário em movimento

A análise gunkeliana da geografia das sagas do Gênesis revela como o processo de formação do Pentateuco incluiu uma complexa negociação entre tradições regionais, memórias tribais, vínculos cultuais e agendas teológicas. A fusão de locais, personagens e rituais cria uma cartografia simbólica que não é estática, mas dinâmica: os lugares são sagrados porque Deus ali se manifestou, mas Deus já não depende do lugar.

Essa transformação culmina, exegética e teologicamente, no movimento de concentração cultual no templo de Jerusalém e na universalização da fé israelita. O Gênesis, ao preservar fragmentos desse percurso, torna-se o repositório de uma história religiosa que migra, adapta e sobrevive.

---

1. Algumas observações a esse respeito encontram-se em Holzinger, Hexateuch, p. 123 e seguintes, embora feitas por ocasião da descrição do javista.

2. A teoria mais antiga de Goldziher (*Der Mythos bei den Hebräern*, 1876), que se baseava principalmente em etimologias de nomes, já caiu em desuso. Stucken (*Astralmythen* I: Abraão, 1896; II: Ló, 1897) fundamenta suas afirmações em elementos isolados das sagas, para os quais ele reúne paralelos de forma confusa e em abundância a partir de todo o mundo; mas esses paralelos são muitas vezes apenas muito aproximativos. Assim como Etana, segundo o mito babilônico, foi levado por uma águia até o céu e olhou para a terra, do mesmo modo, segundo Stucken, também Abraão e Ló olham a partir de Betel para a terra, e Abraão olha para o céu e para Sodoma. No entanto, tais analogias são demasiado frágeis para sustentar qualquer tese. Winckler (*Geschichte Israels* II, 1900), que continua a construir sobre esse fundamento incerto, apoia-se especialmente nos números característicos: as quatro esposas de Jacó representariam as quatro fases da lua; os doze filhos, os meses; os sete filhos de Lia, as divindades dos dias da semana; as trezentas peças de prata que o mais jovem, Benjamim, recebe seriam os trinta dias do último mês; os cinco trajes de festa corresponderiam aos cinco dias intercalares; a túnica de José remeteria à veste de Tamar e de Istar (como, aliás, qualquer outra túnica); o fato de ele ser lançado na cisterna representaria a descida de Tamuz ao submundo; o fato de sua túnica ser manchada de sangue e de seu pai acreditar que ele fora devorado por uma fera seria uma reminiscência de Adônis, morto por um javali, e assim por diante. Quão distinta da presente obra é a forma como o livro de Winckler julga o caráter das sagas e a religião que nelas se expressa, qualquer leitor de ambos os livros poderá constatar. Assim, embora se deva reconhecer com satisfação a erudição abrangente e a argúcia de ambos os autores, ainda não podemos considerar que esses trabalhos ofereçam soluções satisfatórias para o problema em questão. No entanto, deve ser reafirmado que não existe nenhum impedimento de princípio contra a interpretação mítica das sagas patriarcais.

3. Isso foi algo que Stucken, de maneira notavelmente negligente, deixou de fazer; ele nem sempre se valeu, sequer, dos resultados da crítica das fontes.

JAVISTA, ELOÍSTA, JEOVISTA: AS COLEÇÕES MAIS ANTIGAS

A coleta das sagas começou já na tradição oral; no que foi descrito anteriormente, mostrou-se como, a partir de histórias isoladas que se atraíam mutuamente, formaram-se finalmente complexos maiores de sagas. Também elementos de ligação foram criados por esses coletores, como, em especial, a história do nascimento dos filhos de Jacó, que não é uma saga popular, mas foi composta por antigos narradores e deve ter existido antes de J e E. O registro escrito dessas tradições populares deu continuidade a esse processo de reunião. Essa fixação por escrito das tradições populares deve ter ocorrido numa época em que havia uma tendência geral para a atividade escritural e em que se temia que a tradição oral desaparecesse caso não fosse fixada por escrito. Pode-se imaginar que, nessa época, a guilda dos contadores de sagas havia deixado de existir por razões que desconhecemos. A fixação escrita, por sua vez, deve ter contribuído para extinguir os últimos restos da tradição oral — assim como a Lei escrita eliminou a instituição da Torá sacerdotal, e como o cânon do Novo Testamento suprimiu os pneumáticos do cristianismo primitivo.

A coleta escrita das sagas não foi realizada por uma só mão nem em um único tempo, mas por vários — ou muitos — em um longo processo. Distinguimos nesse processo dois estágios: o mais antigo, ao qual devemos as coleções do Javista (J) e do Eloísta (E), e depois uma revisão posterior e profunda por meio do chamado Código Sacerdotal (P). No que foi tratado até agora, utilizaram-se essencialmente apenas as sagas conhecidas através de J e E. Todos esses livros de sagas não contêm apenas os relatos primordiais, mas narram também as histórias posteriores; pode-se (com Wildeboer) designar como seu tema "a eleição de Israel como povo de Javé"; nas discussões que se seguem, no entanto, eles serão considerados, em geral, apenas na medida em que dizem respeito ao livro do Gênesis.

A pesquisa anterior frequentemente considerou J (o Javista) e E (o Eloísta) como personalidades literárias, como autores individuais. Presumia-se como evidente que seus escritos formavam uma unidade e provinham essencialmente dos próprios autores, sendo possível, portanto, reconstruir a partir de seus relatos um retrato coerente de seus respectivos perfis literários. Em uma fase mais recente da crítica, reconheceu-se que esses escritos não constituem uma unidade plena; e, prosseguindo por esse caminho, passou-se então a distinguir fontes internas (*Unterquellen*) dentro dessas próprias fontes. Essa tendência foi particularmente marcada nos estudos de Budde sobre a história primordial (*Urgeschichte*).

No entanto, nesse desenvolvimento crítico, negligenciou-se por vezes uma questão fundamental: até que ponto esses escritos devem ser realmente compreendidos como unidades literárias no sentido clássico? Não seriam antes coleções ou codificações de tradições orais? E não deveriam seus redatores ser antes chamados de coletores do que propriamente escritores? A correção dessa segunda abordagem se evidencia, em primeiro lugar, no fato de que essas fontes integraram materiais de grande heterogeneidade. J, por exemplo, inclui sagas isoladas e ciclos narrativos, relatos concisos e outros mais desenvolvidos, episódios rústicos e outros delicados, tradições religiosas e morais tanto muito antigas quanto recentes, histórias com tonalidades intensamente arcaicas e outras notavelmente desbotadas. E o mesmo se aplica a E, que, por exemplo, transmite tanto a tocante história do sacrifício de Isaque quanto uma variante da antiquíssima saga do combate de Jacó com a divindade.

Essa diversidade demonstra que as sagas em J e, ainda mais, em E, não refletem um estilo unificado de uma época específica, muito menos de uma personalidade individual. Antes, foram incorporadas pelos compiladores substancialmente tal como as encontraram. Em segundo lugar, esse caráter de coletânea é confirmado pela análise das variantes entre J e E. Com frequência, ambas coincidem de forma altamente característica: seguem, por exemplo, um estilo extremamente conciso na história de Peniel e, ao contrário, um estilo abundantemente desenvolvido na história de José. Justamente por apresentarem essas semelhanças, puderam ser fundidas por mãos posteriores de tal maneira que, muitas vezes, para nós, elas fluem uma na outra de forma praticamente indistinguível.

Por outro lado, J e E frequentemente se afastam um do outro de forma significativa — e, nesse contraste, observa-se que J frequentemente preserva a forma mais antiga, embora em certos casos seja E quem o faz. Assim, por exemplo, a narrativa vigorosa e primitiva de J sobre Hagar (Gn 16) é mais antiga do que a versão lacrimosa de E (Gn 21). Na história de Jacó e Labão, J é mais conciso e direto do que E; ao narrar o nascimento dos filhos de Jacó, J fala com naturalidade sobre o poder mágico das mandrágoras (Gn 30,14ss), enquanto E substitui esse elemento por uma intervenção da graça divina (Gn 30,17). Na saga de Diná, J julga com mais justiça e naturalismo do que E. Na narrativa sobre José, os ismaelitas de J (Gn 37,25) são mais antigos do que os midianitas de E (Gn 37,28). No testamento de Jacó, E apresenta uma versão mais branda do que J.

Por outro lado, E desconhece ainda os filisteus em Gerar, que já são mencionados em J (Gn 21 e 26); a forma pela qual Jacó engana seu pai — usando peles de cabrito, segundo E — é mais primitiva do que a versão com o cheiro das roupas, dada por J. Os muitos seres divinos que Jacó vê em Betel segundo E são mais antigos do que o único Javé de J. Apenas J, e não E, introduz na narrativa do pacto em Gileade (Gn 31,52) uma posterior israelitização. Na história de José, Rúben — que já havia desaparecido em tempos históricos — tem em E o mesmo papel que, em J, é atribuído a Judá, figura mais destacada na tradição posterior. O uso linguístico de E, que evita o nome de Javé na narrativa de Gênesis, repousa, como demonstrado acima, sobre uma reminiscência antiga que J já não conserva. Contudo, é inegável que essa abstinência sistemática do nome Javé antes da revelação a Moisés revela também uma reflexão teológica própria de E, ainda ausente no estilo de J.

Essas observações — que poderiam ser ampliadas com facilidade — demonstram que não existe entre J e E qualquer relação literária direta: nem J copiou E, nem E copiou J. Mesmo quando os textos coincidem em formulações, isso se explica pela origem comum das tradições que os alimentaram.

O ponto principal, todavia, é que o modo como os relatos estão organizados em J e E permite reconhecer que se trata de coleções de tradições orais, que não foram compostas de uma só vez, mas que se formaram ao longo de um processo histórico. Tal compreensão se impõe sobretudo quando se observa com atenção o estilo composicional de J, cuja matéria-prima é a mais abundante na narrativa do Gênesis. A observação dos modernos — de que é possível distinguir várias fontes em J, especialmente na Urgeschichte — se confirma aqui. Mas essa análise precisa ser ampliada e aprofundada: em lugar de uma abordagem meramente literário-crítica (que trabalha isoladamente com cada livro), é necessário substituí-la por uma abordagem histórico-literária, fundada na observação do estilo narrativo de J, e que procure oferecer uma história do gênero literário como um todo.

Na *Urgeschichte* (Gn 1–11), distinguimos três fontes, das quais duas fornecem tradições paralelas e originalmente independentes; a reunião delas envolve também o uso de uma terceira fonte. No ciclo de Abraão, também é possível identificar três mãos distintas: um primeiro conjunto de narrativas trata do destino de Abraão e Ló; a esse conjunto, foram integradas outras peças provenientes de outra coleção de sagas; uma terceira mão introduziu adições pontuais. A composição das histórias de Jacó é ainda mais complexa: ao ciclo de Jacó, Esaú e Labão, foram inseridas certas sagas cultuais; mais tarde, narrativas relativas aos filhos de Jacó foram adicionadas. Embora possamos acompanhar esse processo como um todo, já não conseguimos distinguir com clareza as diferentes mãos que intervieram.

Enquanto os episódios da *Urgeschichte* ainda permanecem como peças relativamente soltas, algumas das histórias de Abraão — e sobretudo as narrativas entre Jacó, Esaú e Labão — já estão mais estreitamente entrelaçadas em uma unidade narrativa coerente. Isso indica que, ao longo do tempo, os compiladores não apenas reuniram tradições, mas também as fundiram e ajustaram, criando uma obra literária de composição cada vez mais integrada.

Ainda mais sólido é esse processo de unificação no caso da narrativa sobre José. Aqui, as sagas relativas às experiências de José no Egito e ao seu reencontro com os irmãos compõem uma Komposition bem estruturada; todavia, também neste caso é evidente que múltiplas mãos intervieram, como demonstra a seção sobre a política agrária de José, a qual interrompe a coerência da narrativa. É igualmente claro que tanto a história de Tamar quanto a "bênção de Jacó" foram inserções posteriores.

Dessa visão geral, conclui-se que J não constitui uma primeira e definitiva compilação, mas sim que repousa sobre coleções anteriores, sendo o resultado de colaborações de múltiplos autores. Algo semelhante, embora só identificável na narrativa do Gênesis por indícios discretos, pode ser observado também em E: por exemplo, nas duas histórias correlatas sobre Gerar, atualmente separadas no texto; ou ainda no fato de que um dos fios narrativos atribui Berseba a Abraão, enquanto o outro a Isaque (cf. Gn 46,1–8).

A história da fixação literária dessas coleções apresenta, portanto, um quadro bastante variado; e é certo que apenas uma pequena parte desse processo nos é acessível. É possível que, na antiguidade, tenha existido toda uma literatura baseada em tais coleções, da qual os textos hoje preservados sejam apenas remanescentes — assim como os três sinóticos representam os restos de uma literatura evangélica muito mais extensa.

Uma prova a favor da exatidão dessa concepção se encontra na reconstrução da fonte sacerdotal (P), que em muitos aspectos é semelhante a J, mas que em certos pontos também concorda com E, além de introduzir tradições completamente novas em detalhes específicos.

Para a compreensão global da história dessas coleções, a observação mais decisiva é aquela apresentada logo no início dessas reflexões: todo esse processo teve início ainda no âmbito da tradição oral.

As primeiras mãos que transcreveram essas tradições provavelmente registraram histórias que já circulavam como um conjunto; outras acrescentaram novos relatos. Dessa forma, o conjunto textual foi-se expandindo paulatinamente. E assim surgiram, entre outras, também as nossas coleções conhecidas como J e E.

J e E, portanto, não devem ser entendidos como autores individuais, nem como redatores de escritos unitários mais antigos, mas sim como escolas narrativas.

Aquilo que as mãos individuais aportaram à totalidade do material é, nesse contexto, de importância relativamente secundária, pois suas contribuições são muito pouco pessoais e dificilmente distintas entre si. Além disso, é improvável que possamos algum dia identificá-las com precisão. Por essa razão, devemos recusar, por motivos de princípio, qualquer hipótese que pretenda determinar individualmente esses redatores.

Esses colecionadores não são senhores, mas servidores de suas tradições. Podemos concebê-los como profundamente tomados de piedade pelas belas histórias antigas e empenhados em reproduzi-las com toda a fidelidade e competência de que dispunham. A fidelidade foi sua principal virtude; por isso, conservaram muitos elementos que apenas compreendiam parcialmente ou que se distanciavam de sua própria sensibilidade, preservando com esmero traços peculiares de certas narrativas.

Por outro lado, é plausível imaginar que, em seu íntimo, sentissem certo desconforto diante de aspectos da tradição recebida; que tenham combinado entre si diferentes versões, suavizado as contradições, suprimido partes mais antigas ou inserido algo novo, como trechos oriundos de variantes conhecidas; que tenham desenvolvido de forma mais clara um ou outro motivo que lhes fosse particularmente caro, ou até mesmo formado uma narrativa nova a partir da justaposição de tradições diversas; e que, enfim, se deixassem guiar por critérios religiosos, morais ou estéticos de sua época para efetuar modificações. O processo de transformação das sagas, em curso há tanto tempo, prosseguiu, portanto, também sob suas mãos.

Em casos específicos, é difícil — e, na maioria das vezes, provavelmente impossível — distinguir o que pertencia à tradição oral e o que foi resultado da atividade dos colecionadores ou de redatores posteriores. No decorrer do presente estudo, já foram abordadas várias transformações que ocorreram somente na fase da tradição escrita. De modo geral, é razoável atribuir as reformulações artísticas e internas à tradição oral, enquanto as modificações mais externas, como omissões ou acréscimos, podem ser atribuídas aos colecionadores.

De todo modo, essa distinção não constitui o cerne da questão: o essencial é sempre compreender as razões internas das transformações. Também algumas seções maiores podem ter sido suprimidas ou fortemente mutiladas nesse estágio. Assim, por exemplo, a narrativa de Hebron foi concebida com uma continuação que hoje está ausente, provavelmente suprimida por um coletor; outras partes mais extensas foram provavelmente acrescentadas apenas por escrito — por exemplo, genealogias que não derivam de sagas, mas oferecem visões gerais de caráter etnográfico; ou ainda passagens como o diálogo entre Abraão e Deus diante de Sodoma, cuja natureza denota origem bastante tardia; ou mesmo um grande poema antiquíssimo, como Gênesis 49, que foi adicionado posteriormente às narrativas.

O quadro geral das modificações promovidas por essas coleções não pode ser plenamente reconstruído. Contudo, apesar da fidelidade dos colecionadores em muitos detalhes, é legítimo supor que o impacto global das sagas tenha sido significativamente alterado pela forma como foram reunidas e retrabalhadas. Em especial, as cores vívidas das narrativas originais podem ter sido atenuadas: as *pointes* originais das sagas perdem destaque ao se combinarem com outras histórias; os diferentes tons emocionais de cada narrativa se uniformizam pela justaposição; elementos cômicos ou grotescos, agora entrelaçados com trechos comoventes ou com histórias de cunho grave, deixam de ser percebidos como originalmente pretendido; e o tom espiritual de algumas sagas, por sua vez, passa a dominar a percepção geral do conjunto.

Dessa forma, os relatos nos aparecem como uma pintura antiga, originalmente rica em cores, mas diversas vezes repintada, escurecida pelo tempo. Por fim, é importante ressaltar que essa fidelidade dos colecionadores se manifesta de maneira especial no livro do Gênesis; nas sagas posteriores — que não estavam tão firmemente enraizadas na memória popular — o processo de revisão pode ter sido mais profundo e transformador.

As duas escolas de J e E estão entre si em estreita proximidade; por sua postura geral, devem pertencer essencialmente à mesma época. Entre os materiais que nos transmitiram, os compiladores terão considerado com particular simpatia os relatos mais recentes — ou seja, aqueles que estavam mais próximos de seu tempo e de sua sensibilidade. A distinção entre ambas reside, primeiramente, no uso linguístico, cujo exemplo mais significativo é o fato de que J usa "Yahweh" antes de Moisés, ao passo que E utiliza "Elohim".

A isso se somam outras diferenças, como o fato de o patriarca ser chamado de "Israel" por J, mas de "Jacó" por E a partir da história de Penuel; de que J designa a serva como *šiphḥā*, enquanto E a chama de *ʾāmā*; J usa sāq para "saco de cereal", e E *ʾamtāḥat*, entre outros. Esse tipo de vocabulário, contudo, não deve ser entendido como marca de um autor individual, mas sim como indício de um círculo cultural ou de uma região geográfica. Em muitos casos, não conseguimos distinguir com base no léxico a qual das fontes um dado texto pertence; o único critério então será que as variantes fornecidas por ambas as fontes sejam narrativas coerentes, mas diferenciadas em seu conteúdo: assim, em J, Isaque é enganado pelo cheiro das roupas de Esaú, enquanto em E é pelas peles colocadas sobre Jacó — distinção que marca toda a estrutura narrativa de ambas as versões. Ou, ainda, que certas narrativas apresentem traços recorrentes distintos: por exemplo, em J, José é vendido a um egípcio por ismaelitas, enquanto em E é vendido a Potifar por midianitas.

Frequentemente, esses traços distintivos são pouco claros; nesses casos, só podemos propor hipóteses sobre a distinção entre as fontes. Onde mesmo esses critérios falham, cessa a possibilidade de distinção entre J e E.

Na pré-história narrativa (Urgeschichte), não conseguimos detectar a mão de E; é provável que ele sequer tenha incluído essa parte em sua obra, iniciando seu relato apenas com Abraão. Talvez isso revele uma percepção própria da escola de E, segundo a qual a Urgeschichte era demasiadamente pagã para merecer inclusão.

Com frequência — embora não sempre — a tradição de J apresenta formas mais antigas do que a de E. J possui as narrativas mais vívidas e plásticas; já E inclui uma série de histórias emocionantes e lacrimosas, como o sacrifício de Isaque, a expulsão de Ismael, e a ternura de Jacó por seus netos. A divergência é particularmente notável na forma como imaginam a revelação divina: J é marcado por teofanias arcaicas, enquanto E privilegia os sonhos e a voz do anjo do céu, ou seja, formas mais etéreas e abstratas de manifestação; a providência divina, que converte o mal em bem, é expressamente afirmada apenas por E na história de José, não por J.

Por isso, há boas razões para considerar J mais antigo do que E, como de fato tem sido amplamente aceito na pesquisa contemporânea. Quanto à relação com a profecia, cf. a seção seguinte.

Dado que, na história de José, J dá a Judá o protagonismo que em E cabe a Rúben; dado que J inclui, na história de Tamar, uma tradição especificamente judaica; e dado que J narra extensamente a vida de Abraão, cujos locais principais parecem ser Hebron e o Neguebe, podemos, com muitos estudiosos modernos, situar essa coleção no reino de Judá. Presumiu-se, em contrapartida, que E proviesse do Israel do Norte; de fato, essa fonte menciona frequentemente lugares do norte, mas também se refere a Berseba. Na narrativa de José em E, o reinado de José é ocasionalmente presumido (Gn 37,8), embora isso também possa derivar da tradição oral.

Não há indícios, contudo, de que essas coleções expressem alguma posição partidária em favor do reino do Norte ou do Sul; ambas são demasiado neutras para isso.

A partir do livro do Gênesis, pouco mais podemos inferir sobre o perfil específico dos colecionadores. É claro que seria fácil pintar um retrato concreto de J e E — se aceitássemos atribuir a eles tudo o que há em seus respectivos textos. No entanto, tal procedimento é incompatível com a natureza desses homens enquanto coletores. Caso alguém se recuse a se contentar com as poucas evidências que temos, deverá, pelo menos, proceder com muito mais cautela do que, por exemplo, fez Holzinger em sua obra Hexateuch.

A questão da datação de J e E é extraordinariamente difícil. Para nós, que entendemos essas fontes como uma codificação progressiva de antigas tradições, essa questão se desdobra em uma série de subquestões: quando essas sagas surgiram? Quando se tornaram conhecidas em Israel? Quando adquiriram, em essência, a forma que hoje conhecemos? Quando foram postas por escrito? — Não se trata, portanto, de indicar um número único e definitivo, mas de situar cronologicamente um processo longo. Esta é, porém, uma tarefa extremamente difícil, pois processos intelectuais são, em geral, muito difíceis de datar cronologicamente; além disso, o que dificulta de maneira extrema todas essas questões no âmbito do Antigo Testamento é o fato de conhecermos muito pouco o antigo Israel para podermos oferecer algo seguro neste campo. Muitas das datações propostas pela crítica literária, sobretudo aquelas baseadas apenas em argumentos da história da religião, são mais ou menos incertas.

A origem de muitas das sagas remonta a uma pré-história não israelita. Também o estilo conciso característico das sagas é muito antigo; narrativas já compostas no estilo mais elaborado podem ser observadas nas histórias relativas aos Juízes. Em Israel, os materiais estrangeiros penetram após a entrada em Canaã; muitas sagas pressupõem a posse do território e o conhecimento dos lugares cananeus. Entre os materiais de origem israelita, a genealogia dos doze filhos de Jacó não coincide com as localizações tribais em Canaã, o que implica que ela remonta a condições mais antigas. As mais recentes entre as sagas israelitas da Gênesis que conhecemos tratam da deposição de Rúben, da origem dos clãs de Judá e do ataque a Siquém — portanto, eventos situados na fase inicial do chamado "tempo dos Juízes". Na fase posterior do período dos Juízes, o modo poético de conceber os povos como pessoas já não era comum: é pouco provável que novas sagas patriarcais tenham surgido nessa época. Assim, podemos afirmar que o período de formação das sagas patriarcais se encerra por volta de 1200 a.C.

Essa datação é confirmada por outras considerações: o santuário de Jerusalém, tão renomado na época monárquica, não é mencionado em nenhuma das sagas patriarcais; ao contrário, a fundação desse santuário é atribuída, pelas sagas cultuais, ao tempo de Davi. A realeza de Saul, os conflitos entre Saul e Davi, o reino unificado sob Davi e Salomão, a divisão e as guerras entre os dois reinos — nada disso aparece refletido nas sagas, o que constitui uma prova clara de que nenhuma nova saga patriarcal se formou nesse período.

A questão da época a que pertencem as sagas sobre Moisés, Josué, etc., não será tratada aqui. Após a fase de formação das sagas, vem o tempo da sua reelaboração. Este período corresponde, essencialmente, à fase inicial da monarquia. Foi então, quando Israel passou de um conjunto fragmentado de tribos e regiões para um povo novamente unido, que as diversas tradições se fundiram em uma tradição nacional comum. O grande impulso que Israel experimentou sob os primeiros reis deve tê-lo fortalecido moralmente a ponto de reivindicar como próprias narrativas de origem estrangeira e reinterpretá-las à luz de sua identidade.

A saga de Jacó e Esaú foi, naquele tempo, interpretada como referindo-se a Israel e Edom: Israel já havia subjugado Edom — o que ocorreu sob o reinado de Davi — e Judá manteve seu domínio sobre aquela região até cerca de 840 a.C. Nesse ínterim, Efraim ultrapassou Manassés em importância, algo que pode ter acontecido no início da monarquia. Na saga de José, encontra-se uma alusão à realeza de José (Gn 37,8; fonte E), mas essa menção é certamente posterior, um acréscimo tardio à narrativa. As guerras sírias devastadoras, iniciadas por volta de 900 a.C., ainda não aparecem na saga de Jacó e Labão; ali se fala apenas de incursões esporádicas nas fronteiras. A cidade de Assur, que foi capital até cerca de 1300, não é mais conhecida pela tradição hebraica; já Nínive, que se tornou capital a partir de 1000, sim (cf. Gn 10,11). Por tudo isso, é plausível supor que as sagas, quanto à sua forma narrativa, tenham se estabelecido em linhas gerais por volta de 900 a.C., tal como as lemos hoje.

Quanto a menções a eventos políticos posteriores a 900, temos apenas uma única alusão: a rebelião de Edom (por volta de 840 a.C.), que se encontra em Gn 27,40b — claramente um acréscimo tardio. Os demais indícios alegados não são conclusivos: o fato de se mencionar cidades assírias (Gn 10,11s) não prova que tais notas pertençam à "época assíria" — os israelitas certamente já conheciam a Assíria há muito tempo. Tampouco se pode concluir algo da menção a Calá (*Calach*): ainda que essa cidade tenha sido reconstruída por volta de 870, ela já era capital desde cerca de 1300 (isso contra Cornill, Einleitung in das A.T., 3ª ed., p. 46). Segundo Lagarde (Mitteilungen, III, p. 226ss), os nomes egípcios de Gn 41 remeteriam ao século VII, mas isso também não é critério seguro: esses nomes, embora comuns nessa época, já eram conhecidos em tempos mais antigos.

Assim, mesmo que desde cerca de 900 não tenham mais entrado nas sagas novas alusões políticas, e que elas tenham assumido nessa época, em seus traços essenciais, a forma que conservam até hoje, é possível que tenham continuado a sofrer modificações internas. Isso se evidencia, por exemplo, ao compararmos uma peça como Gn 49: esse texto, datável da época davídica, tem um tom próximo ao das sagas mais antigas. Portanto, podemos pressupor um período posterior mais longo, no qual se operaram as transformações religiosas e éticas das quais falamos anteriormente. Esse período se prolonga até a época da coleta das sagas, que, por sua vez, marca o fim desse processo de mutação.

Quando ocorreu essa coleta das sagas? Essa é uma questão particularmente difícil, pois não possuímos para ela senão indícios internos, os quais só podemos determinar assumindo previamente uma posição quanto às fontes — o que nos coloca, lamentavelmente, dentro do círculo vicioso bem conhecido, do qual provavelmente nunca sairemos. Isso deve ser lembrado por todo pesquisador que queira fazer afirmações categóricas neste campo. Além disso, é necessário lembrar que essas coletâneas não foram compostas de uma vez só, mas surgiram num processo longo, que pode ter durado várias décadas ou mesmo séculos.

A pergunta principal, ao tentar datar as fontes, é: como elas se relacionam com a profecia literária? Ora, de fato, a Gênesis contém diversos pontos de contato com essa profecia. Contudo, a suposição, feita por alguns autores modernos, de que tal afinidade implique necessariamente influência direta dos profetas literários (isto é, daqueles cujos escritos nos chegaram, a partir de Amós), é duvidosa em muitos casos. Simplesmente não conhecemos suficientemente bem a religião de Israel para afirmar com segurança que determinadas ideias e sentimentos só tenham surgido a partir daqueles profetas. Por exemplo, a seriedade com que a história do dilúvio trata do pecado universal, e a exaltação da fé de Abraão, não podem ser chamadas "proféticas" no sentido estrito.

A aversão dos compiladores (de J e E) às imagens de Javé e às *Ašerot* (isto é, postes sagrados), das quais não fazem menção alguma, assim como a sua reserva quanto às *Maṣṣebôt* (estelas ou pedras votivas), que J ignora, ainda que E as mencione ocasionalmente, ou ainda sua crítica ao bezerro de ouro, que na narrativa de Êx 32 é considerado por E como um pecado, assim como a zombaria ao Terafim (ídolo doméstico), ridicularizado espirituosamente na história de Jacó e Labão — nada disso precisa ser explicado por uma influência direta dos profetas. Tais disposições e sentimentos podem muito bem ter existido já muito antes da atividade dos profetas literários; na verdade, devemos mesmo pressupô-los, se quisermos compreender o próprio surgimento dos "profetas".

É certo que E chama Abraão de nabi' (profeta) em Gn 20,7 — o que implica uma época em que os termos profeta e homem de Deus se confundiam; e mesmo Os 12,14 já chama Moisés de profeta (nabi'). Não há, pois, obstáculo algum para se considerar J e E, em seu conjunto, anteriores à profecia literária.

Várias razões apontam nessa direção:

1. A profecia literária (isto é, de Amós em diante) se caracteriza pelo anúncio do juízo contra Israel, pela polemização contra os deuses estrangeiros e os santuários israelitas, assim como pela rejeição dos sacrifícios e cerimônias cultuais. Ora, justamente esse traço característico dos "profetas" está ausente em J e E.

2. J, na Gênesis, não menciona outros deuses além de Javé; e mesmo quando, em E, Jacó manda que os deuses estranhos sejam descartados (Gn 35,4), isso ocorre no contexto de um rito consagrado a Javé, sem qualquer tom polêmico tipicamente

profético.

3. Jamais se fala, na Gênesis, em combate contra divindades estrangeiras. Pelo contrário, as coletâneas demonstram, com frequência, uma atitude positiva ou simpática para com os santuários, alvo das duras críticas dos profetas. Além disso, há uma ingenuidade religiosa e moral que contrasta fortemente com as denúncias severas dos profetas posteriores.

Sabemos, a partir da releitura profética dos livros históricos, como os círculos de escribas ligados ao profetismo encaravam a tradição antiga: certamente não teriam preservado a saga popular, que contém tantos elementos pagãos. Por isso, somos levados a concluir que as coletâneas J e E são anteriores à grande profecia escrita, e que as afinidades de espírito entre essas coletâneas e os profetas mostram que as ideias proféticas já circulavam em Israel muito antes de Amós.

Essa conclusão se reforça por outras observações:

- A saga da partida de Abraão, que exalta sua fé, pressupõe, por outro lado, uma época de prosperidade em Israel, anterior à grande crise assíria.

- Algumas narrativas que são, do ponto de vista da história das sagas, relativamente tardias (como Gn 15 ou a narrativa do nascimento dos filhos de Jacó) trazem motivações religiosas muito antigas.

Contudo, isso não exclui que algumas passagens posteriores nas coletâneas tenham mesmo caráter profético no sentido estrito. Por exemplo:

- A conversa de Abraão com Deus antes da destruição de Sodoma (Gn 18,22–33) trata de um problema teológico, e sua forma literária se inspira claramente no modelo das controvérsias proféticas com Javé.

- O discurso de despedida de Josué (Js 24), com sua desconfiança aberta quanto à fidelidade de Israel, imita a retórica dos profetas.

Nos livros seguintes (além da Gênesis), e especialmente em E, pode haver mais exemplos desse tipo, embora na Gênesis sejam raríssimos.

Conclusão cronológica:

Podemos, portanto, situar ambas as coletâneas como anteriores ao surgimento da profecia literária: J dataria do século IX a.C.; E da primeira metade do século VIII a.C. — ainda que seja essencial sublinhar que tais datas são sempre altamente incertas.

Ambas as coletâneas (isto é, J e E) foram posteriormente unificadas por um redator (comumente identificado pela sigla RJE), a quem seguimos Wellhausen ao denominar "jeovista" (Jehovist). Esta unificação das duas fontes ocorreu antes da incorporação da fonte posterior, o chamado livro das tradições sacerdotais (P). Podemos situar esse redator na fase final do Reino de Judá, portanto em um período já marcado por grandes transformações e ameaças à identidade nacional.

Na composição da Gênesis, o RJE procedeu com extraordinária reverência (Pietät) às tradições recebidas: utilizou grande sutileza crítica e literária para conservar tanto quanto possível as duas fontes e para elaborar com elas uma unidade coerente.

De modo geral, ele tomou como base a fonte mais extensa, que, nas narrativas sobre Abraão, é claramente J.

Sua própria pena aparece raramente com voz autônoma no texto da Gênesis. Podemos, no entanto, reconhecer com segurança sua intervenção direta em alguns curtos acréscimos, os quais foram introduzidos com o objetivo de harmonizar variantes entre J e E — embora mesmo esses sejam relativamente poucos, como por exemplo:

- Gn 16,16–17,1;
- Gn 28,21b;
- Gn 31,49ss;
- Gn 39,1;
- Gn 41,50;
- Gn 45,19;
- Gn 46,1;
- Gn 50,11;
- e várias inserções no capítulo 34.

A maior parte desses trechos corresponde a pequenas transições ou esclarecimentos formais.

Além disso, encontramos certos acréscimos, geralmente não muito extensos, que também podem ser atribuídos a esse redator ou ao seu contexto literário e teológico, e que datam aproximadamente da mesma época. Tais acréscimos incluem:

- Linhas teológicas que tornam mais explícito o que estava apenas sugerido na versão primitiva do texto: por exemplo, Gn 18,17–19 e Gn 20,18.
- Complementos espirituais a histórias originalmente profanas, como em Gn 13,14–17 e Gn 32,10–13.
- A maioria desses acréscimos assume a forma de discursos divinos (cf. Gn 13,14–17; Gn 16,9–10; Gn 18,17–19; Gn 22,15–18; Gn 26,3b.5.24–25; Gn 28,14; Gn 46,3b–4; Gn 50,24.25).

Esses trechos são característicos do estilo teológico posterior, que não mais narra histórias, mas oferece reflexões e promessas divinas de teor doutrinal.

Em particular, essas intervenções incluem promessas solenes feitas a Israel: ele seria um povo imensamente numeroso, herdaria muitos territórios, e os povos vencidos por Israel são listados nominalmente (cf. Gn 15,19–21; Gn 10,16–18). Tais seções refletem o espírito de tempos de angústia nacional, quando as grandes convulsões políticas ameaçavam a própria existência de Israel — provavelmente durante o período neobabilônico.

Alguns desses acréscimos revelam ainda linguagem de cunho deuteronomista, como é o caso de Gn 18,17–19 e Gn 26,3b–5.

Comentário

A abordagem de Hermann Gunkel à chamada "hipótese documentária" representa um dos momentos decisivos na crítica literária e exegética do Pentateuco, especialmente do livro do Gênesis. Entretanto, seu modo de considerar essa hipótese não se limita a uma aceitação acrítica da divisão tradicional das fontes (J, E, D, P), tal como proposta por Wellhausen (1883). Ao contrário, Gunkel submete essa hipótese a uma profunda revisão metodológica, partindo de uma concepção inteiramente diversa da origem e da natureza do texto bíblico, centrada na tradição oral como matriz das coleções documentárias.

Sua crítica fundamental reside em recusar que os chamados documentos javista (J) e eloísta (E) sejam compreendidos como obras coesas de autores individuais, com estilo unificado e visão teológica própria. Para Gunkel, não há unidade estilística, coerência ideológica ou identidade literária suficiente que permita falar, no sentido moderno, de um "autor javista" ou de um "autor eloísta". Tais rótulos obscurecem, segundo ele, a verdadeira natureza desses documentos: eles não são composições autorais, mas coleções de sagas pré-literárias, codificadas por mãos diferentes, em tempos diversos, e provenientes de tradições orais populares.

Essa afirmação conduz a uma crítica direta do conceito mesmo de "documento". Em vez de documentos literários com começo, meio e fim — como os biógrafos de J e E tradicionalmente supõem —, o que encontramos são compilações de origem cultual e folclórica, transmitidas com fidelidade relativa, mas também moldadas por sensibilidades, intenções e critérios dos redatores-coletores. Como observa o próprio Gunkel, "esses colecionadores não são senhores, mas servidores de suas tradições". Tal formulação implica que qualquer tentativa de atribuir uma unidade literária estrita às fontes J e E incorre em uma anacronia metodológica.

A crítica de Gunkel se fundamenta sobretudo no exame da heterogeneidade interna das fontes. Em J, por exemplo, encontram-se sagas vigorosas e arcaicas — como a narrativa de Hagar em Gn 16 — ao lado de tradições já bastante refinadas, como o discurso teológico sobre a destruição de Sodoma (Gn 18,17–19). Essa variação estilística e temática é ainda mais visível em E, onde se reúnem narrativas como o sacrifício de Isaque (Gn 22), com sua tensão moral dramática, e o idílio lacrimoso da despedida de Jacó dos netos (Gn 48). Tais discrepâncias tornam inviável considerar J e E como produtos de um único autor ou mesmo de uma única geração.

Além disso, a própria justaposição de versões diferentes de uma mesma saga — como ocorre com as duas tradições sobre o pacto em Berseba (Gn 21,22–34 e Gn 26,26–33), ou com os relatos paralelos da venda de José (Gn 37,25–28) — evidencia que os coletores mantinham lado a lado tradições divergentes, sem forçar sua harmonização completa. Isso reforça a concepção de Gunkel de que estamos lidando com coleções narrativas, e não com "documentos" no sentido estrito.

Um caso particularmente instrutivo é o das variantes na história de Jacó. A forma como ele engana seu pai, Isaque, difere em J e E: em J, o engano ocorre por meio do cheiro das vestes de Esaú (Gn 27,27); em E, mediante o uso de peles de cabrito (Gn 27,16). Gunkel observa que ambas as versões remontam a tradições orais distintas e que foram preservadas sem preferência clara por uma "versão correta" — o que só se explica se considerarmos que os coletores não atuavam como autores críticos, mas como transmissores de tradições múltiplas.

Outro aspecto da crítica de Gunkel à hipótese documentária é seu rejeito do psicologismo literário presente em parte da crítica do século XIX. A tentativa de reconstruir a "personalidade" do javista ou do eloísta — com base em juízos como "J era um artista plástico, E um moralista piedoso" — é, para ele, uma ilusão interpretativa derivada de uma confusão entre o conteúdo das sagas e as intenções dos redatores. Com efeito, ao mostrar que muitos dos textos atribuídos a J e E são tão antigos quanto a própria formação de Israel, Gunkel sustenta que eles foram recolhidos mais por afinidade e disponibilidade do que por projeto autoral sistemático.

Em termos metodológicos, Gunkel propõe que se substitua a análise puramente literária (*Literarkritik*) por uma crítica histórico-literária (*literargeschichtliche Kritik*), ou seja, que se estude a história da formação dos gêneros e das coleções a partir das estruturas narrativas internas e de suas funções no contexto sociorreligioso. Assim, a identificação das fontes deve ceder lugar a uma arqueologia da tradição narrativa, que reconstrua as formas originais (*Gattungen*), as situações vitais de sua transmissão (*Sitz im Leben*), e o modo como foram progressivamente apropriadas, integradas e reformuladas.

Essa crítica à hipótese documentária não conduz, no entanto, à sua completa rejeição. Gunkel aceita, em linhas gerais, a existência de coleções J, E e P — e também reconhece a ação de um redator unificador (o chamado Jehovista, RJE) —, mas redefine a natureza dessas coleções. Elas não são documentos no sentido moderno, mas estratos literários compostos a partir de matéria oral, e cuja fixação escrita marca uma etapa posterior no longo percurso da tradição.

A primeira crítica de Gunkel à hipótese documentária é metodológica e ontológica: os chamados "documentos" não são composições autorais, mas coleções de tradição oral. Como tal, sua análise deve partir do exame das formas e não da reconstrução de personalidades. Essa crítica transforma o modo de pensar a formação do Gênesis: de uma obra com autor e redação, passa-se a um organismo vivo de memória popular, transmitido, adaptado e finalmente escrito — em diferentes tempos e por mãos diversas.

A segunda grande linha crítica de Gunkel à hipótese documentária refere-se ao caráter da transmissão textual e à estrutura narrativa das fontes, sobretudo do javista (J). Ele destaca que os relatos que compõem J não surgem do nada, nem são obras de um autor literário individual, mas resultam de um lento processo de coleta e fusão de ciclos narrativos já existentes na tradição oral de Israel. Isso implica que, ao contrário da suposição clássica da hipótese documentária — que propunha fontes bem definidas, compostas linearmente por autores com projetos literários consistentes —, a tradição javista não é produto de uma "redação", mas de uma fixação gradual e multicamada.

Essa constatação leva Gunkel a introduzir uma distinção decisiva: a diferença entre composição literária consciente e consolidação de tradições narrativas. O javista não compôs o Gênesis no mesmo sentido em que um autor moderno compõe um romance, mas recolheu, adaptou e conectou narrativas orais que já circulavam no povo. Por isso, o material de J é marcado por fragmentações, repetições, descontinuidades e variações estilísticas — todos traços que não denunciam um autor descuidado, mas refletem a complexidade da transmissão tradicional.

Ao analisar, por exemplo, o ciclo de Jacó, Gunkel mostra que as narrativas sobre Jacó e Esaú, sobre Jacó e Labão, e sobre os filhos de Jacó, originalmente circulavam separadamente. Posteriormente, essas histórias foram fundidas, e, ainda mais tarde, adicionaram-se sagas cultuais (como as que tratam de Betel, Peniel ou Maḥanayim), conferindo ao conjunto uma aparência mais integrada. No entanto, mesmo essa integração apresenta sinais de sobreposição e redação tardia. Um exemplo notável é a inserção do ciclo de Tamar (Gn 38), uma narrativa claramente independente, intercalada no enredo sobre José, rompendo sua continuidade dramática. A própria fluidez da história de José é interrompida por trechos como Gn 47,13–26, que trata da política agrária egípcia e é reconhecidamente um acréscimo sacerdotal (P).

Gunkel insiste que, ao observarmos com atenção essas composições, somos levados a concluir que as unidades narrativas precedem as coleções. A hipótese documentária, porém, tradicionalmente inverte essa relação: parte de fontes literárias supostamente coesas para depois identificar as sagas nelas contidas. Gunkel propõe exatamente o contrário: é preciso partir das sagas enquanto formas autônomas, que só tardiamente foram incorporadas em coleções como J ou E.

Além disso, o modo como essas coleções tratam o tempo, o espaço e a causalidade também denunciam sua origem não literária. As sagas patriarcais, por exemplo, apresentam diversas vezes duplicações ou deslocamentos topográficos. A história da aliança em Gileade (Gn 31,43–54) é um exemplo: em E, o pacto é fechado com ênfase na ação de Elohim e no testemunho dos deuses locais; em J, a mesma cena é israelitizada, com ênfase na memória da fronteira de Israel. Isso mostra que as mesmas narrativas foram relidas de formas distintas em momentos diferentes, e que os redatores coletores adaptavam os relatos recebidos às suas próprias perspectivas, sem eliminá-los.

Outra crítica decisiva diz respeito à *crença na reconstrução autoral da fonte J*. Gunkel considera as caracterizações emocionais dos redatores meramente especulativas, por duas razões principais: primeiro, porque os redatores de J e E são, em sua maior parte, invisíveis no texto, agindo como mediadores da tradição, e não como escritores autônomos; segundo, porque os traços estilísticos que lhes são atribuídos frequentemente resultam da própria tradição oral, e não de uma intenção individual.

Nesse ponto, Gunkel se aproxima metodologicamente do que mais tarde será sistematizado pela Crítica das Formas (*Formgeschichte*), por ele mesmo fundada: a ideia de que cada unidade textual possui uma estrutura e uma função próprias em seu contexto vital original (*Sitz im Leben*), e que essas unidades devem ser estudadas em sua autonomia formal e funcional, antes de serem reintegradas às coleções.

Aplicando esse método ao livro do Gênesis, Gunkel demonstra, por exemplo, que os relatos de rivalidade entre irmãos — como os de Caim e Abel (Gn 4), Ismael e Isaque (Gn 21), Esaú e Jacó (Gn 25–27) e José e seus irmãos (Gn 37) — constituem variações de uma mesma forma narrativa tradicional. Sua repetição no texto não é um indício de "problemas redacionais", como sustentaria a hipótese documentária clássica, mas sim uma característica típica da tradição oral, que repete e adapta motivos segundo novas situações.

Assim, a tarefa do exegeta não é identificar o "autor" por trás da repetição, mas compreender como e por que certas formas se tornaram dominantes na memória coletiva. Esse deslocamento metodológico, do autor para a tradição, transforma profundamente a maneira como se leem os documentos fontes: eles deixam de ser entendidos como obras literárias compostas com coerência interna, e passam a ser vistos como arqueologias da memória cultural de Israel.

Gunkel também critica o que ele chama de *romantismo literário* da hipótese documentária: a suposição de que J e E preservam, cada um, uma visão de mundo completa e oposta (como Javé vs. Elohim, Judá vs. Israel, sacerdotal vs. profético). Para Gunkel, tais oposições são exageradas. As coleções não visam defender teses, mas conservar tradições múltiplas — inclusive aquelas que são mutuamente contraditórias.

Em suma, a crítica de Gunkel à hipótese documentária, nesta segunda parte, aprofunda-se em três frentes fundamentais: (1) a origem oral das narrativas, que antecede e transcende as coleções escritas; (2) a estrutura fragmentária e multicamada dos documentos, incompatível com a ideia de autoria individual; e (3) a necessidade de uma abordagem centrada nas formas e funções narrativas, em vez de em psicologias literárias.

Uma terceira dimensão da crítica de Gunkel à hipótese documentária concentra-se no problema da homogeneização teológica e literária que a divisão das fontes frequentemente pressupõe. Para os primeiros proponentes da hipótese, como Eichhorn, de Wette e, mais tarde, Wellhausen (1883), as fontes J, E, D e P eram vistas como expressões relativamente unificadas de tradições religiosas distintas. J seria "antropomórfico e vivaz", E "ético e profético", P "racional e sacerdotal", D "legalista e centralizador". No entanto, para Gunkel, essa leitura exagera a consistência interna de cada fonte e ignora a complexidade dos estratos redacionais e da transmissão oral.

Ao abordar as narrativas da criação (Gn 1–2), por exemplo, a hipótese documentária distingue entre P (Gn 1,1–2,4a), com seu estilo ordenado e cósmico, e J (Gn 2,4b–25), com uma descrição mais antropomórfica e terrestre. Embora essa distinção estrutural seja confirmada pela crítica de formas — os dois textos pertencem a tradições diferentes —, Gunkel rejeita a ideia de que cada um represente, isoladamente, um "sistema teológico coeso". A versão javista da criação, com sua imagem de um Deus que molda o homem com as mãos e sopra nas suas narinas (Gn 2,7), não implica, segundo ele, uma teologia sistemática antropomórfica. Trata-se, antes, de uma linguagem simbólica enraizada em tradições mítico-camponesas. O mesmo se aplica à narrativa sacerdotal: seu esquema de sete dias, sua ordem de criação e sua enumeração de espécies têm caráter litúrgico, talvez até cosmogônico, mas não correspondem a um tratado doutrinário coeso.

Em outras palavras, Gunkel alerta contra o risco de se transformar os documentos em dogmas. Cada narrativa deve ser lida como uma resposta narrativa particular a uma necessidade religiosa, existencial ou cultural, e não como parte de um sistema rígido de ideias. Um exemplo claro é a leitura do relato do dilúvio: Gn 6–9 reúne várias versões sobrepostas, com duplicações evidentes (por exemplo, os números de animais em Gn 6,19–20 e Gn 7,2–3). A hipótese documentária tradicional separa esses versículos entre P e J com base em vocabulário e teologia; Gunkel, por outro lado, mostra que mesmo dentro de uma suposta unidade textual (como P), existem camadas diferentes de desenvolvimento.

Mais profundamente, Gunkel desafia o pressuposto teórico da hipótese: a ideia de que múltiplos autores sucessivos reescreveram os textos motivados por agendas teológicas claras, como se J quisesse ensinar uma teologia antropocêntrica e P uma teologia cósmica. Segundo Gunkel, as divergências que vemos nas fontes resultam não de escolas doutrinárias bem definidas, mas da complexidade da transmissão cultural e da diversidade das experiências religiosas de Israel. Os coletores preservaram narrativas contraditórias não por erro, mas por respeito à variedade das tradições que herdaram. A coexistência de vozes distintas num mesmo texto não é uma falha que precisa ser "corrigida" pela crítica literária; é uma característica constitutiva da Escritura.

Essa crítica aparece de forma especialmente nítida quando Gunkel comenta o modo como as promessas divinas são apresentadas ao longo do Gênesis. O leitor encontra diversas versões da promessa a Abraão: em Gn 12,2–3 (chamado de Deus e bênção universal), Gn 15 (aliança com rito sacrificial e promessa de descendência), Gn 17 (aliança com a circuncisão e mudança de nome), Gn 22,15–18 (reafirmação após o sacrifício de Isaque). A hipótese documentária tradicional distribui essas passagens entre J, E e P. Para Gunkel, contudo, essa multiplicidade de pactos não é um problema redacional a ser resolvido por critérios de fonte, mas um testemunho do desenvolvimento progressivo e acumulativo da fé de Israel em relação às promessas divinas.

Com isso, Gunkel antecipa uma crítica ainda mais profunda: a hipótese documentária tende a "alisar" o texto, como se seu objetivo fosse restaurar uma fonte perdida e idealizada. Mas a própria Bíblia, segundo ele, é o produto da justaposição deliberada de tradições múltiplas e por vezes contraditórias. A tarefa do exegeta não é resolver essas contradições, mas compreendê-las como expressão da riqueza da tradição bíblica. A presença de divergências internas — como a ordem das criações, o número de animais na arca, as razões do dilúvio, a genealogia dos filhos de Noé — deve ser interpretada como sobreposição viva de tradições, e não como erro a ser "consertado" por separações documentárias.

Essa visão se reflete também no tratamento da figura de Deus. A distinção entre Javé e Elohim, que serviu de base para a separação entre J e E, é relativizada por Gunkel. Ele demonstra que, em várias passagens, os nomes são usados de forma intercambiável ou mesmo combinados (cf. Gn 2,4; Gn 7,16; Gn 9,26–27). Essa variabilidade reflete tanto a plasticidade da linguagem religiosa quanto as práticas de diferentes grupos israelitas, e não deve ser interpretada exclusivamente como critério para determinar fontes documentárias.

Além disso, Gunkel chama a atenção para o fato de que a tradição oral tolera muito mais ambiguidade do que o texto escrito moderno. Ela não exige coerência lógica nem univocidade terminológica; ao contrário, sua força reside na capacidade de manter vivas múltiplas versões, de forma adaptável e polifônica. A tentativa de encaixar as narrativas bíblicas em blocos lógicos e coesos, com fronteiras autorais rígidas, é um anacronismo moderno — que revela mais sobre a mente do exegeta do que sobre a natureza do texto bíblico.

Para concluir esta terceira parte: Gunkel não nega a existência de camadas redacionais no Pentateuco. Ele reconhece a presença de diferentes tradições — javista, eloísta, sacerdotal, deuteronomista — e até aceita sua identificação como "escolas narrativas". O que ele rejeita é o pressuposto de que essas escolas tenham atuado como autores sistemáticos, movidos por agendas ideológicas coesas, e que suas contribuições possam ser identificadas com clareza cirúrgica. A proposta de Gunkel é que se leia a Bíblia não como um mosaico montado com peças homogêneas, mas como um tecido entrelaçado de vozes vivas, tradicionais, memoriais, litúrgicas e narrativas.

Na quarta e última vertente de sua crítica à hipótese documentária, Hermann Gunkel propõe uma reformulação do problema redacional a partir de uma perspectiva mais ampla e antropológica, que leva em conta o estatuto pré-literário das tradições do Pentateuco. A pergunta decisiva, para ele, já não é tanto "quem escreveu J, E, P, D?", mas "como essas narrativas se desenvolveram ao longo do tempo dentro de uma cultura oral que só posteriormente as fixou em forma escrita?". Com isso, Gunkel desloca o foco da crítica de fontes para uma crítica da tradição, abrindo caminho para o que mais tarde se chamará, por influência dele mesmo, a *Gattungsgeschichte*.

Em primeiro lugar, Gunkel insiste que os relatos do Gênesis não foram redigidos inicialmente com o propósito de formar uma unidade contínua. Ao contrário do que a hipótese documentária implica — ao sugerir que J, E e P eram originalmente "livros" completos ou quase completos —, ele entende que os documentos são o produto final de um processo de acumulação, fusão e adaptação de materiais orais heterogêneos, muitos dos quais foram contados de modo isolado por gerações. Isso é evidente em diversas passagens cuja forma aponta para contextos devocionais, cultuais, familiares ou tribais, e que só mais tarde foram inseridas em um quadro narrativo maior. Um bom exemplo disso é o uso etiológico da narrativa de Gn 32,23–33, sobre a luta de Jacó com a divindade. O versículo final, que diz que os israelitas não comem o nervo do quadril por causa daquele evento, revela a origem local e cultual da história, muito antes de ela ser integrada a uma teologia da eleição.

Ao insistir na função cultual e memorial dessas narrativas, Gunkel também enfraquece a premissa de que os redatores tivessem consciência de construir uma "história nacional" segundo os moldes de um projeto teológico único. O que eles de fato faziam era preservar tradições que circulavam entre grupos específicos — clãs, tribos, santuários locais — e que se relacionavam diretamente com identidades regionais, instituições religiosas específicas e cultos locais. A figura de Abraão em Hebron, a de Jacó em Betel, a de José no Egito ou de Esaú em Seir estão ligadas a cultos e lendas locais, e não a um conceito unificado de "história de Israel".

Nesse sentido, Gunkel reconhece que a hipótese documentária, ao distinguir entre fontes literárias, identificou corretamente uma pluralidade de tradições — mas errou ao superestimar sua coesão interna e sua articulação como "projetos teológicos". A coleta dessas tradições em compilações maiores (como J e E) deve ser vista não como obra de autores no sentido moderno, mas como trabalho de coletores, editores e organizadores cuja função era preservar e transmitir, e não tanto criar ou sistematizar. Essa perspectiva rompe com a imagem do "autor inspirado" e reabilita a noção de tradição como dinâmica social complexa.

Gunkel também sublinha que essa transmissão foi marcada por filtros e modificações contínuas, muitos dos quais não podem ser claramente atribuídos a um "documento". Por exemplo, a saga de Ismael, que aparece em duas versões distintas (Gn 16 e Gn 21), não pode ser simplesmente atribuída a J e E sem considerar que se trata de tradições paralelas que coexistiram por muito tempo antes de serem harmonizadas. O mesmo ocorre com as histórias sobre o pacto em Berseba (Gn 21,22ss; 26,26ss), sobre o engano das esposas patriarcais (Gn 12,10ss; 20; 26), ou sobre a bênção de Jacó (Gn 49), que Gunkel vê como resultado de fusões sucessivas de sagas tribais. Aqui, novamente, o problema não é de autoria, mas de transmissão, acumulação e ressignificação cultural.

Além disso, Gunkel chama a atenção para a presença de fragmentos, lacunas e reformulações abruptas que os redatores preservaram com notável fidelidade, mesmo sem entender plenamente seu conteúdo original. Isso é evidente em nomes e frases que parecem enigmáticas para os próprios textos finais. Um exemplo clássico é a menção aos *nefilim* em Gn 6,4, ou o verso proverbial sobre Ninrode (Gn 10,9), cujos contextos mitológicos foram quase inteiramente apagados, mas que ainda resistem como vestígios. A hipótese documentária, ao atribuir essas passagens a fontes específicas, não é capaz de explicar por que tais fragmentos foram preservados, se não se reconhece o papel da tradição oral como portadora de memória coletiva não sistematizada.

Outro ponto crítico é o modo como as fontes lidam com contradições internas. A narrativa sobre a criação da mulher (Gn 2,18–23) contrasta com Gn 1,26–27; as razões para o dilúvio variam entre corrupção moral (Gn 6,5) e violência cósmica (Gn 6,11); a esposa de Abraão é irmã (Gn 20,12) ou não é (Gn 12,13). A crítica documental tende a resolver isso como sobreposição de fontes. Para Gunkel, porém, a presença simultânea de versões contraditórias reflete o respeito pela diversidade interna das tradições, e o fato de que os redatores não pretendiam eliminar a pluralidade, mas sim salvaguardá-la.

A partir de todas essas observações, Gunkel conclui que a hipótese documentária tradicional tem valor como tentativa inicial de organizar a complexidade textual do Pentateuco, mas falha ao aplicar uma lógica literária moderna a um processo que foi essencialmente oral, popular, religioso e multiforme. Sua proposta alternativa é substituir a busca por autores e sistemas por uma investigação das formas narrativas (sagas, lendas, etiologias, mitos desmitologizados), dos contextos de performance e da dinâmica histórica da recepção. A Bíblia, para ele, não é o produto de redatores que buscavam coerência teológica, mas de comunidades que transmitiam sua fé por meio de histórias enraizadas em suas experiências concretas de vida, terra, culto e luta por sentido.

O CÓDICE SACERDOTAL E AS REDAÇÕES FINAIS

Esta fonte se distingue das demais, tanto pelo seu estilo linguístico quanto pelo seu espírito teológico, de maneira tão característica, que na imensa maioria dos casos é possível isolá-la quase até o nível literal. Esta compilação não abrange apenas o livro do Gênesis; na verdade, as histórias das origens e dos patriarcas aparecem aqui apenas como uma breve introdução àquilo que constitui o verdadeiro centro da obra: a legislação mosaica. O Códice Sacerdotal (sigla crítica: P) é de importância particular para nós, uma vez que a visão de conjunto do Antigo Testamento tem, até recentemente, se baseado principalmente em seus dados.

É mérito imperecível de Julius Wellhausen (cf. Prolegomena, p. 299ss.) ter reconhecido o verdadeiro caráter dessa fonte — que anteriormente era considerada a mais antiga —, tendo assim demonstrado o equívoco de toda uma abordagem anterior do Antigo Testamento e aberto o caminho para uma compreensão viva e autenticamente histórica da história da religião de Israel.

O estilo de P é profundamente peculiar: extremamente prolixo, calculado para uma clareza e completude jurídicas, recorrendo sempre às mesmas expressões e fórmulas, com definições rigorosas e fórmulas monótonas, com esquemas levados a cabo de forma sistemática, embora muitas vezes desprovidos de conteúdo narrativo, recheado de genealogias e com títulos em cada capítulo. Trata-se de um tom de erudição prosaica — por vezes, inclusive, o estilo remete ao de um documento legal (cf. por exemplo Gn 23,17s); não obstante, não é desprovido aqui e ali de uma certa solenidade (em especial em Gênesis 1, mas também em outros trechos).

É necessário ler toda a fonte de ponta a ponta para se captar plenamente a sobriedade e a monotonia dessa obra singular. O autor mostra-se nitidamente meticuloso e exemplarmente amante da ordem, mas, tal como ocorre com não poucos eruditos, o senso poético parece-lhe completamente alheio.

Altamente característica é a seleção do material narrativo, tanto em sua estrutura geral quanto em seus detalhes. Entre os grandes relatos, o Códice Sacerdotal (P) inclui apenas as narrações da criação, do dilúvio, da revelação de Deus a Abraão e da compra da caverna de Macpelá; fora isso, apresenta apenas notas sumárias e genealogias. Da maioria das narrativas tradicionais, ele foi capaz de utilizar apenas observações pontuais. Basta comparar as antigas sagas vívidas e poéticas com as informações lacônicas fornecidas por P, para compreender qual é sua intenção central: ele não deseja, como os antigos narradores, relatar poeticamente, mas estabelecer fatos de maneira sistemática.

Por isso, ele não pôde aproveitar os múltiplos traços individuais que recheiam as velhas tradições narrativas, extraindo delas apenas alguns poucos dados factuais. As nuances emocionais das sagas são deixadas de lado; a vida pessoal dos patriarcas não entra em cena, suas figuras, antes tão concretas e vibrantes, transformam-se sob sua pena em tipos pálidos e impessoais. Na antiguidade, muitas dessas sagas se passavam em lugares específicos, o que lhes conferia vivacidade e cor. P, no entanto, conhece apenas dois locais: a caverna de Macpelá, onde os patriarcas viveram e foram enterrados, e Betel, onde Deus apareceu a Jacó. Todos os demais topônimos foram por ele ignorados.

Em contrapartida, P manifesta uma marcada preferência por genealogias, que — como se observou anteriormente — foram os elementos mais tardios a entrar na tradição narrativa e que, por sua própria natureza, são inteiramente abstratos e antipoéticos. Uma parte significativa do conteúdo de P em Gênesis não é outra coisa senão listas genealógicas.

Mesmo os relatos que ele desenvolve com maior extensão revelam a mesma falta de vivacidade. Tais narrativas não são propriamente "histórias" em sentido pleno. O episódio da compra da caverna de Macpelá, por exemplo, teria sido apenas uma breve anotação para um narrador antigo. Mas P a amplia detalhadamente, pois quer estabelecer além de qualquer dúvida o fato de que aquela caverna realmente pertencia aos patriarcas e era seu local hereditário de sepultamento. Contudo, lhe falta o vigor poético necessário para transformar essa exposição num verdadeiro conto histórico.

Nas grandes ações solenes e jurídicas que P apresenta no lugar das velhas narrativas, não há mais narrativa no sentido próprio, apenas discurso e negociações legais — como bem observou Wellhausen. Mesmo as narrativas da criação, do dilúvio e da aliança com Abraão distam bastante das cores vivas e da imaginação concreta das antigas sagas. Falta-lhes a substância concreta de uma narrativa viva.

Em contrapartida, o que P fornece nesses textos é algo inteiramente estranho ao espírito da tradição oral antiga: regulamentações legais extensas e minuciosas, apresentadas com o tom e a estrutura de um tratado ou estatuto.

Além disso, é característico do autor do Códice Sacerdotal (P) o seu marcado gosto por esquemas formais: esse homem ordeiro aprisionou as antigas e coloridas sagas nos seus esquemas acinzentados, nos quais elas inevitavelmente perderam todo o perfume poético. Um exemplo eloquente disso são as genealogias de Adão e Sem — mas também a própria história dos patriarcas é enquadrada em um modelo rígido e estéril.

Além disso, P acrescenta às sagas uma cronologia detalhada, que desempenha papel central em sua narrativa, mas que é incompatível com a simplicidade intrínseca das velhas tradições populares. A cronologia, por sua própria natureza, pertence ao domínio da história, não ao da saga. Onde ambas as formas de narrativa coexistem de maneira vital, mesmo que inconscientemente, o ouvinte as distingue. A confusão de gêneros em P indica que, em sua época, o sentimento natural por essas distinções já havia se perdido.

Por isso, a cronologia de P produz absurdos notáveis quando aplicada às antigas tradições: por exemplo, segundo seus cálculos, Sara ainda é uma mulher bela aos 65 anos, capaz de atrair o desejo dos egípcios; ou Ismael, com dezesseis anos, é carregado nos ombros por sua mãe.

Ademais, P sobrepõe ao material narrativo uma divisão mundial da história em grandes períodos, verdadeira periodização teológica da humanidade. Ele distingue quatro eras históricas:

1. da criação até Noé,

2. de Noé até Abraão,

3. de Abraão até Moisés,

4. e de Moisés em diante.

Cada um desses períodos se inicia com uma teofania, sendo que dois novos nomes divinos são introduzidos:

- *Elohim na criação,*
- *El-Shadday com Abraão,*
- *Yahweh com Moisés.*

Cada aliança inaugurada inclui preceitos divinos específicos:

- primeiro, que homens e animais devem comer apenas vegetais;
- depois do dilúvio, que se pode comer carne, mas não matar pessoas;
- com Abraão, que ele e seus descendentes devem se circuncidar;
- por fim, a entrega da lei mosaica.

A isso se somam promessas divinas solenes e sinais da aliança, como o arco-íris, a circuncisão e o sábado — uma enumeração tão peculiar quanto simbólica.

Temos aqui a obra de um espírito universal, o esboço de uma história universal em grande estilo, o que também se percebe em outros aspectos da fonte P, como sua sistematização rigorosa e sua pretensão científica. Basta pensar na estrutura meticulosa da criação em Gênesis 1, com suas definições precisas.

Contudo, o material narrativo tradicional empregado por P destoa profundamente de sua ambiciosa construção universal: os sinais da aliança (arco-íris, circuncisão, sábado) soam como uma seleção estranha para um projeto de história da humanidade. E o espírito dessa historiografia abrangente, que tenta inclusive calcular a duração da história universal, está em franca oposição ao espírito da saga antiga, a qual sempre se apresenta como narrativa isolada, incapaz de se elevar a reflexões gerais.

Por exemplo, em J não se menciona nada sobre a relação entre a religião de Abraão e a de seus antepassados ou dos seus contemporâneos.

Além disso, a concepção de P sobre a progressiva revelação de Deus — primeiro como Deus em geral (Elohim), depois como El-Shadday, e só finalmente como Yahweh — é, sob certos aspectos, infantil. A verdadeira história da religião não começa com o geral para chegar ao concreto, mas sim começa pelo mais concreto possível, e só muito lentamente e com esforço se aprende a compreender o abstrato.

No que diz respeito à religião do autor de P, é igualmente revelador o fato de que ele quase nada diz sobre a piedade pessoal dos patriarcas; para ele, somente os aspectos objetivos da religião importam. Ele nada relata, por exemplo, sobre a obediência de fé de Abraão; ao contrário, não hesita em afirmar que Abraão rira diante da promessa de Deus (Gn 17,17).

A religião que ele conhece consiste em regulamentos de costumes; para ele é importante que se celebre o sábado, que se observe a circuncisão, que se comam certas coisas e outras não. Nesses pontos, ele é muito pontual. Ele não relata, evidentemente de propósito, que os patriarcas tenham oferecido sacrifícios em algum lugar, certamente porque esses locais eram considerados pagãos em sua época. Da mesma forma, na narrativa do dilúvio, ele não distingue entre animais puros e impuros. Sua opinião é: culto legítimo e a distinção entre puro e impuro existem apenas desde Moisés. Nisso, porém, ouvimos o sacerdote de Jerusalém falar, cuja teoria é que o culto de seu templo é o único legítimo e a continuação do culto mosaico. A teocracia israelita — como expresso em termos modernos, o pensamento fundamental de sua obra — é o objetivo do mundo. Deus criou o mundo para que no templo de Jerusalém fossem cumpridos os estatutos e mandamentos divinos.

Caracteristicamente imprecisas são as teofanias de P; ele relata apenas que Deus apareceu, fez um discurso e depois subiu novamente: todo o restante ele omite; ele segue aqui, portanto, o estilo dos acréscimos mais tardios em JE, os quais igualmente contêm tais discursos divinos sem introduções. Fica claro que aí se manifesta uma reverência religiosa de P, que evita entrelaçar o Deus sobrenatural com os assuntos do mundo; é como se ele pressentisse a origem pagã dessas teofanias. Ao mesmo tempo, percebe-se aqui seu interesse positivo: o conteúdo da revelação divina é importante para ele, mas não o seu "como". Também não é por acaso que ele conceba esses discursos divinos como celebrações de alianças: evidentemente, essa forma originalmente jurídica lhe é familiar.

Essa ligação, talvez à primeira vista estranha, entre o sacerdotal, o erudito e o especificamente jurídico, é, na verdade, bastante natural: o sacerdócio é, em muitos povos antigos, o guardião do saber e, especialmente, do direito. E certamente também foi assim em Israel, onde os sacerdotes, desde tempos imemoriais, costumavam arbitrar litígios difíceis; na redação de contratos — isso é evidente em muitos trechos —, P formou seu estilo.

Mas é particularmente característico de P que ele já não fale mais dos símbolos sagrados, que outrora, como mostram justamente as sagas patriarcais, tiveram grande importância para a religião antiga; das pedras memoriais, das árvores e bosques sagrados, dos poços onde, segundo as velhas sagas, a divindade havia aparecido, não se lê mais nada aqui. P expulsou esse material todo da narrativa, evidentemente porque o considerava pagão. Aqui se revela claramente a influência persistente da terrível polêmica dos profetas: é o mesmo espírito que, na reforma de Josias, considerou o antigo lugar sagrado de Betel como pagão e profanado, e que aqui expulsa das velhas sagas tudo aquilo que esses epígonos associavam ao paganismo.

Portanto, é certo que as concepções de Deus em P são mais elevadas, mais desenvolvidas do que nas antigas sagas; e, no entanto, P está muito aquém desses antigos, que ainda não conheciam a "eclesiasticidade" de Jerusalém, mas que sabiam o que é piedade.

Assim como a religião, também a moralidade dos patriarcas aparece nele purificada. Também nisso, P representa a etapa final de um desenvolvimento que já acompanhamos em J e E. As antigas sagas patriarcais, expressão da vida popular mais remota, continham muitas coisas que as gerações posteriores, se quisessem ser totalmente honestas, teriam de considerar pecado e vergonha. E, no entanto, acreditava-se naquela época que os patriarcas deveriam ter sido modelos de piedade e virtude. Quão grande foi o esforço feito para, ao menos, remover os piores escândalos! P agora resolve isso definitivamente: ele simplesmente omite o que é ofensivo (por exemplo, a disputa entre os pastores de Abraão e Ló, o egoísmo de Ló, a expulsão de Ismael, as trapaças de Jacó); ele se atreve inclusive a afirmar exatamente o contrário da tradição: Ismael e Isaque sepultaram juntos seu pai em paz (25,9), assim como Jacó e Esaú (35,29); fatos que ele não pode apagar, ele sabe reinterpretar de outra forma: assim, ele explica a bênção de Isaque sobre Jacó pelas uniões ilícitas de Esaú (26,34s; 28,1), e atribui o crime contra José aos filhos de Bila e Zilpa (37,2).

De tudo isso resulta que P lidou com a tradição que encontrou de maneira bastante arbitrária. Antigas tradições ele deixou de lado ou alterou segundo seu próprio critério; notas esparsas ele expandiu em histórias completas, e de histórias inteiras ele extraiu apenas notas; misturou motivos de diferentes sagas: por exemplo, ele afirma que a bênção que Jacó recebeu de Isaque foi a bênção de Abraão — algo que os antigos narradores nem sequer haviam imaginado (28,4; outros exemplos nas págs. 237, 247, 350); das histórias que nas antigas tradições estavam colocadas lado a lado sem conexão, ele formou uma narrativa contínua com conexão coerente, o que também é sinal de um período muito tardio. Em vez de sagas, ele inseriu seus capítulos com títulos regulares! Esse narrador, portanto, nada sabe sobre a fidelidade dos antigos; ele deve ter tido a impressão de que seria necessário agir com energia aqui, a fim de construir algo digno de Deus. Os antigos J e E não eram propriamente escritores, mas apenas coletores; P, porém, é um verdadeiro escritor — aqueles apenas empilharam de forma solta os blocos herdados; P, ao contrário, ergueu uma construção unificada ao seu gosto.

No entanto, seria um erro pensar que ele tenha simplesmente inventado suas informações na Gênesis; para isso, a tradição era ainda muito forte, mesmo para ele; antes, ele apenas reconfigurou energicamente os materiais — ainda que o tenha feito de forma profunda. Às vezes, podemos perceber em detalhes que, onde nenhum de seus interesses estava em jogo, ele seguiu o curso dos acontecimentos de sua fonte. Essa fonte, porém — pelo menos na Gênesis — não era J nem E, mas aparentada a elas.

A época de P é, segundo esta descrição, bastante clara. Ele se encontra, em todos os aspectos, no final de toda a história da tradição, certamente separado de J e E por um grande abismo temporal: a lenda viva, da qual os antigos coletores J e E haviam extraído seu material, deve ter desaparecido completamente nessa época, já que P pôde violentá-la de tal modo para sua construção histórica. E uma revolução imensa de pensamento deve ter ocorrido nesse ínterim — uma revolução que, no lugar da antiga mentalidade popular expressa nas lendas, criou algo completamente novo; P é o documento de um tempo que se afastou conscientemente das antigas tradições e que acreditava ser necessário lançar os fundamentos da religião de maneira diferente daquela dos pais. E também a natureza dessa novidade que então passou a dominar se torna totalmente clara a partir de P: é o espírito do sacerdote erudito que aqui se manifesta.

Além disso, percebemos com clareza, tanto pelo estilo característico de P quanto especialmente por sua linguagem formular, que não se trata da obra de um indivíduo particularmente criativo, mas sim de um amplo círculo que ele representa. O escrito de P é, por assim dizer, uma declaração oficial. É o sacerdócio de Jerusalém de onde P provém. Daí o excelente nome "Código Sacerdotal" (*Priestercodex*). Desde Wellhausen sabemos a época a que esse espírito pertence. É a época posterior à grande catástrofe do povo e do Estado de Judá, quando o povo, abalado pelo imenso impacto de sua infelicidade incomensurável, reconheceu que seus pais haviam pecado e que uma grande reforma religiosa era necessária.

Somente a partir dessa época se torna compreensível o enorme desprezo de P pelas tradições outrora mais sagradas de seu povo. Também sabemos bem que, então, era o sacerdócio que, após todas as outras autoridades terem fracassado ou desaparecido, ainda permanecia de pé e sustentava o povo: a comunidade de Judá, após sua reconstrução, estava sob o domínio dos sacerdotes.

A essa época pertence também a peculiar erudição histórica desenvolvida de P; a época mais antiga havia produzido excelentes contadores de histórias, mas nenhum historiador erudito; somente nessa época do exílio o judaísmo perdeu sua inocência narrativa. Sob a poderosa influência da cultura babilônica superior, o judaísmo também adquiriu o senso por registros precisos de números e medidas; passou a prezar uma grande precisão nas informações estatísticas, copiou listas genealógicas, vasculhou arquivos em busca de documentos autênticos, realizou cálculos cronológicos e até mesmo cultivou, seguindo o modelo babilônico, uma história universal. A mesma erudição histórica que encontramos em P aparece também em Esdras e Neemias e nas Crônicas; o apreço por cronologia exata está igualmente presente em Ezequiel, Ageu e Zacarias. Também a numeração dos meses, que se encontra em P, é dessa época e provém certamente da Babilônia para o judaísmo.

O progresso que esse espírito erudito representa em relação à ingenuidade anterior é inegável, ainda que os produtos dessa erudição nos sejam frequentemente bastante antipáticos. O fato de que essas primeiras grandes construções históricas, como a que P oferece, trabalhem em grande parte com material mítico ou lendário — portanto, segundo nossos critérios, de forma insuficiente — é, sem dúvida, um caso típico dos primórdios da historiografia universal. Nesse aspecto, pode-se comparar P com Beroso.

Também o destaque que P confere ao sábado, à proibição do sangue e à circuncisão é compreensível a partir dessa época: aquele período em que tudo dependia da voluntariedade do indivíduo sublinhava os preceitos religiosos que obrigavam o indivíduo. Pode-se dizer até que a piedade dos patriarcas, que são sempre apresentados como gerim (estrangeiros) e que precisam se virar sem sacrifícios e sem culto, constitui um reflexo da piedade do exílio, época em que, em terra estrangeira, não havia templos nem sacrifícios. Também o julgamento religioso de P sobre os casamentos mistos, especialmente com cananeias — pelos quais se perderia a participação na bênção de Abraão (Gn 28,1–9) —, remete a esse período em que o judaísmo, vivendo na diáspora, não tinha maior empenho que o de preservar puro seu sangue e sua religião.

Ainda mais característicos do que essas provas tiradas do Gênesis são outros elementos provenientes das seções legais dos livros seguintes. Finalmente, soma-se a esses argumentos a origem tardia do vocabulário de P.[1] Assim, a atribuição de P ao período do exílio pertence aos resultados mais seguros da crítica. Em que século exatamente P foi escrito é algo que, neste ponto, pode nos ser indiferente; contudo, que se diga ao menos o seguinte: segundo a opinião de muitos estudiosos, o livro da Lei de Esdras, ao qual a comunidade foi vinculada em 444 a.C. — e cuja redação contou, de alguma forma, com a participação de Esdras — foi P. Podemos, portanto, imaginar a redação dessa obra entre os anos de aproximadamente 500 a 444 a.C. Também P não foi concluído de uma só vez, o que, todavia, pouco importa no que diz respeito ao Gênesis.

O último redator, que uniu a obra mais antiga JE com P (RJE Γ), pertence, portanto, provavelmente ao período posterior a Esdras, certamente anterior à cisão da "comunidade samaritana", que levou consigo o Pentateuco (embora, de fato, não conheçamos a data exata desse evento). Que tal unificação da coleção antiga com a mais recente tenha sido necessária mostra-nos que as antigas tradições se haviam enraizado profundamente nos corações para que pudessem ser extirpadas pelo novo espírito. Tempestades históricas imensas haviam profanado os antigos lugares sagrados, e todo o passado parecia, para esses homens, um pecado; e, no entanto, as velhas narrativas, que glorificavam esses locais e refletiam com ingenuidade o tempo antigo, não puderam ser destruídas. A tentativa de P de suprimir o antigo fracassou; uma mão piedosa criou uma composição de JE e P.

Essa última compilação foi feita com extraordinária fidelidade, especialmente em relação a P; seu autor não quis deixar cair ao chão sequer um grão de P. Que ele tenha preferido P a JE, não o devemos censurar: P passou, de fato, a dominar o judaísmo. O redator, sobretudo, utilizou a cronologia de P como moldura para as narrativas de J e E.

Na Gênesis, conseguimos atribuir com maior ou menor segurança apenas poucas passagens à sua mão: algumas glosas harmonizadoras ou complementares, como 10,24; 15,7.8.15; 27,46; em 35,13.14; além de retoques em 6,7; 7,22.23; 7,31.8.9; bem como a distinção entre Abram e Abraão, Sarai e Sara também nos textos de J e E, entre outros.

Com isso, em termos gerais, está encerrada a atividade dos redatores sobre o livro do Gênesis. No entanto, em detalhes, o trabalho ("*diáskeuase*") sobre o texto prosseguiu por muito tempo. Observamos revisões menores em 34 e nos números das genealogias, nos quais o texto judaico, o samaritano e a tradução grega (Septuaginta) divergem. Reformulações maiores ocorreram em 36 e em 46,8–27; a última grande inserção é o relato da vitória de Abraão sobre os quatro reis — uma lenda de tipo midráshico oriunda do período mais tardio.

Assim se formou o Gênesis, a partir de diversas fontes convergentes. Nesta sua configuração final, ele permaneceu; e nessa forma, as antigas narrativas exerceram uma influência incalculável sobre todas as gerações posteriores. Pode-se talvez lamentar que o último grande gênio, capaz de transformar essas histórias individuais em uma grande unidade, num verdadeiro "épico nacional israelita", nunca tenha surgido; Israel não produziu um Homero. Para a nossa investigação, no entanto, isso é uma sorte, pois justamente porque as partes permaneceram essencialmente não fundidas lado a lado, estamos em condições de reconhecer a história de todo esse processo. Por isso, os estudiosos das sagas deveriam, de forma bem diversa do que se fez até agora, concentrar suas investigações sobre o Gênesis;

e os teólogos deveriam aprender que sem o estudo das sagas não se pode compreender o Gênesis.

Por fim, uma palavra sobre como o Gênesis chegou à honra imerecida de ser considerado uma obra de Moisés. Havia desde tempos antigos em Israel a tradição de que as prescrições divinas sobre culto, direito e moral, como proclamadas pela boca sacerdotal, provinham de Moisés. Quando essas prescrições, que originalmente circulavam oralmente, foram colocadas por escrito em obras menores ou maiores, era natural que circulassem sob o nome de Moisés. Nosso Pentateuco consiste, portanto, não apenas em coleções de sagas, mas também em tais livros de conteúdo legal, oriundos de diferentes épocas e de espírito muito diverso. A junção de ambas, sagas e leis, num mesmo livro, foi algo bastante natural, sobretudo porque as sagas a partir do Êxodo tratam principalmente de Moisés. Assim aconteceu que o Gênesis se tornou a primeira parte de uma obra cujas partes posteriores narram principalmente sobre Moisés e contêm diversas leis que pretendem ter nele sua origem. No entanto, intrinsecamente, o Gênesis nada tem a ver com Moisés.

Comentário

A crítica ao Códice Sacerdotal (P), tal como delineado por Hermann Gunkel, deve necessariamente partir de um exame da hipótese documentária clássica — o paradigma que serviu de base tanto à obra de Julius Wellhausen (1883) quanto à estruturação das fontes J, E, D e P que Gunkel herda e utiliza. A derrocada progressiva desse modelo ao longo do século XX e início do século XXI reconfigura profundamente a interpretação da formação do Pentateuco. É nessa linha que se insere a primeira parte deste comentário crítico.

Durante mais de um século, a chamada hipótese documentária, na forma estabilizada por Wellhausen (1883) no fim do século XIX, orientou a crítica bíblica do Pentateuco. Essa hipótese distinguia quatro documentos principais: o Javista (J), o Eloísta (E), o Deuteronomista (D) e o Sacerdotal (P), redigidos em épocas diferentes, com estilos e interesses teológicos próprios, reunidos por redatores sucessivos. O paradigma documentário respondia a uma tentativa racional e iluminista de decompor a heterogeneidade do texto bíblico em componentes históricos plausíveis, cada qual situado em um contexto cultural, político e religioso identificável. A visão teológica progressiva de Israel, indo do henoteísmo arcaico à teocracia legal do pós-exílio, era assim reforçada por uma estrutura narrativa coerente: de J (século IX) a P (século VI), a religião israelita evoluía de forma linear.

Essa hipótese foi sendo desestabilizada progressivamente por três grandes movimentos na pesquisa contemporânea:

A crise da unidade literária das fontes

Já no final do século XX, numerosos estudos — especialmente de origem europeia, como os de Rolf Rendtorff (1977), Erhard Blum (1985) e Konrad Schmid (2013) — demonstraram que os materiais atribuídos a J e E não formam narrativas contínuas, mas sim blocos literários compostos de unidades tradicionais menores. Rendtorff (1977) propôs que o Pentateuco não se originou de grandes documentos, mas de tradições independentes (*Abrahamtraditionen*, *Exodusüberlieferungen* etc.) que só foram unificadas tardiamente. Blum (1985) argumentou que, no fundo, o chamado "javista" seria antes uma série de camadas redacionais — não um autor ou escola —, integrando múltiplas tradições sob uma moldura composicional.

A reavaliação das funções dos redatores

Outra crítica decisiva veio com a valorização do papel dos redatores como autores teológicos e literários, e não meros compiladores. Os estudos mostraram que muitos dos traços outrora atribuídos a fontes independentes (como a alternância entre nomes divinos ou duplicações narrativas) resultam, de fato, do trabalho consciente de redatores que organizavam as tradições conforme finalidades exegéticas e teológicas. É o caso, por exemplo, dos trabalhos de Jean-Louis Ska (2000), que defende um Pentateuco produzido por escolas de escribas, centradas em Jerusalém, durante os períodos persa e helenístico, cuja função era preservar e interpretar as tradições israelitas sob uma nova luz comunitária.

A crítica filológica e estilística à fonte P

Em relação ao Códice Sacerdotal, as análises recentes vêm mostrando que aquilo que Wellhausen (1883) e Gunkel chamavam de "documento P" talvez não seja um escrito unitário e primitivo, mas sim um conjunto de camadas sacerdotais, redigidas e retrabalhadas ao longo de um processo extenso, que culmina no chamado *Holiness Code* (Lv 17–26) e na legislação deuteronômica. Frank H. Polak (1994), por exemplo, demonstrou que há estilos sacerdotais distintos em P, com cadências e simetrias literárias que indicam múltiplos estratos. Eckart Otto (1999) e Reinhard Kratz (2005) insistem que a maior parte de P não pode ser separada mecanicamente do corpus deuteronomista e que o processo de codificação legal e historiográfica de Israel ocorre num continuum redacional.

Por tudo isso, a noção de um "documento sacerdotal" fechado e identificável com clareza, como imaginado por Gunkel, tornou-se metodologicamente insustentável. O que hoje se chama "P" é mais bem entendida como uma coleção editorial teológica tardia, nascida de uma longa interação entre tradição sacerdotal, contexto do exílio, leitura babilônica da história e reelaboração pós-exílica das instituições judaicas.

Essa mudança epistemológica fundamental afeta radicalmente o juízo sobre o estilo, a teologia e a função do chamado Códice Sacerdotal. Gunkel, embora tenha dado importantes passos críticos ao reconhecer que P "não é um contador de histórias", mas "um sistematizador legal e teológico", ainda trabalha dentro do paradigma documentário estrito, e não percebe a profunda natureza redacional e intertextual da composição sacerdotal.

Crítica ao estilo e à estética do Códice Sacerdotal conforme delineado por Gunkel

Na leitura de Gunkel, o Códice Sacerdotal (P) representa uma interrupção abrupta da tradição narrativa viva do antigo Israel. Seu estilo seria, segundo ele, prosaico, repetitivo, jurídico e desprovido de qualquer capacidade poética ou imaginação mítica. Em contraste com a vivacidade do javista (J) ou a emotividade do eloísta (E), P seria a voz erudita de um templo oficial, fria, técnica, interessada unicamente em estabelecer regulações, cronologias e classificações. Esta caracterização de Gunkel, por mais influente que tenha sido, precisa ser reavaliada à luz das descobertas da estilística hebraica moderna, da retórica sacerdotal e da arqueologia literária.

O "antiestilo" de P e a estética do ordenamento

Gunkel acusa P de ser uma narrativa sem alma — sistemática, seca e sem colorido. No entanto, como mostram hoje estudos como os de Jeffrey Stackert (2007), Jacob Milgrom (1991) e Benjamin Sommer (2002), essa regularidade estilística de P não é sinal de empobrecimento literário, mas de um tipo distinto de estética, vinculado à tradição de redação legal, ao gosto pela repetição estruturada e à lógica da ordem cósmica e sacerdotal. O estilo de P reflete um esforço de codificação simbólica, no qual a linguagem visa construir a estabilidade do universo cultual, e não encantar pela oralidade. O uso sistemático de fórmulas, paralelismos e esquemas de sete (como em Gênesis 1) insere-se numa tradição mais ampla de arquitetura litúrgica e sagrada, que perpassa também Êxodo 25–40, Levítico 1–7 e Números 28–29.

A repetição não é aqui falta de imaginação, mas liturgia textual. O recurso reiterativo confere à palavra um valor performativo e duradouro — como nas genealogias, nos pactos ou nas instruções de construção do tabernáculo. O texto não visa contar, mas normatizar. A função de P não é narrar o passado com colorido, mas criar um espaço simbólico para que o Israel pós-exílico se localize em relação ao tempo, ao espaço e à aliança.

Gênesis 1 como ápice de estrutura retórica

O exemplo clássico é Gênesis 1, frequentemente louvado por sua sobriedade e ritmo cadenciado, ainda que Gunkel o considere uma exceção. A construção heptádica, os paralelismos antitéticos, a progressão do caos à ordem, e a imposição de um vocabulário técnico e numericamente simbólico (luz, firmamento, seca, luminares, animais, homem) compõem uma das peças mais elaboradas da literatura bíblica. O estilo de Gênesis 1, longe de ser empobrecido, é altamente estilizado: usa merismas, quiasmos, e ritmos quase métricos. Kenneth A. Mathews (1996) e John H. Walton (2011) mostraram como a linguagem litúrgica e cosmológica do texto é profundamente enraizada na teologia do templo e na exegese do culto sabático.

Assim, o chamado "documento P" opera com uma estética da ordenação e da permanência — distinta da estética da variação e da emoção que caracteriza as fontes mais antigas, mas não por isso inferior. Trata-se de uma "poética do legislador", não do trovador. E, como a pesquisa atual reconhece, ela está mais próxima da linguagem administrativa da Babilônia tardia, com seus calendários e leis, do que do espírito de uma oralidade tribal.

A suposta ausência de teofanias e emoção

Outro ponto criticado por Gunkel é a suposta ausência de narratividade teofânica e de emoção religiosa. P, diz ele, narra apenas aparições divinas formais, com discursos frios e nenhuma descrição visual. Contudo, essa crítica ignora que P está inserido num novo paradigma de transcendência. Enquanto J e E concebem um Deus que aparece, caminha, come, luta, e age corporalmente (Deus apud homines), P dá um passo decisivo rumo à abstração e à sacralização da distância divina. Isso se traduz em uma teofania contida, regulada, marcada pela palavra e não pelo gesto.

O conceito de "aparição" (wayyērāʾ) em P é funcional: visa introduzir uma revelação normativa, não uma experiência. O mesmo se aplica ao culto: P não está interessado em descrever a espiritualidade íntima dos patriarcas porque seu foco é a legitimidade sacerdotal e a genealogia da santidade. Como demonstrado por Israel Knohl (1995), P constrói uma teologia da separação sagrada, na qual o acesso a Deus é mediado, restrito, e codificado — o oposto da teofania direta dos antigos.

A ausência de "poesia" e o problema da historiografia

Gunkel também insiste que P nada sabe de poesia, imaginação ou mito. No entanto, isso ignora o modo como P reconstrói simbolicamente a história da humanidade por meio de uma macroestrutura teológica: a divisão do tempo em quatro eras, a evolução da aliança, a introdução progressiva dos nomes divinos e a correspondência entre os atos de Deus e os ritos sacerdotais são indicativos de uma metanarrativa profunda. Recentemente, Konrad Schmid (2013) e Bernard Levinson (2008) mostraram que P é, na verdade, um dos primeiros projetos historiográficos do Antigo Oriente, rivalizando com Beroso ou com a Cronografia Babilônica, ao propor uma leitura teológica total da história humana a partir de categorias ritualísticas.

Essa nova leitura torna mais problemática a ideia de que P seria apenas "abstrato e sem alma". O que ocorre é que sua alma não é popular, mas teológica; não é mitológica, mas ritual; não é poética, mas legislativa.

Crítica à teologia do Códice Sacerdotal e sua função histórica no judaísmo pós-exílico

A crítica de Gunkel à teologia de P se estrutura em torno da ideia de que o sacerdotal representa o ponto de maior distanciamento entre a fé viva das antigas sagas e a institucionalização dogmática da religião de Israel. Em sua leitura, o autor ou os autores de P seriam herdeiros de um espírito eclesiástico rígido, interessando-se apenas por formalismos rituais, ignorando por completo a fé pessoal, a espiritualidade espontânea e a vivência ética dos patriarcas. Essa imagem, embora tenha marcado toda a crítica das fontes por décadas, é hoje considerada unilateral e anacrônica. A exegese contemporânea, apoiada em avanços na arqueologia, na crítica literária e na história das ideias religiosas, propõe uma releitura radicalmente diferente da função teológica e histórica de P.

Uma teologia do exílio: identidade sem templo

A primeira correção necessária à crítica de Gunkel é reconhecer que o sacerdotal não é apenas produto de um racionalismo religioso tardio, mas sobretudo de uma tentativa dramática de reconstrução identitária num contexto de trauma histórico. Como argumentam Jacob Milgrom (1991), Joseph Blenkinsopp (1992) e Reinhard Kratz (2005), P emerge de um contexto de destruição nacional: o templo de Jerusalém fora arrasado, o Estado de Judá desintegrado, e a população exilada em uma terra estrangeira. Nesse cenário, os sacerdotes de P não apenas propõem regras, mas erguem um novo santuário simbólico: o texto. A Torá torna-se o novo templo, o sábado o novo rito comunitário, a genealogia a garantia da continuidade. O que Gunkel vê como esterilidade é, na verdade, resistência religiosa codificada.

A ausência de sacrifícios nos relatos patriarcais, por exemplo, não é prova de secularização ou abstração, mas uma tentativa deliberada de deslocar o centro do culto para o espaço narrativo do texto. A identidade de Israel não repousa mais sobre a terra e o altar, mas sobre a observância ritual e sobre a palavra revelada. Esse gesto é teologicamente sofisticado: transforma a perda do templo em matriz de universalização da santidade.

A revelação progressiva e a sistematização da aliança

A divisão da história da salvação em grandes blocos — criação, dilúvio, Abraão, Moisés —, com seus respectivos nomes divinos (ʾĕlōhîm, ʾēl šadday, YHWH), é criticada por Gunkel como um artifício infantil e teologicamente primitivo. A crítica moderna, no entanto, reavalia essa estrutura à luz da teologia da aliança. Como mostram Gary A. Rendsburg (2014) e Frank H. Gorman (1991), essa divisão não pretende ser uma história factual, mas uma construção sistemática da identidade religiosa de Israel, na qual cada etapa corresponde a um avanço na consciência da santidade e da responsabilidade diante de Deus.

Essa progressividade não é uma falha epistemológica, mas uma arquitetura teológica. O que P oferece não é apenas um relato dos patriarcas, mas uma narrativa tipológica: Noé como novo Adão, Abraão como novo Noé, Israel como novo Abraão, cada qual recebendo alianças cumulativas. Os ritos da circuncisão, do sábado e da pureza alimentar não são acréscimos arbitrários, mas sinais históricos do pacto, cuja função é análoga à da teologia paulina em Romanos: são marcas corporais e sociais da pertença a Deus.

Nesse sentido, a crítica de Gunkel à "teologia objetiva" de P — centrada em mandamentos e não em sentimentos — deve ser relativizada. O objetivo de P não é narrar experiências subjetivas, mas instituir uma ética corporativa. A moral que Gunkel considera "inexistente" em P está, na verdade, expressa em categorias cúlticas e comunitárias: separação, pureza, aliança, obediência. A santidade não é virtude privada, mas ordem comunitária.

Uma teocracia textualizada: o sacerdócio como base social

A análise de Gunkel ignora, em grande parte, a função social do sacerdotal. P não é apenas um produto da piedade levítica, mas também o reflexo de uma sociedade em reconstrução, como mostra Oded Lipschits (2005). O papel do sacerdote no exílio e no pós-exílio é o de mediador não só religioso, mas também civil. É ele quem administra a justiça (Dt 17,9), organiza o calendário (Nm 28–29), garante a coesão genealógica (Nm 1; Nm 26), regula a terra (Lv 25) e zela pela pureza coletiva (Lv 11–15).

O Códice Sacerdotal, nesse contexto, representa uma tentativa de organizar a totalidade da vida nacional — espaço, tempo, alimento, pureza, sexualidade, ritos, autoridade — sob a égide da aliança. É, nesse sentido, uma constituição teocrática, que procura reconstruir a soberania de Israel sem Estado e sem exército, tendo como único eixo a santidade de Javé. A ideia de que "Deus criou o mundo para que o templo fosse construído" — que Gunkel ridiculariza como uma redução teológica — é, em P, uma inversão poderosa: Deus é o fundamento do cosmos porque é o fundamento da ordem litúrgica. A criação é um templo, o sábado sua consagração, o homem seu sacerdote.

O valor teológico de P para a teologia bíblica

A pesquisa contemporânea reabilitou P como interlocutor indispensável para a teologia bíblica. Teólogos como Brueggemann (1997), Levinson (2008) e Richard M. Davidson (2007) destacam que P introduz temas estruturantes da tradição judaico-cristã: o caráter estrutural da criação, a dimensão pública da aliança, a mediação sacerdotal, a pedagogia dos ritos. Mesmo na cristologia do Novo Testamento, elementos do sacerdotal são reaproveitados: a teologia da mediação, da santidade progressiva, do culto cósmico e do sábado escatológico aparecem em Hebreus e no Apocalipse com ecos do pensamento sacerdotal.

Não é possível compreender a plenitude da teologia bíblica sem P. A sua contribuição não está em exprimir a religiosidade individual, como fazem os Salmos, mas em forjar uma matriz de resistência e fidelidade que permitiu a sobrevivência de Israel. Nesse sentido, P deve ser compreendido não como o fim das tradições orais, mas como sua transposição para o campo da escritura: o texto substitui o altar, a genealogia substitui o clã, a aliança escrita substitui a bênção pronunciada.

Em conclusão, a crítica de Gunkel ao Códice Sacerdotal, embora historicamente relevante, não se sustenta diante dos avanços recentes da crítica histórico-literária, da teologia bíblica e da arqueologia da religião israelita. O que ele considerava rigidez litúrgica e pobreza espiritual é hoje reconhecido como uma expressão sofisticada da fé no exílio, marcada por resistência, sistematização e reelaboração teológica. Longe de ser um "fim" da tradição, P é uma reinvenção de sua forma, que transforma o texto em templo e a palavra em sacramento. Sua linguagem pode ser seca, mas sua função é vital: salvar Israel do esquecimento pela inscrição de sua história em tábuas sagradas.

---

1. Wellhausen, Prolegomena p. 393 e seguintes; Ryssel, De elohistae pentateuchici sermone, 1878; Giesebrecht, ZAW 1881, p. 177 e seguintes; Driver, Journal of Philology 1882, p. 201 e seguintes.

GLOSSÁRIO

Alttestamentliche Wissenschaft

Tradução: Ciência do Antigo Testamento

Descrição: Campo acadêmico que estuda o Antigo Testamento com métodos históricos, filológicos e teológicos. Na Alemanha, consolidou-se como disciplina autônoma no século XIX, particularmente com nomes como Wellhausen e Gunkel. A expressão designa não apenas a exegese, mas a interseção com arqueologia, filologia semítica, história das religiões e teologia sistemática.

Contexto: Gunkel é um dos representantes centrais da Alttestamentliche Wissenschaft, mas com viés literário mais do que histórico-documentário.

Anschauung

Tradução: Intuição, concepção, visão de mundo

Descrição: Em Gunkel, frequentemente usada para designar formas populares de percepção religiosa e cósmica. Sua tese de habilitação trata da populären Anschauung sobre o Espírito Santo, ou seja, as representações intuitivas e não sistemáticas da fé nas comunidades cristãs primitivas.

Contexto: Contrapõe-se à teologia sistemática. O valor teológico da Anschauung está em refletir o imaginário coletivo.

Chaoskampf

Tradução: Combate contra o caos

Descrição: Expressão aplicada por Gunkel à narrativa de Gênesis 1. Baseia-se na mitologia comparada do Antigo Oriente Próximo, onde a criação é descrita como uma luta entre a divindade e uma entidade caótica (Tiamat, Leviatã, Rahab). Gunkel propôs que o texto bíblico conserva vestígios dessa estrutura, ainda que teologicamente transformada.

Crítica: Posteriormente, autores como Scurlock questionaram essa leitura por falta de evidência direta de conflito em Gn 1.

Dichtung

Tradução: Poesia

Descrição: Em Gunkel, refere-se à natureza poética e simbólica das narrativas bíblicas, especialmente as sagas do Gênesis. Não é poesia rimada, mas poesia narrativa, marcada por repetição, ritmo, paralelismo e função pedagógica.

Distinção: Contrapõe-se a Geschichte (história) e Prosa (prosa), no sentido de enfatizar a forma artística e coletiva da expressão.

Einleitung

Tradução: Introdução

Descrição: Gênero acadêmico de obra crítica que fornece uma abordagem geral à origem, composição, autoria, datação e transmissão dos livros bíblicos. Embora não exclusiva de Gunkel, a sua introdução ao Gênesis tornou-se referência por reformular as categorias a partir da Formgeschichte, e não da hipótese documentária tradicional.

Nota: Einleitung in das Alte Testament é também o nome de várias obras sistemáticas de crítica bíblica alemã.

Formgeschichte

Tradução: História das formas

Descrição: Método exegético fundado por Gunkel. Parte do princípio de que os textos bíblicos são compostos por pequenas unidades com formas fixas (gêneros), originadas no uso oral. Estuda essas formas em sua estrutura literária, função social e contexto original (Sitz im Leben).

Exemplos de formas: hino, lamento, bênção, maldição, narrativa de milagre, controvérsia.

Forschung

Tradução: Pesquisa, investigação científica

Descrição: Palavra-chave na tradição acadêmica alemã, indicando um trabalho metódico, rigoroso e sistemático voltado à verdade histórica e filológica. Gunkel foi um dos fundadores da série Forschungen zur Religion und Literatur des Alten und Neuen Testaments, que visava articular pesquisa bíblica e literária.

Contexto: Implica distância da teologia confessional e abertura ao diálogo interdisciplinar.

Forschungsgeschichte

Tradução: História da pesquisa

Descrição: Narrativa crítica do desenvolvimento das ideias exegéticas ao longo do tempo. Gunkel está ciente de sua posição na Forschungsgeschichte, e em sua obra frequentemente comenta o percurso metodológico da crítica das fontes até sua crítica das formas.

Uso contemporâneo: Empregado para localizar posições exegéticas em relação ao avanço dos paradigmas teóricos.

Formularsprache

Tradução: Linguagem formulária

Descrição: Repertório de expressões fixas e fórmulas repetidas nas narrativas bíblicas, típico de tradições orais. Ex.: "E aconteceu que...", "E Deus disse...", "Naquele tempo...". Gunkel interpreta essas fórmulas como indício de oralidade e performance litúrgica.

Importância: Permite identificar unidades tradicionais e seus traços característicos.

Fremdvölkersagen

Tradução: Sagas de povos estrangeiros

Descrição: Categoria tipológica usada por Gunkel para identificar sagas em Gênesis que explicam a origem de povos vizinhos, como Edom (Esaú), Moabe (filho de Ló) e Amon. Tais narrativas teriam função político-identitária ao traçar genealogias mitificadas.

Implicação teológica: Israel define sua identidade ao contar a história dos outros.

Gattung (pl. Gattungen)

Tradução: Gênero literário

Descrição: Um dos conceitos centrais da Formgeschichte, designa os tipos fixos de unidades literárias (como hinos, lamentações, bênçãos, sagas, leis, narrativas proféticas) com estrutura e função reconhecíveis. Cada Gattung revela a finalidade social e o contexto de uso original do texto.

Exemplo em Gênesis: Sage etiológica é uma Gattung que visa explicar a origem de lugares, nomes ou costumes.

Geschichte

Tradução: História

Descrição: Gunkel opõe Geschichte a Sage. Enquanto a primeira pretende ser um relato factual, objetivo, baseado em documentos e vinculado à memória estatal, a segunda é expressão simbólica, popular e não factual.

Importância: A distinção metodológica entre Geschichte e Sage é o alicerce da leitura literária do Gênesis como antologia poética e não historiografia.

Geschichtsschreibung

Tradução: Escrita da história, historiografia

Descrição: Termo usado por Gunkel para designar a redação crítica e consciente da história em sentido moderno. Ele argumenta que só sociedades letradas e organizadas politicamente desenvolvem verdadeira Geschichtsschreibung, o que não seria o caso das narrativas patriarcais do Gênesis.

Relevância: Fundamenta a tese de que Gênesis deve ser lido como Dichtung, não como Geschichtsschreibung.

Glaubensgeschichte

Tradução: História da fé

Descrição: Embora Gunkel não use esse termo de forma sistemática, ele aparece na tradição posterior para indicar o desenvolvimento progressivo das convicções religiosas de Israel, como alternativa à ênfase em eventos históricos.

Desdobramento: Inspirará leituras como a de Gerhard von Rad, que lerá as sagas patriarcais como Glaubensgeschichte codificada.

Heilsgeschichte

Tradução: História da salvação

Descrição: Categoria teológica mais comum em von Rad e Oscar Cullmann, mas já prenunciada em Gunkel. Refere-se à leitura teológica da história de Israel como narrativa da ação salvífica de Deus.

Importância: Ainda que Gunkel seja mais literário que teológico, ele abre caminho para essa categoria ao tratar as sagas como expressão da fé em Yahweh.

Historische Kritik

Tradução: Crítica histórica

Descrição: Método de análise baseado em critérios de verossimilhança histórica, anacronismo, fontes escritas, cronologia e desenvolvimento social. Gunkel a critica por reduzir a Bíblia a uma colcha de documentos, propondo como alternativa a análise das formas e funções narrativas.

Função: Serve como contraponto à Formgeschichte gunkeliana, que recusa o documentarismo como único critério.

Historische Schule

Tradução: Escola histórica

Descrição: Corrente intelectual do século XIX que dominou os estudos bíblicos e teológicos alemães. Buscava reconstruir o passado por meio da crítica das fontes, da filologia e da cronologia. Gunkel dialoga com essa escola, mas a transcende com sua atenção à estética e à função litúrgica das formas.

Referência: Eduard Reuss, Julius Wellhausen são expoentes; Gunkel, um herdeiro crítico.

Hoffnungsmotiv

Tradução: Motivo da esperança

Descrição: Expressão usada na análise temática de narrativas bíblicas que articulam promessas divinas com expectativas futuras. Em Gênesis, aparece, por exemplo, na promessa a Abraão.

Nota: Embora não sistematizado por Gunkel, o conceito será importante em von Rad e na teologia da esperança.

Hinweise auf Mündlichkeit

Tradução: Indícios de oralidade

Descrição: Conjunto de elementos estilísticos (repetição, fórmulas, ritmo, simetria) que denunciam a origem oral das narrativas. Para Gunkel, esses Hinweise são prova de que as histórias do Gênesis foram transmitidas por tradição oral antes da redação final.

Exemplo: Repetição de "e aconteceu depois destas coisas...", ou paralelismos simétricos em diálogos.

Israelitische Volksüberlieferung

Tradução: Tradição popular israelita

Descrição: Conjunto de relatos, crenças e formas narrativas transmitidas oralmente nas comunidades do Israel tribal. Para Gunkel, é dessa Volksüberlieferung que provêm as sagas do Gênesis.

Concepção: Romântica, inspirada em Herder e Grimm, mas reelaborada com rigor crítico.

Kanonische Form

Tradução: Forma canônica

Descrição: Refere-se à versão final e reconhecida de um texto bíblico na forma em que foi acolhido no cânon das Escrituras. Embora Gunkel foque nas formas pré-literárias, o conceito de kanonische Form tornou-se relevante posteriormente, especialmente entre os críticos da Formgeschichte, que enfatizam a leitura do texto final.

Nota: É a contraposição necessária à abordagem puramente fragmentária e reconstrutiva da crítica das formas.

Kerygma

Tradução: Proclamação (da fé)

Descrição: Embora de uso mais comum no Novo Testamento, a ideia de Kerygma como núcleo proclamado da fé também pode ser aplicada retroativamente às formas antigas do AT. Gunkel vislumbra algo semelhante quando trata as sagas como expressão de doutrinas vividas e proclamadas na comunidade.

Relevância: O termo será crucial na teologia dialética (Bultmann, Barth) posterior a Gunkel.

Kulturgeschichte

Tradução: História da cultura

Descrição: Abordagem que busca compreender os textos bíblicos dentro do quadro mais amplo da cultura em que surgiram. Gunkel incorpora esse método ao associar as formas literárias às práticas religiosas, sociais e rituais de Israel e do Antigo Oriente Próximo.

Aplicação: Fundamenta a leitura das sagas como produtos culturais vivos, e não apenas religiosos.

Literargeschichte

Tradução: História literária

Descrição: Campo de estudo que considera a evolução dos textos e gêneros como construções literárias. Para Gunkel, o Gênesis é um objeto de Literargeschichte: trata-se de reunir, analisar e compreender os gêneros e a estética das narrativas.

Distinção: Vai além da Quellenkritik, pois considera também o valor estético e simbólico dos textos.

Literarische Einheit

Tradução: Unidade literária

Descrição: Conceito usado por Gunkel para descrever pequenas unidades narrativas coerentes dentro do Gênesis. Cada saga, mesmo que faça parte de um ciclo maior, é tratada como uma literarische Einheit, com início, meio e fim definidos.

Importância: Permite isolar e classificar os textos com base em suas formas e funções, não apenas nas fontes.

Literarische Gestaltung

Tradução: Configuração literária

Descrição: Modo como um texto é moldado em termos narrativos e estilísticos. Para Gunkel, trata-se de uma chave para entender a função das formas e sua adaptação às necessidades da comunidade.

Exemplo: A saga de José tem uma Gestaltung mais elaborada que as sagas curtas, indicando uma fase mais avançada da tradição.

Liturgische Verwendung

Tradução: Uso litúrgico

Descrição: Aplicação de uma forma textual (hino, oração, bênção) no culto ou na liturgia. Gunkel reconhece que muitas formas surgiram no contexto ritual — por exemplo, bênçãos paternas, maldições, votos, oráculos — e sua estrutura reflete esse uso.

Função: Ajuda a localizar o Sitz im Leben dos textos religiosos.

Menschliche Vorstellung

Tradução: Representação humana

Descrição: Expressão usada para descrever como Deus é figurado com traços humanos (antropomorfismo) nas sagas. Gunkel aceita essas Vorstellungen como reflexo da religiosidade primitiva e como elementos legítimos de expressão poética.

Exemplo: Deus passeando no Éden (Gn 3,8) é uma menschliche Vorstellung da divindade.

Motiv

Tradução: Motivo, elemento recorrente

Descrição: Unidade temática ou narrativa que aparece repetidamente em diferentes contextos, como o motivo da esposa estéril, do irmão mais novo favorecido, do exílio, da promessa. Gunkel faz uso desse conceito para classificar as sagas segundo seus Motive.

Importância: Revela padrões de pensamento, estruturação da memória e teologia simbólica.

Mythos

Tradução: Mito

Descrição: Narrativa simbólica que expressa uma verdade religiosa em forma narrativa, frequentemente com elementos sobrenaturais. Gunkel distingue mito de saga: o primeiro trata de tempos primordiais e realidades cósmicas; a segunda, de ancestrais tribais.

Nota: Gunkel sustenta que alguns trechos de Gênesis (como o dilúvio, Gn 6; a criação, Gn 1) conservam vestígios de Mythen reinterpretados teologicamente por Israel.

Narrativstil

Tradução: Estilo narrativo

Descrição: Designa os elementos formais e estilísticos próprios de uma narrativa: estrutura episódica, uso de diálogo, repetições, ritmo. Gunkel analisa o Narrativstil das sagas patriarcais como oral, simétrico e repetitivo — indicativo de sua origem popular.

Importância: Permite diferenciar as sagas de crônicas e textos legais, e reconhecer seu caráter poético e performático.

Nebenüberlieferung

Tradução: Tradição secundária

Descrição: Refere-se a variantes narrativas que coexistem com uma versão dominante de uma saga ou tradição. Gunkel identificava essas tradições paralelas como prova da vitalidade e da pluralidade da transmissão oral.

Exemplo: As diferentes versões sobre a esposa de Abraão sendo entregue a reis (Gn 12, Gn 20, Gn 26) constituem Nebenüberlieferungen de um mesmo motivo.

Oraltradition

Tradução: Tradição oral

Descrição: Modo de transmissão de conteúdos culturais e religiosos sem o uso da escrita. Gunkel afirma que as sagas do Gênesis são, originariamente, parte da Oraltradition israelita, composta por narrativas circulantes antes da fixação escrita.

Fundamento: Está no centro da crítica das formas, como condição para a formação das Gattungen.

Ortsagen

Tradução: Sagas de lugar

Descrição: Subgênero de saga que visa explicar a origem ou o significado de um local sagrado. Gunkel classifica textos como Gn 28,10–22 (Betel) como Ortsage, pois pretendem justificar religiosamente um santuário.

Função: Confere legitimidade cultual e identitária ao espaço geográfico.

Parallelerzählung

Tradução: Narração paralela

Descrição: Narrativas diferentes que compartilham elementos estruturais ou temáticos semelhantes. Gunkel observa que o Gênesis contém Parallelerzählungen com variações e sobreposições — um traço típico da transmissão oral.

Exemplo: Gn 12 e Gn 20 (esposa como irmã) são casos claros.

Redaktionsgeschichte

Tradução: História da redação

Descrição: Método desenvolvido após Gunkel, mas fundado sobre sua distinção entre formas e composições. A Redaktionsgeschichte estuda como os redatores organizaram, modificaram e integraram formas tradicionais em novas estruturas textuais.

Complementaridade: Corrige a fragmentação da Formgeschichte ao restaurar a coerência teológica do texto final.

Religionsgeschichtliche Schule

Tradução: Escola da História das Religiões

Descrição: Corrente acadêmica que, a partir do final do século XIX, passou a analisar a Bíblia à luz da história comparada das religiões do Antigo Oriente Próximo. Gunkel, Bousset, Weiss e Bultmann foram membros ativos.

Tese central: As formas bíblicas derivam de um desenvolvimento religioso comum à região do Crescente Fértil.

Religionsvergleich

Tradução: Comparação religiosa

Descrição: Método que identifica paralelos entre os textos bíblicos e as tradições míticas, litúrgicas e narrativas de outros povos antigos. Em Gunkel, o Religionsvergleich justifica a leitura de Gênesis 1 à luz do Enuma Elish.

Crítica posterior: Embora fecundo, o método foi acusado de ignorar as especificidades teológicas israelitas.

Religionspsychologie

Tradução: Psicologia da religião

Descrição: Tentativa de compreender as expressões religiosas (mitos, ritos, narrativas) como produtos da consciência coletiva, das emoções e da imaginação popular. Em Gunkel, há elementos implícitos de Religionspsychologie ao tratar da Volksdichtung.

Referência de fundo: Influência indireta do romantismo alemão e da psicologia coletiva.

Rolle der Redaktion

Tradução: Papel da redação

Descrição: Refere-se à função dos redatores bíblicos na organização das tradições orais e textuais. Para Gunkel, embora os redatores tenham papel importante, seu método busca reconstruir o que antecede esse trabalho editorial.

Ponto de tensão: A crítica posterior (von Rad, Ska) reequilibra a ênfase nas formas com atenção à Rolle der Redaktion.

Sage (pl. Sagen)

Tradução: Saga

Descrição: Categoria central na obra de Gunkel. Trata-se de narrativa popular, poética, com base histórica remota, mas marcada por estilização simbólica, oralidade e função religiosa ou identitária. Diferencia-se do mito (que lida com tempos cósmicos) e da história (que trata de eventos documentáveis).

Exemplo: As narrativas sobre Abraão, Jacó e José são consideradas Sagen, não relatos históricos.

Sagengeschichten

Tradução: Histórias de sagas

Descrição: Designação para narrativas compostas de múltiplas Sagen fundidas num enredo mais longo e contínuo, como o ciclo de Jacó ou a história de José.

Função: Indica uma etapa posterior no desenvolvimento literário das tradições orais.

Sagengestalt

Tradução: Configuração da saga

Descrição: Forma final com que uma Sage se apresenta, incluindo sua estrutura narrativa, personagens-tipo, motivos simbólicos e função religiosa. Gunkel analisa as Sagengestalten para entender a evolução interna das tradições e seus efeitos na religiosidade do povo.

Importância: Ajuda a isolar versões primitivas e transformações posteriores.

Sagenschichten

Tradução: Camadas de saga

Descrição: Níveis sucessivos de elaboração das Sagen ao longo do tempo. Algumas narrativas conservam elementos arcaicos, enquanto outras foram profundamente teologizadas.

Análise: Permite distinguir o núcleo antigo de adições redacionais posteriores.

Schöpfung

Tradução: Criação

Descrição: Tema teológico e literário fundamental. Gunkel analisa os relatos da Schöpfung (Gn 1–2) como produtos de tradições cosmogônicas comuns ao Oriente Próximo, mas reformuladas pela fé israelita.

Nota: A palavra aparece também no título de sua obra: Schöpfung und Chaos in Urzeit und Endzeit.

Sinnbild

Tradução: Imagem simbólica

Descrição: Termo usado para indicar que certas representações (como Deus caminhando no Éden, ou o anjo que luta com Jacó) são metáforas teológicas, e não descrições factuais.

Função: Preserva o valor religioso do texto sem exigir sua literalidade histórica.

Sitz im Leben

Tradução: Assento na vida / contexto vital

Descrição: Um dos conceitos mais importantes da Formgeschichte. Refere-se ao ambiente social, religioso ou litúrgico onde uma determinada forma textual surgiu e era utilizada. Exemplo: hinos no templo, bênçãos na família, oráculos em assembleias.

Impulso teórico: Visa devolver os textos ao seu uso prático original antes de serem redigidos.

Stammsaga

Tradução: Saga tribal

Descrição: Subgênero de Sage que narra a origem de um clã ou povo, geralmente por meio de uma figura ancestral (como Esaú/Edom, Moabe, Amon). Gunkel identifica numerosas Stammsagen no Gênesis.

Importância: Explica como Israel construiu genealogias simbólicas para si e para os vizinhos.

Theologumena

Tradução: Enunciados teológicos

Descrição: Termo usado para indicar conteúdos teológicos codificados em forma narrativa. Gunkel considera que as Sagen são veículos de Theologumena, ou seja, expressões da fé em forma simbólica.

Exemplo: A promessa a Abraão é uma Sage que carrega um Theologumenon sobre eleição e bênção.

Traditionsgeschichte

Tradução: História das tradições

Descrição: Campo de estudo que examina como as tradições orais se desenvolveram, foram modificadas, reunidas e redigidas ao longo do tempo. Embora posterior a Gunkel, este método se apoia em sua base e amplia o escopo da Formgeschichte para incluir dinâmicas sociais e religiosas de transmissão.

Principais nomes: Martin Noth, Gerhard von Rad.

Urerzählung

Tradução: Narrativa primordial/original

Descrição: Refere-se à hipótese de que determinadas narrativas bíblicas derivam de um relato ancestral comum, que teria sido fragmentado ou modificado ao longo da tradição. Gunkel utiliza a ideia de Urerzählung para justificar a presença de paralelos entre Gênesis e mitos mesopotâmicos.

Exemplo: O dilúvio bíblico e o relato mesopotâmico de Utnapishtim poderiam remontar a uma mesma Urerzählung oral mais antiga.

Überlieferung

Tradução: Tradição, transmissão

Descrição: Termo amplo que designa a passagem de conteúdos religiosos, narrativos ou culturais de geração em geração, especialmente em contextos orais. Gunkel distingue entre mündliche Überlieferung (tradição oral) e schriftliche Überlieferung (tradição escrita), enfatizando a primeira como origem das Sagen.

Importância: Conceito-chave para reconstruir o processo formativo do texto bíblico.

Verfasser

Tradução: Autor

Descrição: Embora usado com frequência, Gunkel desconstrói a ideia de um Verfasser único para o Gênesis. Para ele, os textos não são obra de um indivíduo, mas resultado de acumulação comunitária e transmissão anônima.

Teoria: Redatores são organizadores, não autores no sentido moderno.

Verfremdung

Tradução: Estranhamento

Descrição: Não um termo diretamente cunhado por Gunkel, mas apropriado pela crítica literária posterior para descrever o efeito que certas imagens ou formas provocam no leitor moderno. Na leitura gunkeliana, por exemplo, Deus andando no jardim é uma representação que provoca Verfremdung ao contrastar com o conceito teológico clássico.

Uso: Reforça a diferença entre mundo narrado e expectativas doutrinárias.

Verheißung

Tradução: Promessa

Descrição: Tema teológico recorrente nas Sagen, especialmente nas histórias de Abraão, Isaque e Jacó. A Verheißung divina (descendência, terra, bênção) constitui o núcleo da aliança e estrutura a teologia patriarcal.

Importância: Gunkel vê essas promessas como Theologumena codificados poeticamente.

Verschmelzung von Überlieferungen

Tradução: Fusão de tradições

Descrição: Processo pelo qual diferentes tradições narrativas foram unidas em um mesmo texto. Gunkel identifica várias fusões no Gênesis, como na história de José, que combina elementos de tradição popular com redação teológica refinada.

Exemplo: A multiplicidade de nomes divinos e duplicação de episódios são sinais de Verschmelzung.

Volksdichtung

Tradução: Poesia popular

Descrição: Expressão central para Gunkel, influenciado por Herder e os irmãos Grimm. Designa as produções narrativas do povo, transmitidas oralmente, com estrutura simbólica, função pedagógica e valor artístico. As Sagen do Gênesis são vistas por ele como Volksdichtung religiosa.

Função: Recolher e transmitir valores e identidade tribal.

Volksgeist

Tradução: Espírito do povo

Descrição: Conceito de fundo romântico usado por Gunkel para expressar a originalidade coletiva da cultura israelita. As formas narrativas, seus temas e personagens seriam expressão do Volksgeist, ou seja, da alma do povo hebreu.

Limite: A crítica posterior apontou que esse conceito idealiza e homogeneíza a cultura popular.

Weltbild

Tradução: Visão de mundo

Descrição: Representação simbólica e cosmológica do universo que sustenta os textos. Em Gunkel, o Weltbild das narrativas de criação é pré-científico e simbólico: céu sólido, águas primordiais, firmamento.

Leitura: Deve ser compreendido dentro de sua lógica interna, e não julgado por critérios modernos.

Zweiquellenhypothese

Tradução: Hipótese das duas fontes

Descrição: Embora mais comum nos estudos do Novo Testamento (especialmente sobre os Sinópticos), a Zweiquellenhypothese aparece nos debates sobre Gênesis para ilustrar o uso de fontes distintas. Gunkel prefere ultrapassar a identificação de fontes (como J e E) para focar na forma, função e origem comunitária dos textos.

Nota: Ele respeita a Quellenkritik, mas a considera insuficiente frente à análise das formas.

BIBLIOGRAFIA

Obras de Gunkel comentadas

Genesis: übersetzt und erklärt. Göttingen: Vandenhoeck & Ruprecht, 1901, 1910.

Trata-se da mais influente obra exegética de Gunkel e o marco fundacional da Formgeschichte. Este comentário ao Gênesis parte da hipótese de que os textos foram compostos a partir de formas tradicionais (sagas) transmitidas oralmente, dotadas de estrutura própria e função cultual ou didática.

Gunkel divide o Gênesis em pequenas unidades (sagas) que são analisadas conforme seu gênero, estrutura, conteúdo simbólico e prováveis funções originárias.

Destaques metodológicos:

- Crítica severa à Quellenkritik documental (J, E, P), propondo análise segundo os Gattungen;
- Classificação tipológica das Sagen: etiológicas, étnicas, cultuais, doutrinais, entre outras;

- Ênfase na estética e na oralidade como chaves de leitura.

Esta obra representa o ápice da tentativa gunkeliana de reconstituir a religião viva do povo de Israel antes de sua sistematização literária e teológica. É também a matriz da crítica das formas, que se tornaria dominante na exegese por décadas.

Sua idealização do "espírito popular" e a ausência de problematizações históricas e ideológicas (como gênero ou poder) foram pontos posteriormente revistos por estudiosos como Phyllis Trible, Mieke Bal e Jean-Louis Ska.

Schöpfung und Chaos in Urzeit und Endzeit: Eine religionsgeschichtliche Untersuchung über Gen 1 und Offb 12. Göttingen: Vandenhoeck & Ruprecht, 1895.

Esta obra seminal de Hermann Gunkel, publicada em 1895, representa uma das primeiras e mais influentes aplicações da comparação sistemática entre textos bíblicos e literatura mitológica do Antigo Oriente Próximo, dentro de uma perspectiva que posteriormente seria identificada como pertencente à chamada Religionsgeschichtliche Schule (Escola da História das Religiões).

Com foco em Gênesis 1 e Apocalipse 12, Gunkel propõe que ambos os textos preservam, ainda que sob uma roupagem teológica própria e monoteísta, resquícios estruturais e simbólicos de um antigo mito cosmogônico universal, centrado na vitória da divindade sobre forças caóticas e monstruosas.

O propósito declarado de Gunkel é reconstruir os elementos mitológicos arcaicos presentes em narrativas bíblicas, particularmente no primeiro capítulo do Gênesis e no capítulo 12 do Apocalipse, à luz de tradições extrabíblicas mesopotâmicas e cananeias.

A metodologia adotada é histórico-comparativa, com forte ênfase na:

- análise literária (vocabulário, estrutura, imagens);
- história da religião (paralelos com cosmogonias babilônicas, hurritas e cananeias);
- interpretação teológica da transformação mítica sob o monoteísmo bíblico.

Gunkel utiliza os recursos emergentes da assiriologia e da crítica literária para argumentar que há um padrão cosmogônico comum — que ele denomina Chaoskampf (luta contra o caos).

A tese central da obra propõe o Chaoskampf como estrutura mítica: segundo Gunkel, tanto Gênesis 1 quanto Apocalipse 12 contêm traços da narrativa mítica antiga de combate entre a divindade ordenadora e uma força caótica representada por monstros marinhos ou serpentes. Esse esquema mítico, muito difundido em culturas do Antigo Oriente Próximo, é reelaborado pelos autores bíblicos, que substituem os elementos politeístas por estruturas monoteístas, mas mantêm intacta a imagética do conflito e da criação por subjugação do caos. Gunkel comenta os seguintes textos:

Gênesis 1

- A criação surge a partir do tōhû wābōhû (Gn 1,2), termo que remete ao conceito de desordem primordial.

- A menção às "águas" pré-criação evoca o mito mesopotâmico da luta entre Marduk e Tiamat (a deusa oceânica do caos).

- A separação das águas pelo firmamento e a nomeação dos grandes luminares substituem diretamente os deuses astronômicos do panteão babilônico.

Apocalipse 12

- O dragão (*drákōn*) que ameaça o filho da mulher simboliza as forças do caos; este dragão é identificado com a antiga serpente, o diabo.

- O conflito escatológico entre Miguel e o dragão recupera os traços do combate divino do mito babilônico, agora aplicados ao tempo do fim.

- A mulher, a criança e o dragão constituem um drama cósmico, que Gunkel interpreta como atualização cristã da antiga narrativa mitológica.

Gunkel também dialoga extensivamente com fontes do Antigo Oriente, que começavam a ser traduzidas e estudadas à época, entre elas:

- Enuma Eliṣh: mito babilônico da criação, em que Marduk vence Tiamat e a divide para formar o mundo ordenado.

- Epico de Baal (ugarítico): Baal derrota Yam (o mar) e Mot (a morte), em combate cósmico, e estabelece sua realeza.

- Mitos egípcios e hititas: paralelos iconográficos e narrativos sobre serpentes e divindades solares que vencem monstros do caos.

O diferencial da obra está em mostrar como a Bíblia não elimina o mito, mas o reconfigura, mantendo sua força simbólica, ao mesmo tempo em que o submete a uma teologia de soberania única e ética.

Contribuição à crítica bíblica

- Gunkel rompe com a ênfase exclusiva na Quellenkritik (crítica das fontes documentárias) e inaugura uma abordagem que busca compreender os textos bíblicos como partes de um universo religioso e simbólico mais amplo.
- Inaugura a valorização do estudo do mito como ferramenta hermenêutica legítima para compreender a formação e recepção dos textos bíblicos.

Influência posterior

- Abriu caminho para os estudos de Mircea Eliade, Frank Moore Cross, John Levenson, e também para a reavaliação do conceito de mito no interior da teologia.
- Inspirou a abordagem de motivos míticos reinterpretados por Israel, como no caso do Leviatã, Rahab e Yam nas tradições poéticas e proféticas.

Limites e críticas contemporâneas

A crítica mais comum feita a Gunkel diz respeito a um certo hipercomparatismo: ele tende a postular uma dependência direta entre os textos bíblicos e os mitos babilônicos, sem levar suficientemente em conta:

- Mediações culturais internas a Israel, como a tradição do deserto, da tribo e do templo;
- Processos de recepção indireta, filtrados por séculos de transmissão oral e escrita;
- A possibilidade de recriação simbólica autônoma por parte da tradição israelita, em resposta ao contexto político e teológico de sua história.

Além disso, a metodologia de Gunkel não considera plenamente a redação final dos textos: ele foca mais na origem dos motivos do que em sua função no texto canônico.

Schöpfung und Chaos permanece como uma das obras mais influentes da história da exegese. Ao revelar a profundidade mítica dos textos bíblicos e articular tradição, transformação e teologia, Gunkel inaugurou uma forma nova de ler o texto bíblico: não como cronologia doutrinal, mas como narrativa simbólica da experiência religiosa de um povo, situada dentro da grande tapeçaria das religiões do mundo antigo.

Die Religion in Geschichte und Gegenwart (2. Aufl., Bd. I–V). Leipzig: J.C.B. Mohr (Paul Siebeck), 1927–1931.

Esta enciclopédia teológico-religiosa em cinco volumes é uma das obras de referência da teologia protestante alemã do início do século XX. Gunkel é responsável por inúmeros verbetes na segunda edição, demonstrando o alcance eclético de sua erudição.

Os volumes contêm verbetes fundamentais da tradição bíblica escritos por Gunkel:

- Bd. I: Aaronitischer Segen, Abraham, Adonaj, Anthropomorphismus, Armenpflege etc.
- Bd. II: Elias, Elisa, Estherbuch, Exil, Fabel, Feuer- und Wolkensäule, Gabriel etc.
- Bd. III: Jahu, Jahve, Jakob und Esau, Jephtha, Joseph, Isebel etc.
- Bd. IV: Mirjam, Mose, Paradies, Psalmen, Mythos, Musik, Prophetie etc.
- Bd. V: Sagen und Legenden, Samuel, Sara, Schöpfung, Sodom, Sünde, Vision etc.

Esses textos são sínteses precisas da pesquisa exegética e histórico-religiosa do período. A presença de verbetes como Mythos, Sagen, Schöpfung e Geschichtsschreibung revela como Gunkel sintetiza, em forma enciclopédica, os conceitos-chave que desenvolveu ao longo de sua obra.

Embora breves, os verbetes de Gunkel revelam sua capacidade de condensar complexidades históricas, filológicas e teológicas em linguagem acessível e academicamente sólida. São documentos de primeira ordem para se compreender sua recepção nos círculos universitários alemães.

Ausgewählte Psalmen. Göttingen: Vandenhoeck & Ruprecht, 1904.

Publicado em 1904, Ausgewählte Psalmen ("Salmos Selecionados") é uma obra de cunho mais didático e introdutório que o corpo técnico da produção de Gunkel, voltada a um público amplo — estudantes de teologia, leigos cultos e professores — interessados numa leitura teológica e estética do Saltério, com base nas descobertas mais recentes da filologia e da crítica das formas. É, ao mesmo tempo, um livro de exegese e de formação espiritual, mas sem sacrificar o rigor acadêmico.

A obra contém uma seleção de salmos representativos, cuidadosamente escolhidos por sua importância teológica, beleza literária e diversidade formal. Gunkel comenta cada salmo em três movimentos:

1. Tradução filologicamente acurada (com forte preocupação estilística);
2. Comentário literário e histórico, destacando o gênero (Gattung), a situação vital

(Sitz im Leben) e os paralelos literários;

3. Aplicações teológicas e reflexões religiosas, com estilo mais acessível e quase devocional.

Ele explora salmos como:

- Salmo 23 – hino de confiança;
- Salmo 51 – súplica penitencial;
- Salmo 90 – meditação sapiencial sobre a brevidade da vida;
- Salmo 1 – introdução sapiencial do Saltério;
- Salmo 137 – expressão pungente da dor do exílio.

Ainda que não seja uma obra sistemática, este volume antecipa, em forma condensada e exemplificada, as grandes teses que Gunkel desenvolveria em:

- Einleitung in die Psalmen (1927);
- Os verbetes da RGG sobre os gêneros salmódicos;
- A classificação tipológica da poesia religiosa israelita.

São destaques metodológicos da obra:

- O uso da Gattungskritik para distinguir hinos, lamentações, ações de graças, salmos reais, sapienciais etc.;
- A tentativa de reconstruir o ambiente litúrgico original de cada composição (ex.: templo, assembleia, rei, indivíduo em luto);
- A identificação de fórmulas fixas e estruturas rítmicas, típicas da oralidade religiosa antiga;
- A valorização da força estética e simbólica da linguagem salmódica, como portadora da experiência religiosa viva.

Este livro serviu como ponte entre a crítica filológica do século XIX (centrada em palavras e formas verbais) e a exegese literária e fenomenológica que floresceria nas décadas seguintes. Ele foi decisivo para a formação de duas gerações de biblistas:

- Primeiro, por permitir o acesso didático à crítica das formas no Saltério;
- Segundo, por inspirar a leitura dos salmos como testemunhos da espiritualidade israelita — mais do que como peças dogmáticas ou históricas.

A obra, embora profunda, não se compromete com uma reconstituição canônica ou redacional do Saltério, como fariam depois nomes como Gerald Wilson ou Brevard Childs. Tampouco se detém em questões ideológicas, políticas ou de gênero. Seu foco é quase exclusivamente formal e teológico-devocional.

A crítica moderna reconhece sua elegância estilística e penetração intuitiva, mas lamenta a ausência de um tratamento mais aprofundado da história da redação do Saltério e da diversidade sociopolítica por trás das vozes salmódicas.

Ainda hoje, Ausgewählte Psalmen é considerado um modelo de comentário breve, exato, reverente e intelectualmente sofisticado. Gunkel se mostra aqui não apenas um exímio historiador da religião, mas um leitor sensível do texto bíblico enquanto documento literário de fé.

Die Propheten. Göttingen: Vandenhoeck & Ruprecht, 1917.

Die Propheten é uma das obras mais acessíveis e representativas da maturidade teológica de Hermann Gunkel. Seu objetivo não é técnico, mas interpretativo e formativo. Trata-se de um ensaio de divulgação religiosa voltado a um público culto — estudantes de teologia, pastores, intelectuais protestantes e leitores interessados em compreender o fenômeno profético como expressão espiritual e cultural da fé bíblica. A obra foi concebida em um contexto de crise (a Primeira Guerra Mundial), o que acentua seu tom ético e existencial.

A ideia condutora do livro é a de que os profetas não devem ser entendidos como fundadores de religiões ou porta-vozes sistemáticos de doutrinas, mas como homens profundamente marcados por experiências religiosas decisivas e intransferíveis. Eles são figuras em quem Deus irrompe, e por meio de quem a divindade se comunica à comunidade. Gunkel rejeita abordagens puramente historicistas, racionais ou morais, e insiste que a origem e a força do profetismo estão enraizadas na experiência religiosa concreta.

Gunkel não organiza o livro segundo os livros canônicos ou em ordem cronológica. Sua estrutura é temática e tipológica, e privilegia grandes eixos do profetismo:

- A origem do fenômeno profético em Israel, com paralelos nas culturas vizinhas (particularmente os profetas extáticos e divinatórios da Mesopotâmia e de Canaã);

- A análise das figuras maiores do profetismo clássico (Amós, Oséias, Isaías, Miqueias, Jeremias, Ezequiel), ressaltando sua força ética, crítica e visionária;
- A evolução do discurso profético em direção a formas mais apocalípticas, com destaque para os profetas posteriores e os escritos intertestamentários;
- O processo de espiritualização do profetismo, que o transforma de movimento social ativo em tradição literária e herança religiosa.

Cada capítulo combina descrição histórico-religiosa, leitura literária sensível e meditação teológica. Há um esforço constante de Gunkel para mostrar que o profeta é alguém dilacerado por uma missão, alguém que vive na tensão entre revelação e história.

Ainda que a obra seja ensaística, Gunkel aplica, de forma implícita, princípios da Formgeschichte:

- Identifica nos discursos proféticos pequenos gêneros tradicionais: oráculos de julgamento, anúncios de salvação, lamentos, visões, parábolas, atos simbólicos;
- Reconhece que esses discursos possuem um Sitz im Leben, isto é, um contexto litúrgico, judicial ou político concreto, que lhes dá forma e função;
- Salienta a unidade estética e simbólica da linguagem profética, marcada pela metáfora, hipérbole e paralelismo, o que a aproxima da poesia e da performance.

Essa abordagem evita a fragmentação excessiva dos textos e preserva sua força comunicativa original.

A originalidade da obra está em sua capacidade de aproximar o profetismo bíblico da vida espiritual contemporânea. Para Gunkel, os profetas não pertencem apenas ao passado, mas são arquétipos do crente que ousa ouvir a voz de Deus contra as expectativas de sua geração. Ele os descreve como homens solitários, muitas vezes rejeitados, cujas palavras provocam desestabilização social e transformação ética.

Segundo Gunkel, os profetas:

- Encarnam a consciência ética radical de Israel;
- Agem como intérpretes da história à luz da aliança e da justiça divina;
- Representam uma espiritualidade de ruptura, sensível à voz de Deus mais do que às tradições humanas.

A principal limitação da obra está na ausência de um exame sistemático do processo redacional dos livros proféticos. Gunkel tende a tratar os profetas como indivíduos isolados, sem considerar suficientemente o papel das escolas proféticas, dos discípulos ou dos compiladores. Além disso, sua ênfase na experiência interior pode ofuscar as dimensões sociais, políticas e institucionais do profetismo.

A crítica posterior (especialmente Gerhard von Rad, Walther Zimmerli e Abraham Heschel) complementará esse quadro, destacando o vínculo entre profetismo e história de Israel, bem como sua função pública e pedagógica.

Apesar de suas limitações, Die Propheten permanece um texto importante pela maneira como recoloca a questão da revelação profética no centro da experiência religiosa. Sua força reside na leitura existencial do profetismo, que resiste ao moralismo estreito e à dogmatização eclesiástica. O profeta, em Gunkel, é uma figura viva — não um ícone do passado, mas uma chama que continua a queimar.

Einleitung in die Psalmen. 1. Hälfte. 1927. (2. Aufl., 1966; Ergänzungsband fortgeführt por Joachim Begrich, 1933).

Esta obra póstuma de Hermann Gunkel — publicada no mesmo ano de sua morte, 1927 — representa a culminação de décadas de investigação sobre a poesia religiosa do Antigo Testamento, em particular o Saltério. Einleitung in die Psalmen é, com justiça, considerada a mais sistemática e influente aplicação da Formgeschichte (crítica das formas) ao corpo poético do cânon bíblico. Se em Genesis (1910) Gunkel inaugurava o método ao analisar as Sagen (sagas) do ciclo patriarcal, é em Einleitung que o método atinge pleno desenvolvimento teórico e operacional, com especial atenção à classificação tipológica, à reconstrução do Sitz im Leben e à compreensão da relação entre forma, função e teologia.

Trata-se da "primeira metade" da introdução geral aos Salmos, deixando a edição integral e a organização crítica do Saltério para ser completada por seu discípulo e colaborador, Joachim Begrich, em 1933, com o Ergänzungsband (volume suplementar).

O objetivo fundamental da obra é reconstituir os gêneros originais dos Salmos, compreendendo sua estrutura formal, sua função social e religiosa, e seu contexto original de uso. Gunkel parte da premissa de que o Saltério não foi composto como uma obra unificada por um autor, mas como uma coleção de formas poéticas tradicionais, provenientes de diferentes situações vitais da vida cultual, comunitária e individual de Israel.

A tese central é que a verdadeira chave para interpretar os Salmos não está na autoria, na data ou na escola teológica, mas na forma literária concreta e na função que essa forma cumpria na vida do povo. Isso exige classificar os textos por Gattung (gênero) e por Sitz im Leben (contexto de uso), e não por argumentos doutrinários ou arranjos canônicos.

Gunkel desenvolve neste livro uma das tipologias mais influentes da literatura bíblica, distinguindo cinco grandes grupos de Salmos:

- Hinos – cânticos de louvor coletivo à ação de Deus, marcados por abertura vocativa, motivos de ação divina e fechamento celebrativo;
- Lamentações Individuais – súplicas de um fiel atribulado, estruturadas em vocativo, queixa, petição, confissão de confiança e voto de louvor;
- Lamentações Coletivas – semelhantes às anteriores, mas no plural, refletindo catástrofes nacionais, derrotas ou pestes;
- Ações de Graças – textos de celebração pelo livramento obtido, muitas vezes respondendo diretamente a uma lamentação anterior;
- Salmos Reais – vinculados à realeza davídica, ao rei como ungido, à teologia de Sião e à esperança escatológica de um governante justo.

A essa classificação se somam formas secundárias e híbridas, como os salmos sapienciais, os didáticos, os acrósticos e os chamados "salmos litúrgicos", com função cerimonial no templo.

O conceito de Sitz im Leben é aqui aplicado com clareza e insistência: cada salmo tem uma "vida social" anterior à sua inclusão no livro. Gunkel busca identificar:

- os rituais ou assembleias em que cada salmo era usado;
- o sujeito poético (comunidade, rei, sacerdote, indivíduo);
- a motivação concreta do texto (guerra, colheita, doença, luto, triunfo etc.);
- a progressiva adaptação dessas formas a contextos secundários, como a oração privada e a instrução sapiencial.

Essa abordagem torna o Saltério inteligível como documento vivo da piedade israelita, e não como antologia puramente devocional.

Gunkel se opõe frontalmente à tentativa de se buscar datas absolutas para os Salmos com base em alusões contextuais frágeis. Critica tanto o uso apologético do Saltério como "livro de Davi", quanto a aplicação mecânica da crítica das fontes ao corpo poético. Para ele, tais tentativas obscurecem a estrutura formal e a origem comunitária dos textos, e projetam no passado uma homogeneidade teológica que jamais existiu.

A publicação póstuma da obra, finalizada por Joachim Begrich, foi determinante para sua recepção. O trabalho de Begrich no Ergänzungsband de 1933 organizou os Salmos conforme os critérios de Gunkel, completando sua obra. A partir daí, a tipologia gunkeliana passou a ser referência incontornável na crítica salmódica, influenciando diretamente autores como:

- Sigmund Mowinckel – que introduz o conceito de "culto de entronização de Yahweh";
- Claus Westermann – que sistematiza o paralelismo poético e retoma a distinção entre lamentação e louvor;
- Walter Brueggemann – que atualiza os gêneros gunkelianos à experiência litúrgica moderna.

A abordagem de Gunkel foi criticada por sua limitação ao nível formal e funcional, sem suficiente atenção:

- à teologia interna e ao redator final do Saltério;
- à teologia do livro como conjunto (crítica narrativa/canônica);
- aos aspectos ideológicos, políticos, de gênero e de poder, que moldam os textos;
- à função pedagógica e sapiencial dos salmos, que não se reduz ao uso cultual.

No entanto, essas críticas não invalidam a relevância de sua contribuição, mas ampliam sua aplicação à luz de novos métodos.

Einleitung in die Psalmen é um marco na exegese bíblica moderna. Por meio da crítica das formas, Gunkel deu aos Salmos uma inteligibilidade histórica, social e poética inédita. Sua tipologia continua a ser o ponto de partida — ainda que não mais o ponto de chegada — da pesquisa salmódica, influenciando leituras acadêmicas, litúrgicas e pastorais.

Alttestamentliche Literaturgeschichte und Ansetzung der Psalmendichtung. Theologische Blätter, v. VII, 1927, p. 85–97.

Neste artigo tardio e programático, Gunkel apresenta uma síntese madura de sua abordagem à literatura do Antigo Testamento, com foco na poesia salmódica. Ao propor uma ordenação relativa dos Salmos segundo formas e funções — e não datas fixas ou autores —, ele reafirma a centralidade da Formgeschichte como método interpretativo. O texto marca uma virada metodológica contra o historicismo reducionista e antecipa a colaboração com Begrich. Apesar de não abordar aspectos ideológicos ou sociológicos mais amplos, a obra permanece como referência incontornável para os estudos do Saltério.

***Christliche Welt und alttestamentliche Wissenschaft*. In: VIERZIG Jahre Christliche Welt: Festgabe für Martin Rade zum 70. Geburtstag am 4. April 1927. Leipzig: Teubner, 1927. p. 151–156.**

Ensaio maduro sobre a relação entre fé e ciência bíblica. Defende a autonomia metodológica da exegese histórico-crítica, reafirmando seu valor teológico e cultural mesmo fora de um uso confessional.

***Der Micha-Schluss*. Zeitschrift für Semitistik und verwandte Gebiete, v. 2, 1924, p. 145–183.**

Análise filológico-formal do encerramento do livro de Miqueias (Mq 7,18–20), argumentando tratar-se de um acréscimo litúrgico pós-exílico. Combina crítica das formas com atenção redacional.

***Die geistige Kultur des alten Israel*. Zeitschrift für Missionskunde und Religionswissenschaft, v. 36, 1921, p. 210–223.**

Síntese da visão de Gunkel sobre a religião de Israel como expressão de uma cultura viva e popular. Valoriza o caráter literário, simbólico e devocional dos textos bíblicos como reflexos do espírito coletivo.

***Die israelitische Literatur*. In: HINNEBERG, Paul (Ed.). *Die Kultur der Gegenwart*, Abt. I, Tl. 7: Orientalische Literaturen. Leipzig: Teubner, 1906. 2. Aufl. Darmstadt: Wissenschaftliche Buchgesellschaft, 1963. p. 53–112.**

Panorama amplo da produção literária do Antigo Israel. Interpreta a Bíblia como antologia de formas tradicionais e gêneros narrativos diversos, com ênfase na estética e na função sociocultual da literatura religiosa.

***Die Religion in Geschichte und Gegenwart: Register der Artikel verfasst von Hermann Gunkel*. In: *Eucharisterion: Studien zur Religion und Literatur des Alten und Neuen Testaments*, Bd. II. Leipzig: J.C.B. Mohr, 1923. p. 214–225. Compilado por J. Hempel.**

Catálogo dos artigos escritos por Gunkel na enciclopédia *RGG*, abrangendo temas essenciais da religião bíblica e da literatura veterotestamentária. Documento valioso para mapear sua contribuição interdisciplinar.

***Die Wirkungen des heiligen Geistes.* Göttingen: Vandenhoeck & Ruprecht, 1888.**

Tese de habilitação de Gunkel, centrada na pneumatologia popular do cristianismo primitivo. Antecede a crítica das formas ao explorar categorias religiosas como fenômenos culturais, com ênfase na experiência e na linguagem mítica.

***Entstehung der Psalmen.* Jahrbuch für jüdische Geschichte und Literatur, v. 23, 1925, p. 26–60.**

Artigo de revisão que sintetiza as etapas da formação e adaptação dos Salmos. Propõe distinguir entre composição original e uso posterior, reforçando a importância da tradição oral e da edição redacional.

***Mika-Schlußliturgie.* Teologisk Tidsskrift, v. IV, n. 4, 1923, p. 48–84.**

Estudo complementar ao artigo sobre o encerramento de Miqueias. Argumenta pela origem litúrgica e cúltica do trecho final do livro, utilizando recursos estilísticos e teológicos para demonstrar sua natureza posterior.

***Psalm 149.* In: *Oriental Studies published in commemoration of the 40th anniversary of Paul Haupt.* Baltimore: Johns Hopkins Press, 1925. p. 47–57.**

Comentário isolado sobre o Salmo 149, com ênfase em sua função militar e cúltica. Gunkel interpreta o texto como testemunho de práticas litúrgicas associadas à guerra santa e à consagração comunitária.

***The Influence of Babylonian Mythology upon the Biblical Creation Story.* In: ANDERSON, Bernhard W. (Ed.). *Creation in the Old Testament.* Philadelphia: Fortress, 1984. p. 25–52.**

Versão condensada e em inglês da tese central de *Schöpfung und Chaos.* Examina como elementos do mito babilônico (como Tiamat e Marduk) foram transformados na narrativa monoteísta de Gênesis 1.

***Was bleibt vom Alten Testament?. Theologische Literaturzeitung,* v. 44, 1919, p. 292–294.**

Breve ensaio programático publicado no pós-guerra, que questiona o que permanece relevante no Antigo Testamento após o avanço da crítica histórica. Gunkel defende seu valor ético, literário e religioso, além de sua função formativa.

***Zum religionsgeschichtlichen Verständnis des Neuen Testaments.* FRLANT 1. Göttingen: Vandenhoeck & Ruprecht, 1903.**

Obra seminal que aplica a crítica histórico-religiosa ao Novo Testamento. Mostra como símbolos e formas do judaísmo tardio e de religiões orientais influenciaram a linguagem teológica cristã primitiva.

Obras sobre Gunkel

BAUMGARTNER, Walter. Hermann Gunkel. *Neue Zürcher Zeitung*, 1932, n. 489/499. Reimpresso em: *Zum Alten Testament und seiner Umwelt*. Zürich: Zwingli Verlag, 1959, p. 371–378.

BAUMGARTNER, Walter. Zum 100. Geburtstag von Hermann Gunkel. *Vetus Testamentum*, Supplementum IX, 1962, p. 1–18.

COPPES, Leonard John. Hermann Gunkel: A Presentation and Evaluation of His Contributions. 1981.

GALLING, Kurt. Hermann Gunkel. *Zeitschrift für Mission und Religionswissenschaft*, v. 17, 1932, p. 257–274.

RABENAU, Karl von. Hermann Gunkel. In: RABENAU, Karl von. *Tendenzen der Theologie im 20. Jahrhundert*. Berlin: Evangelische Verlagsanstalt, 1966. p. 80–87.

SCHMIDT, Hans. In memoriam Hermann Gunkel. *Theologische Blätter*, v. 11, 1932, p. 97–103.

SCURLOCK, JoAnn. Chaoskampf Lost—Chaoskampf Regained: The Gunkel Hypothesis Revisited. In: SCURLOCK, JoAnn; BEAL, Richard H. (Eds.). *Creation and Chaos: A Reconsideration of Hermann Gunkel's Chaoskampf Hypothesis*. Winona Lake, IN: Eisenbrauns, 2013. p. 257–268.

SCURLOCK, JoAnn. Searching for Meaning in Genesis 1:2: Purposeful Creation out of Chaos without Kampf. In: SCURLOCK, JoAnn; BEAL, Richard H. (Eds.). *Creation and Chaos: A Reconsideration of Hermann Gunkel's Chaoskampf Hypothesis*. Winona Lake, IN: Eisenbrauns, 2013. p. 48–62.

TSUMURA, David Toshio. Creation and Destruction: A Reappraisal of the Chaoskampf Theory in the Old Testament. Winona Lake, IN: Eisenbrauns, 2005.

Obras Gerais

ABUSCH, Tzvi; HUEHNERGARD, John; STEINKELLER, Piotr (Eds.). Lingering over Words: Studies in Ancient Near Eastern Literature in Honor of William L. Moran. Atlanta: Scholars Press, 1990.

ACKROYD, Peter R. Exile and Restoration: A Study of Hebrew Thought of the Sixth Century B.C. London: SCM Press, 1968.

ANDERSON, Bernhard W. (Ed.). Creation in the Old Testament. Philadelphia: Fortress, 1984.

ANDERSON, Bernhard W. Creation versus Chaos: The Reinterpretation of Mythical Symbolism in the Bible. Philadelphia: Fortress, 1998.

ANDERSON, Bernhard W. Mythopoiec and Theological Dimensions of Biblical Creation Faith. In: ANDERSON, Bernhard W. (Ed.). Creation in the Old Testament. Philadelphia: Fortress, 1984. p. 1-24.

ANGEL, Andy. Playing with Dragons Living with Suffering and God. Cambridge, UK: Lutterworth, 2014.

ARNOLD, Bill T.; WEISBERG, David B. A Centennial Review of Friedrich Delitzsch's "Babel und Bibel" Lectures. *Journal of Biblical Literature*, v. 121, 2002, p. 445.

ASSMANN, Jan. Das kulturelle Gedächtnis: Schrift, Erinnerung und politische Identität in frühen Hochkulturen. München: C.H. Beck, 1992.

AVERBECK, Richard E. The Three "Daughters" of Ba'al and Transformations of Chaoskampf in the Early Chapters of Genesis. In: SCURLOCK, JoAnn; BEAL, Richard H. (Eds.). *Creation and Chaos: A Reconsideration of Hermann Gunkel's Chaoskampf Hypothesis*. Winona Lake, IN: Eisenbrauns, 2013. p. 237–256.

BAL, Mieke. Death and Dissymmetry: The Politics of Coherence in the Book of Judges. Chicago: University of Chicago Press, 1988.

BAL, Mieke. Lethal Love: Feminist Literary Readings of Biblical Love Stories. Bloomington: Indiana University Press, 1987.

BALLENTINE, Debra Scoggins. The Conflict Myth and the Biblical Tradition. New York: Oxford, 2015.

BARKER, William D. Isaiah's Kingship Polemic: An Exegetical Study in Isaiah 24-27. Tübingen: Mohr Siebeck, 2014.

BATTO, Bernard Frank. *Slaying the Dragon: Mythmaking in the Biblical Tradition*. Louisville, KY: Westminster/John Knox, 1992.

BATTO, Bernard Frank. The Combat Myth in Israelite Tradition Revisited. In: SCURLOCK, JoAnn; BEAL, Richard H. (Eds.). *Creation and Chaos: A Reconsideration of Hermann Gunkel's Chaoskampf Hypothesis*. Winona Lake, IN: Eisenbrauns, 2013. p. 217–236.

BEKKUM, Koert van et al. (Eds.). Playing with Leviathan: Interpretation and Reception of Monsters from the Biblical World. Leiden/Boston: Brill, 2017.

BENZ, Brendon C. Yamm as the Personification of Chaos? A Linguistic and Literary Argument for a Case of Mistaken Identity. In: SCURLOCK, JoAnn; BEAL, Richard H. (Eds.). *Creation and Chaos: A Reconsideration of Hermann Gunkel's Chaoskampf Hypothesis*. Winona Lake, IN: Eisenbrauns, 2013. p. 127–146.

BLENKINSOPP, Joseph. The Pentateuch: An Introduction to the First Five Books of the Bible. New York: Doubleday, 1992. (Anchor Bible Reference Library)

BLUM, Erhard. Die Komposition der Vätergeschichte. Neukirchen-Vluyn: Neukirchener Verlag, 1985.

BOUSSET, Wilhelm. Kyrios Christos: Geschichte des Christusglaubens von den Anfängen des Christentums bis Irenäus. Göttingen: Vandenhoeck & Ruprecht, 1913.

BRUEGGEMANN, Walter. David and His Theologian. *Catholic Biblical Quarterly*, v. 30, 1968, p. 156–181.

BRUEGGEMANN, Walter. From Dust to Kingship. *Zeitschrift für die alttestamentliche Wissenschaft*, v. 84, 1972, p. 1–18.

BRUEGGEMANN, Walter. Kingship and Chaos: A Study in Tenth Century Theology. *Catholic Biblical Quarterly*, v. 33, 1971, p. 317–332.

BRUEGGEMANN, Walter. The Prophetic Imagination. Minneapolis: Fortress Press, 1978.

BRUEGGEMANN, Walter. Theology of the Old Testament: Testimony, Dispute, Advocacy. Minneapolis: Fortress Press, 1997.

BULTMANN, Rudolf. Geschichte und Eschatologie: Die Präsenz der Ewigkeit. Tübingen: J.C.B. Mohr (Paul Siebeck), 1964.

BULTMANN, Rudolf. Theologie des Neuen Testaments. 2 Bde. Tübingen: J.C.B. Mohr (Paul Siebeck), 1948–1953.

CAMPBELL, Dennis R. M. On the Theogonies of Hesiod and the Hurrians: An Exploration of the Dual Natures of Teššub and Kumarbi. In: SCURLOCK, JoAnn; BEAL, Richard H. (Eds.). *Creation and Chaos: A Reconsideration of Hermann Gunkel's Chaoskampf Hypothesis*. Winona Lake, IN: Eisenbrauns, 2013. p. 26–43.

CASSUTO, Umberto. The Documentary Hypothesis and the Composition of the Pentateuch. Jerusalem: Magnes Press, 1961.

CHILDS, Brevard S. Old Testament Theology in a Canonical Context. Londres: SCM, 1985.

CLIFFORD, Richard J. Creation in the Psalms. In: CLIFFORD, Richard J.; COLLINS, John J. (Eds.). Creation in the Biblical Traditions. Washington, DC: Catholic Biblical Association of America, 1992.

DALLEY, Stephanie (Ed.). Myths from Mesopotamia: Creation, the Flood, Gilgamesh, and Others. New York: Oxford, 2008.

DAVIDSON, Richard M. Flame of Yahweh: Sexuality in the Old Testament. Peabody: Hendrickson Publishers, 2007.

DAY, John. God's Conflict with the Dragon and the Sea: Echoes of a Canaanite Myth in the Old Testament. Cambridge: Cambridge University Press, 1985.

DEGH, Linda. *Legend and Belief: Dialectics of a Folklore Genre*. Bloomington: Indiana University Press, 2001.

DEGH, Linda. *Narratives in Society: A Performer-Centered Study of Narration*. Helsinki: Suomalainen Tiedeakatemia, Academia Scientarum Fennica, 1995.

DEKKER, Jaap. God and the Dragons in the Book of Isaiah. In: BEKKUM, Koert van et al. (Eds.). Playing with Leviathan: Interpretation and Reception of Monsters from the Biblical World. Leiden/Boston: Brill, 2017. p. 21-39.

DELITZSCH, Friedrich. *Babel und Bibel. Ein Vortrag*. Leipzig: Hinrichs, 1903.

DIBELIUS, Martin. Die Formgeschichte des Evangeliums. Tübingen: Mohr (Siebeck), 1919.

DIBELIUS, Martin. *From Tradition to Gospel*. Trans. Bertram Lee Woolf. London: Nicholson & Watson, 1934.

DÍEZ BORQUE, José María (Coord.). *Métodos de estudio de la obra literaria*. Madrid: Taurus, 1985.

ECO, Umberto. El extraño caso de la *intentio lectoris*. *Revista de Occidente*, fevereiro, 1987, p. 5–28.

EICHRODT, Walther. In the Beginning: A Contribution to the Interpretation of the First Word of the Bible. In: ANDERSON, Bernhard W. (Ed.). Creation in the Old Testament. Philadelphia: Fortress, 1984. p. 65-73.

FEINMAN, Peter. Where Is Eden? An Analysis of Some of the Mesopotamian Motifs in Primeval J. In: SCURLOCK, JoAnn; BEAL, Richard H. (Eds.). *Creation and Chaos: A Reconsideration of Hermann Gunkel's Chaoskampf Hypothesis*. Winona Lake, IN: Eisenbrauns, 2013. p. 172–189.

FISHER, Loren R. Creation at Ugarit and in the Old Testament. *Vetus Testamentum*, v. 15, 1965, p. 313–324.

FRAYNE, Douglas. The Fifth Day of Creation in Ancient Syrian and Neo-Hittite Art. In: SCURLOCK, JoAnn; BEAL, Richard H. (Eds.). *Creation and Chaos: A Reconsideration of Hermann Gunkel's Chaoskampf Hypothesis*. Winona Lake, IN: Eisenbrauns, 2013. p. 63–97.

FRIEDMAN, Richard Elliott. Who Wrote the Bible? New Jersey: Prentice Hall, 1987.

GADAMER, Hans-Georg. Verdade e método: Traços fundamentais de uma hermenêutica filosófica. Trad. Flávio Paulo Meurer. Petrópolis: Vozes, 1997.

GADAMER, Hans-Georg. Wahrheit und Methode: Grundzüge einer philosophischen Hermeneutik. Tübingen: Mohr Siebeck, 1967.

GARCÍA SANTOS, Amador-Ángel. *El Pentateuco: historia y sentido*. Madrid: Edibisa, 2002.

GHERLONE, Laura. Scientific Dialogue in Lotmanian Semiotics: From Language to Languages. Chinese Semiotic Studies, v. 7, n. 1, set. 2012, p. 281-306.

GIBSON, J. C. L. Canaanites Myths and Legends. New York: T & T Clark International, 1977.

GILAN, Amir. Once upon a Time in Kiškiluša: The Dragon-Slayer Myth in Central Anatolia. In: SCURLOCK, JoAnn; BEAL, Richard H. (Eds.). *Creation and Chaos: A Reconsideration of Hermann Gunkel's Chaoskampf Hypothesis*. Winona Lake, IN: Eisenbrauns, 2013. p. 98–111.

GILMORE, David D. Monsters: Evil Beings, Mythical Beasts, and All Manner of Imaginary Terrors. Philadelphia: University of Pennsylvania Press, 2003.

GOODNICK WESTENHOLZ, Joan. Heaven and Earth: Asexual Monad and Bisexual Dyad. In: STACKERT, Jeffrey; PORTER, Barbara Nevling; WRIGHT, David P. (Eds.). *Gazing on the Deep: Ancient Near Eastern and Other Studies in Honor of Tzvi Abusch*. Bethesda, MD: CDL Press, 2010. p. 293–308.

GORMAN, Frank H. The Ideology of Ritual: Space, Time and Status in the Priestly Theology. Sheffield: JSOT Press, 1991.

GRESSMANN, Hugo. Die älteste Geschichtsschreibung und Prophetie Israels: Die älteste Geschichtsschreibung und Prophetie Israels: (von Samuel bis Amos und Hosea) / übersetzt, erklärt und mit Einleitungen versehen von Hugo Gressmann. Berlin: Vandenhoeck & Ruprecht, 1921.

HODDER, Ian. Reading the Past: Current Approaches to Interpretation in Archaeology. Cambridge: Cambridge University Press, 1986.

HOLTER, Knut. The Serpent in Eden as a Symbol of Israel's Political Enemies: A Yahwistic Criticism of the Solomonic Foreign Policy. *Scandinavian Journal of the Old Testament*, v. 1, 1990, p. 106–112.

HUMBERT, Paul. Hermann Gunkel, un maître des études hébraïques. *Revue de Théologie et Philosophie*, v. 64, 1932, p. 5–19.

KENNEDY, James M. Peasants in Revolt: Political Allegory in Genesis 2–3. *Journal for the Study of the Old Testament*, n. 47, 1990, p. 3–14.

KNOHL, Israel. The Sanctuary of Silence: The Priestly Torah and the Holiness School. Minneapolis: Fortress Press, 1995.

KORPEL, Marjo; MOOR, Johannes. The Leviathan in the Ancient Near East. In: BEKKUM, Koert van et al. (Eds.). Playing with Leviathan: Interpretation and Reception of Monsters from the Biblical World. Leiden/Boston: Brill, 2017. p. 3-18.

KRATZ, Reinhard G. The Composition of the Narrative Books of the Old Testament. London: T&T Clark, 2005.

KRAUS, Hans-Joachim. *Geschichte der historisch-kritischen Erforschung des Alten Testaments*. Neukirchen-Vluyn: Neukirchener Verlag, 1956. p. 309 e ss.

LAMBERT, W. G. Creation in the Bible and the Ancient Near East. In: SCURLOCK, JoAnn; BEAL, Richard H. (Eds.). *Creation and Chaos: A Reconsideration of Hermann Gunkel's Chaoskampf Hypothesis*. Winona Lake, IN: Eisenbrauns, 2013. p. 44–47.

LEVINSON, Bernard M. Legal Revision and Religious Renewal in Ancient Israel. Cambridge: Cambridge University Press, 2008.

LIPSCHITS, Oded. The Fall and Rise of Jerusalem: Judah under Babylonian Rule. Winona Lake: Eisenbrauns, 2005.

LOTMAN, Iuri. A estrutura do texto artístico. Trad. M. C. V. Raposo; A. Raposo. Lisboa: Estampa, 1978.

LOTMAN, Iuri. La semiosfera: semiótica de la cultura e del texto. Trad. D. Navarro. v. 1. Madri: Frónesis Cátedra/Universitat de Valencia, 1996.

LOTMAN, Iuri. Universe of the Mind: A Semiotic Theory of Culture. Trad. Ann Shukman. Indianapolis, IN: Indiana University Press, 2000.

LUNDSTRÖM, Steven. Chaos and Creation: Hermann Gunkel between Establishing the "History of Religions School," Acknowledging Assyriology, and Defending the Faith. In: SCURLOCK, JoAnn; BEAL, Richard H. (Eds.). *Creation and Chaos: A Reconsideration of Hermann Gunkel's Chaoskampf Hypothesis*. Winona Lake, IN: Eisenbrauns, 2013. p. 147–171.

MARTOS GARCÍA, Alberto. *Introducción al mundo de las sagas*. Badajoz: Universidad de Extremadura, 2009.

MATHEWS, Kenneth A. Genesis 1–11:26. Nashville: Broadman & Holman, 1996. (The New American Commentary, v. 1A)

MELETÍNSKI, E. M. Os arquétipos literários. 2. ed. Cotia, SP: Ateliê Editorial, 2002.

MELVIN, David. Making All Things New (Again): Zephaniah's Eschatological Vision of a Return to Primeval Time. In: SCURLOCK, JoAnn; BEAL, Richard H. (Eds.). *Creation and Chaos: A Reconsideration of Hermann Gunkel's Chaoskampf Hypothesis*. Winona Lake, IN: Eisenbrauns, 2013. p. 269–282.

MICHALOWSKI, Piotr. Presence at the Creation. In: ABUSCH, Tzvi; HUEHNERGARD, John; STEINKELLER, Piotr (Eds.). *Lingering over Words: Studies in Ancient Near Eastern Literature in Honor of William L. Moran*. Atlanta: Scholars Press, 1990. p. 383–398.

MIDDLETON, J. Richard. Created in the Image of a Violent God? The Ethical Problem of the Conquest of Chaos in Biblical Creation Texts. Interpretation: A Journal of Bible and Theology, n. 58, out. 2004, p. 341-355.

MILGROM, Jacob. Leviticus 1–16: A New Translation with Introduction and Commentary. New York: Doubleday, 1991. (Anchor Bible, v. 3)

MILLER, Robert D. II. What Are the Nations Doing in the Chaoskampf? In: SCURLOCK, JoAnn; BEAL, Richard H. (Eds.). *Creation and Chaos: A Reconsideration of Hermann Gunkel's Chaoskampf Hypothesis*. Winona Lake, IN: Eisenbrauns, 2013. p. 206–216.

NOGUEIRA, Paulo A. S. Religião como texto: contribuições da semiótica da cultura. In: NOGUEIRA, Paulo A. S. (Org.). Linguagens da religião: desafios, métodos e conceitos centrais. São Paulo: Paulinas, 2012. p. 13-31.

NOTH, Martin. The History of Israel. Trad. Stanley Godman. London: Adam & Charles Black, 1958.

NOTH, Martin. Überlieferungsgeschichtliche Studien: Die sammelnden und bearbeitenden Geschichtswerke im Alten Testament. Tübingen: Max Niemeyer Verlag, 1957.

OTTO, Eckart. Das Deuteronomium: Politische Theologie und Rechtsreform in Juda und Assyrien. Berlin: de Gruyter, 1999.

PITARD, Wayne T. The Combat Myth as a Succession Story at Ugarit. In: SCURLOCK, JoAnn; BEAL, Richard H. (Eds.). *Creation and Chaos: A Reconsideration of*

Hermann Gunkel's Chaoskampf Hypothesis. Winona Lake, IN: Eisenbrauns, 2013. p. 199–205.

POLAK, Frank H. E. Biblical Narrative: Aspects of Art and Design. Jerusalem: Bialik Institute, 1994. (em hebraico)

RAMOS, Adriana Vaz et al. Semiosfera: exploração conceitual nos estudos semióticos da cultura. In: MACHADO, Irene (Org.). Semiótica da cultura e semiosfera. São Paulo: Annablume, 2007. p. 28-44.

RENDSBURG, Gary A. The Redaction of Genesis. Winona Lake: Eisenbrauns, 2014.

RENDTORFF, Rolf. Das überlieferungsgeschichtliche Problem des Pentateuch. Berlin: de Gruyter, 1977.

RICOEUR, Paul. Le conflit des interprétations: Essais d'herméneutique. Paris: Seuil, 1969.

RICOEUR, Paul. Tempo e narrativa. 3 v. Trad. Cristina P. da Silva. Campinas: Papirus, 1994.

RITSCHL, Albrecht. Die christliche Lehre von der Rechtfertigung und Versöhnung. 3 Bde. Bonn: Adolph Marcus, 1870–1874.

ROSENBERG, Joel. *King and Kin: Political Allegory in the Hebrew Bible*. Bloomington: Indiana University Press, 1986.

SCHMID, Konrad. Literature as Politics, Politics as Literature: Essays on the Hebrew Bible in Honor of Peter Machinist, ed. David S. Vanderhooft & Abraham Winitzer. Winona Lake: Eisenbrauns, 2013.

SCURLOCK, JoAnn; BEAL, Richard H. (Eds.). *Creation and Chaos: A Reconsideration of Hermann Gunkel's Chaoskampf Hypothesis*. Winona Lake, IN: Eisenbrauns, 2013.

SKA, Jean-Louis. Introdução à leitura do Pentateuco: Chaves para a interpretação dos cinco primeiros livros da Bíblia. Trad. Pedro Lima Vasconcelos. São Paulo: Loyola, 2010.

SKA, Jean-Louis. Introduction à la lecture du Pentateuque: Clés pour l'interprétation des cinq premiers livres de la Bible. Bruxelles: Éditions Lumen Vitae, 2000.

SMITH, George. *The Chaldean Account of Genesis*. New York: Scribner, Armstrong, 1876.

SMITH, Mark S.; PITARD, Wayne T. The Ugaritic Baal Cycle: Introduction with Text, Translation and Commentary of KTU/CAT 1.3–1.4. v. 2. Leiden: Brill, 2009.

SOMMER, Benjamin D. A Prophet Reads Scripture: Allusion in Isaiah 40–66. Stanford: Stanford University Press, 2002.

SONIK, Karen. From Hesiod's Abyss to Ovid's rudis indigestaque moles: Chaos and Cosmos in the Babylonian "Epic of Creation." In: SCURLOCK, JoAnn; BEAL, Richard H. (Eds.). *Creation and Chaos: A Reconsideration of Hermann Gunkel's Chaoskampf Hypothesis*. Winona Lake, IN: Eisenbrauns, 2013. p. 1–25.

STACKERT, Jeffrey. Rewriting the Torah: Literary Revision in Deuteronomy and the Holiness Legislation. Tübingen: Mohr Siebeck, 2007.

SUGIRTHARAJAH, R. S. Voices from the Margin: Interpreting the Bible in the Third World. Maryknoll, NY: Orbis Books, 1991.

THOMPSON, Thomas L. Early History of the Israelite People from the Written & Archaeological Sources. Leiden: Brill, 1992.

TÖYRÄÄNVUORI, Joanna. The Northwest Semitic Conflict Myth and Egyptian Sources from the Middle and New Kingdoms. In: SCURLOCK, JoAnn; BEAL, Richard H. (Eds.). *Creation and Chaos: A Reconsideration of Hermann Gunkel's Chaoskampf Hypothesis*. Winona Lake, IN: Eisenbrauns, 2013. p. 112–126.

TRIBLE, Phyllis. God and the Rhetoric of Sexuality. Philadelphia: Fortress Press, 1978.

TRIBLE, Phyllis. Texts of Terror: Literary-Feminist Readings of Biblical Narratives. Philadelphia: Fortress Press, 1984.

TSUMURA, David Toshio. Creation and Destruction: A Reappraisal of the Chaoskampf Theory in the Old Testament. Winona Lake, IN: Eisenbrauns, 2005.

TUGENDHAFT, Aaron. Babel-Bible-Baal. In: SCURLOCK, JoAnn; BEAL, Richard H. (Eds.). *Creation and Chaos: A Reconsideration of Hermann Gunkel's Chaoskampf Hypothesis*. Winona Lake, IN: Eisenbrauns, 2013. p. 190–198.

VAN SETERS, John. Abraham in History and Tradition. New Haven: Yale University Press, 1975.

VERMEYLEN, Jacques. Le Récit du paradis et la question des origines du Pentateuque. *Bijdragen: Tijdschrift voor Filosofie en Theologie*, v. 41, 1980, p. 232, 247–248.

VON RAD, Gerhard. The Theological Problem of the Old Testament Doctrine of Creation. In: ANDERSON, Bernhard W. (Ed.). Creation in the Old Testament. Philadelphia: Fortress, 1984. p. 53-64.

VON RAD, Gerhard. Theologie des Alten Testaments. 2 Bde. München: Chr. Kaiser Verlag, 1957–1960.

WALTON, John H. Genesis 1 as Ancient Cosmology. Winona Lake: Eisenbrauns, 2011.

WATSON, Rebecca S. Chaos Uncreated: A Reassessment of the Theme of "Chaos" in the Hebrew Bible. New York: Walter de Gruyter, 2005.

WEISS, Johannes. Die Predigt Jesu vom Reiche Gottes. Göttingen: Vandenhoeck & Ruprecht, 1892.

WELLHAUSEN, Julius. Die Composition des Hexateuchs und der historischen Bücher des Alten Testaments. Berlin: Georg Reimer, 1889.

WELLHAUSEN, Julius. Prolegomena zur Geschichte Israels. Berlin: Georg Reimer, 1883.

WESTERMANN, Claus. Biblical Reflection on Creator-Creation. In: ANDERSON, Bernhard W. (Ed.). Creation in the Old Testament. Philadelphia: Fortress, 1984. p. 90-101.

WHITNEY, K. William. Two Strange Beasts: Leviathan and Behemoth in Second Temple and Early Rabbinic Judaism. Winona Lake, IN: Eisenbrauns, 2006.

ZALIZNIÁK, A. A. et al. Sobre a possibilidade de um estudo tipológico-estrutural de alguns sistemas modelizantes. In: SCHNAIDERMAN, Boris (Org.). Semiótica russa. São Paulo: Perspectiva, 1979.